KB064633

초가속

저자소개

김대식 KAIST 전기 및 전자공학부 교수이자 뇌과학자이며, 건명원의 원장을 맡고 있다. 독일 막스-플랑크 뇌과학연구소에서 뇌과학으로 박사학위를 받은 뒤 미국 MIT에서 뇌인지과학 박사후 과정을 밟았다.

김동재 연세대학교 국제학대학원 교수이자 한국블루오션연구회장으로 활동하고 있다. 서울대학교 경영학과를 졸업하고, 미국 펜실베이니아대학교 와튼스쿨에서 전략경영으로 경영학 박사학위를 취득했다.

장덕진 연세대학교에서 사회학 석사를, 시카고대학교에서 사회학 박사학위를 취득했으며 2002년부터 서울대학교 교수로 재직 중이다.

주경철 서울대학교 경제학과와 같은 대학원 서양사학과를 졸업한 후 파리 사회과학고등연구원에서 역사학 박사학위를 받았다. 현재 서울대학교 서양사학과 교수로 재직 중이다.

함준호 서울대학교 영어영문학과를 졸업하고 컬럼비아대학교 경영대학원에서 경영학 석사 및 금융경제학 박사학위를 받았다. 지금은 연세대학교 국제학대학원 교수로 있다.

HYPER-ACCELERATION

새로운 시대가 대한민국에 던지는 질문들

초가속

| 김대식 | 김동재 | 장덕진 | 주경철 | 함준호 |

동아시아

『초가속』 출간에 부쳐

　얼마 전까지 당연했던 일들이 더 이상 당연하지 않았고, 작년엔 상상도 할 수 없었던 일들이 매일 벌어지고 있던 2020년 봄, 1918년 '스페인 독감' 이후 100년 만의 팬데믹. 지금 살아 있는 그 누구도 성인으로서 마지막 팬데믹을 경험한 적이 없으니, 모두에게 있어 새로운 세상이었다. 어쩌면 진정한 21세기는 2020년에 시작했는지도 모르겠다는 생각이 들었다. 역사적 차원에서 20세기가 1900년이 아닌, 1차 세계대전이 종료된 1918년에 시작했다고 해석해볼 수 있는 것과 마찬가지로, 우리는 2019년까지 20세기의 마지막 끝자락을 경험하고 있었는지도 모르겠다. 그럼 이제 궁금해진다. 코로나바이러스로 시작한 2020년이 미래 역사학자들이 쓰게 될 21세기 역사책에서의 첫 페이지라면, 앞으로 이어질 2페이지, 3페이지에는 어떤 글들이 적혀 있을까?

　물론 미래를 예측하는 일은 불가능하다. 우리는 21세기 역사책의 다음 페이지들을 읽을 수 없으니 말이다. 하지만 상상과 공부는 가능하지 않을까? 그래서 2020년 봄, 우리는 결정했다. 역사학자 주경철, 사회학자 장덕진, 중국 전문가 정종호, 거시금융학자 함준호, 전략경영전문가 김동재, 그리고 뇌과학자 김대식. 이렇게 여섯 명이서 정기적으로 만나

포스트코로나 시대의 세계 질서에 대한 공부모임을 하기로 말이다. 서로가 서로에게 배우고 질문할 수 있는 기회였다. 다른 분야 전문가들의 말을 이해하기 시작했고, 토론이 가능해졌다. 그리고 서서히 교집합 하나가 보이기 시작했다. 전쟁과 팬데믹 같은 역사적 변곡점은 어쩌면 완전히 새로운 트렌드를 만들어 내는 것이 아니라, 이미 서서히 벌어지고 있던 트렌드들을 엄청나게 가속시키는, 초가속$^{\text{Hyper-Acceleration}}$ 역할을 하는지도 모른다는 사실이었다.

매번 공부모임에 참석해준 동아시아 출판사 최창문 팀장님, 그리고 아쉽게도 책에는 참여하지 못한 정종호 교수님께 깊은 감사의 마음을 표현하며, 코로나바이러스가 여전히 세상을 혼란스럽게 하고 있는 2020년 겨울, 『초가속』을 독자들에게 소개한다.

2020년 11월 김대식

Contens

*정종호 교수님(서울대학교 국제대학원)은 사정상 일부 토론에만 참여하였습니다.

01 사회

사회 관계망에서
감염병의 돌파구를
읽어내다

사회학자는 팬데믹에 무엇을 할 수 있을까

장덕진

연세대학교에서 사회학 석사를, 시카고대학교에서 사회학 박사학위를 취득했으며
2002년부터 서울대학교 교수로 재직 중이다. 크게 두 방향의 연구를 진행하고 있다.
하나는 우리가 나아가야 할 길을 글로벌 차원에서 모색하는 사회모델 비교연구이고,
다른 하나는 소셜 네트워크 이론과 분석에 기초한 경제·정치·온라인 영역의 네트워크
분석이다. 국내에서 빅데이터를 활용한 SNS 연구를 개척해왔고, 코로나19에 대한
미디어 프레임과 정치적 파급효과 그리고 코로나19의 전파 네트워크에 대한 연구를 발표해왔다.

에피데믹^{epidemic} 상황에서 사회학자가 뭘 해야 할까요? 의학자나 감염학자, 이런 사람들이 다 하는 무언가? 그렇진 않은 것 같습니다. 모든 종류의 감염은 바이러스와 네트워크의 결합입니다. 컴퓨터 바이러스도 마찬가지이지요. 지금 치료제를 개발하고, 백신을 개발하고 하는 건 바이러스에 대한 대책입니다. 이게 개발이 완료되면 끝나는 거지만, 그때까지는 네트워크에 대한 연구를 같이 진행할 필요가 있습니다. 우리가 지난 수십 년 동안 HIV에 대응해온 역사를 보면 저것도 굉장히 강력하게 작동합니다. 그래서 코로나 상황에서도 사회학자가 네트워크와 관련해서 할 수 있는 역할이 있으리라는 생각을 했습니다. 이게 제가 오래전부터 가지고 있었고, 굉장히 천천히 발전시켜온 관심과 관련이 되어 있습니다. 바로 이겁니다. 사회적 모수^{distribution of social parameters}에 대해서, 우리가 어떤 가정을 가지고 있는 건가 하는 생각이 30년 공부하고 난 지금에 와서 뒤늦게 듭니다.

세상은 정규분포로 이루어져 있지 않다:
멱함수 분포와 척도 없는 네트워크

옆의 그림을 한번 보실까요? 이런 걸 보면 굉장히 놀랍습니다. 기네스 박물관 앞에 설치된, 세상에서 가장 키가 큰 사람의 등신대 조형물입니다. 키가 무려 251cm나 되는데, 이런 사람을 보면 사람들이 깜짝 놀라지요. 왜 놀랄까요? 인간의 키에 대해서 우리는 정규

사회 관계망에서 감염병의 돌파구를 읽어내다

기네스 박물관 앞에 설치된, 세상에서 가장 키가 큰 사람의 등신대 조형물

분포의 가정을 암암리에 가지고 있기 때문입니다. 이 가정을 넘어서니까 놀라는 것인데, 그러면 사회과학은 안 그럴까요? 예를 들어서 양극화를 걱정한다는 것은 우리가 사람들의 자산 분포가 정규분포에 가까운 것이 정상적인 상태라고 생각한다는 뜻입니다. 다른 예로 정치학에서 말하는 중위 투표자 정리Median voter theorem* 또한 그렇습니다. 사회과학 전체는 아닐지라도, 사회과학의 일부는 분명 암암리에 정규분포에 가까운 것을 가정하고 있는 것으로 보입니다. 그런데 이제 멱함수 분포power law distribution나, 그것의 네트워크 버전인 척도 없는 네트워크scale-free network 같은 걸 보면, 사회과학이 그동안 암암리에 가정해오던 분포와 굉장히 다른 형태를 취합니다.

　다음 그래프에서 왼쪽에 있는 것이 멱함수 분포이고, 이제 양쪽에다가 로그를 취하면 오른쪽에 있는 것처럼 우하향하는 직선이 나

*다수결 방식으로 이루어지는 투표에서, 중위 투표자들이 원하는 내용이 투표의 결과를 결정한다는 이론.

장덕진

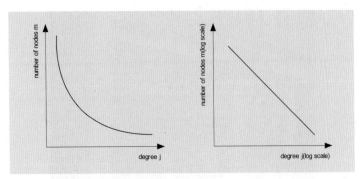

척도 없는 네트워크의 디그리 분포와 멱함수 분포

옵니다. 이것과 100% 똑같은 건 아니지만 거의 유사한 현상의 네트워크 버전이 바로 척도 없는 네트워크라는 겁니다. 척도 없는 네트워크의 디그리 분포degree distribution를 빈도로 그리면 멱함수 분포라고 보는 겁니다. 랜덤 네트워크와 척도 없는 네트워크를 비교했을 때, 몇 가지 재미있는 특징들을 확인할 수 있습니다. 그중 제일 중요한 것이 이 세 가지입니다. 첫 번째, 실패에 대한 강건성Robustness to failure 입니다. 무작위 공격random attack을 받아도 잘 끊어지지 않는다는 얘기입니다. 대표적인 사례가 인터넷이지요. 국지적으로 해킹이 많이 일어나더라도 인터넷 자체가 붕괴collapse하지는 않는다는 점을 생각하면 이해하기 쉽습니다. 그런데 뒤집어서 말하면, 무작위 공격에는 굉장히 강한데 조준된 공격targeted attack에는 굉장히 약하다는 뜻도 됩니다. 상위 1%를 공격하면 전체가 다 조각조각 나서 그냥 흩어져버리게 되지요. 두 번째, 밀집계수clustering coefficient에 대한 것입니다. 서로 밀집하는 경향성이 랜덤 네트워크가 훨씬 높고요. 세 번째, 작은 세

사회 관계망에서 감염병의 돌파구를 읽어내다

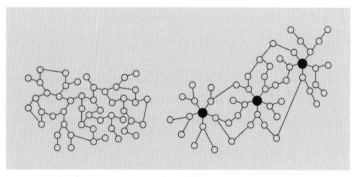

랜덤 네트워크(왼쪽)와 척도 없는 네트워크(오른쪽)의 비교

상small world입니다. 그림에서 볼 수 있듯이, 척도 없는 네트워크에서는 대부분의 노드가 적은 숫자의 링크를 가지며, 소수의 허브들만이 매우 많은 숫자의 링크를 가지고 있습니다. 이 허브들을 통해서 누구나 쉽고 빠르게 연결될 수가 있습니다. 바로 작은 세상이 되는 것이죠. 이 멱함수가 한국의 대중들에게 알려진 것은 바라바시Barabási Albert-László의 『링크Link』라는 책을 통해서였습니다.

2004년에 제가 다음 커뮤니케이션의 로그 데이터를 받아서 온라인에서 무슨 일이 벌어지고 있는지 분석을 했던 적이 있습니다. 현실에서 멱함수가 나타나는가를 본 것입니다. 그리고 2011년에는 트위터 데이터를 분석했었지요. 실제로 팔로우 분포, 팔로잉, 리플라이, RT. 전부 다 멱함수를 따릅니다. 방금 보신 멱함수에 3차원으로 차원을 하나 더 넣어서 그리면 마치 산과 같은 형태로 계정들의 분포가 나타납니다. 가로 평면은 사회적 거리social distance, 세로축은 인기도popularity를 나타내게 됩니다. 여기서 제일 친구가 많고 인기 있는 게

산 위에 있는 사람들인데, 이들이 전체 표본의 1% 정도 되지요. 그런데 재미있는 건, 산 위로 올라가면 인기가 높고 친구가 많잖아요? 그런데 그 사람의 친구 또한 산 위에 있습니다. 그러니까 인기 많은 사람들끼리 친하다는 얘기입니다. 반대로 산 밑으로 내려오면 친구가 하나밖에 없는데, 이 친구의 유일한 친구가 또한 바로 자기라는 얘기입니다. 서로에게 서로밖에는 없는 것이죠. 슬픈 일입니다.

사회학자 중에서 멱함수에 대해서 잘 알고 연구하는 사람이 많지 않습니다. 저 또한 우연히 접하게 된 것이고요. 멱함수를 연구하다 보면 그런 생각이 듭니다. 우리가 온라인에서 벌어지는 사회 현상에 대해서 설명해달라는 요청을 언론 등을 통해서 많이 받는데, 과연 정규분포를 가정하고 만든 이론을 멱함수 분포가 나타나는 현실 세계에 적용할 수 있겠느냐는 고민입니다. 다른 말로, 과연 오프라인 이론을 온라인 현상에 적용할 수 있을까? 가령 구글 보고 데이터 독점하지 말라고 사옥 앞에 가서 데모라도 해야 하는 걸까? 주로 온라인에서 멱함수가 발견된다고 알려져왔는데, 오프라인은 멱함수를 안 따르는 게 확실한가? 이런 고민들이 계속 듭니다.

사회과학 이론을 다시 써야 할까?: 현실에서 나타나는 멱함수 분포의 가능성

케빈 베이컨 게임 six degrees of Kevin Bacon 은 잘 알려져 있으니 다들 아

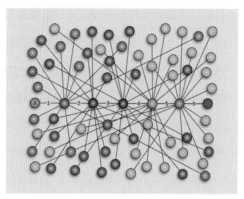

미국 사람들은 누구든 6단계만 거치면 서로 연결될 수 있다

실 거라고 생각합니다. 말하자면 영화배우들의 세계가 몇 단계만 거치면 다 연결될 정도로 굉장히 작은 세상이라는 것입니다. 수학자들의 세상도 그렇죠. 밀그램Stanley Millgram의 작은 세상 실험small world experiment도 마찬가지로, 미국 사람들이 누구든 간에 6단계만 거치면 다 연결되더라는 겁니다. 한국을 무대로 한 반복 연구는 2004년에 연세대학교 김용학 총장님이 하셨습니다. 이때 한국은 3.6단계로 나타났습니다. 미국보다 훨씬 작은 세상인 것이지요.

그런데 앞에서 척도 없는 네트워크 이야기를 하면서 말씀드렸던 것처럼, 작은 세상은 멱함수의 아주 전형적인 특징입니다. 그러면 어쩌면 오프라인 또한 멱함수 분포를 따르는 게 아닐까 하는 생각을 할 수 있는 것이지요. 무작위 네크워크에서 점 두 개를 뽑아서 서로 연결하려고 하면 열 번을 가야 합니다. 그런데 척도 없는 네트워크에서 같은 일을 해보면 네 번이면 갑니다. 그래서 작은 세상이 되어가는 것이고요.

실제로 물리학이나 네트워크를 연구하는 사람들이 지금 보이는 소셜 네트워크, 정보 네트워크, 기술 네트워크, 이런 여러 종류의 네트워크들을 가져다가 계산을 해놓은 게 있습니다. 이 계산 결과를 보면 소셜 네트워크 중에 일부는 멱함수를 따릅니다. 재미있는 것 중 하나가, 학생들의 데이팅 네트워크student dating는 멱함수가 아닌데, 성관계 네트워크sexual contact는 멱함수로 나타납니다. 아주 재미있는 현상이지요. 그러니까 성관계를 독점하는 사람들이 있단 얘기입니다. 그 외에도 여러 가지 재미있는 결과들이 있습니다. 다중 멱함수 레짐multiple power law regime이 나타나는 경우도 있고요. 여기에 대해서 자세히 이야기하려면 굉장히 길어집니다. 간단히 이야기해보겠습니다. 일반적으로 인간 세상을 인간 세상답게 만드는 것은 절친한 사이일 것이라고 흔히 생각합니다. 그런데 다중 멱함수 레짐을 분석해보면, 이 역할을 하는 것은 오히려 서로 조금 멀리하는 사이입니다. 사실 이것은 그래노베터Mark Granovetter가 이야기한 '약한 연결고리의 힘strength of weak ties'이라는 발상과 일부 통하는 부분이 있습니다. 확실하게 확립되었다고 이야기하기는 어려운 개념이지만, 일부 학자들의 주장에 의하면 심지어 소셜 네트워크상에 자기유사성self-similarity이 나타난다는 발견도 존재합니다. 다른 말로 프랙털fractal구조를 가지고 있다는 것입니다. 이렇게 되면 이야기가 굉장히 복잡해집니다. 이게 사실이라면 우리가 표집 방법sampling method을 배울 필요가 있을까요? 네트워크가 정말 프랙털 구조를 가지고 있다면, 네트워크 일부를 아무 데나 떼어서 잘 연구하면 그걸로 충분하지 않겠습니까? 이러한 관심을 계속 유지해

사회 관계망에서 감염병의 돌파구를 읽어내다

오고 있었던 저로서는, "그렇다면 우리가 사회과학 이론 자체를 처음 부터 다시 써야 하나?" 하는 고민에 빠지게 됩니다.

지금은 코로나로 인하여 세계 어디든 굉장히 난리가 난 상황인데, 에피데믹에 관련한 소셜 네트워크 연구 또한 많이 있습니다. 에드워드 라우먼Edward O. Laumann이 썼던 HIV 전파 네트워크에 대한 연구가 있고, 크리스타키스Nicholas A. Christakis가 했었던 아주 유명한 논문도 있지요. 여기에서는 심지어 비만조차도 소셜 네트워크를 통해서 전염된다고 주장합니다. 이 논문은 탑 저널인 《뉴잉글랜드 저널 오브 메디슨The New England Journal of Medicine, NEJM》에도 게재되었고, 심지어 《뉴욕타임스NYtimes》 1면에 소개되기도 했습니다. 그런데 여기에 반박하는 연구도 있지요. 예를 들어 참조reference 그룹 A에서 비만과 같은 것들이 전염되는 몇 가지 경로가 있을 수 있는데, 그중 하나는 맥락효과contextual effect라는 것입니다. 가령 초등학교 옆에 맥도날드 매장이 생긴다고 가정해봅시다. 그러면 그 학교의 학생들은 이전보다 패스트푸드를 많이 먹게 될 것이고, 따라서 비만도 늘어날 수 있겠지요. 이건 학생들 사이의 친구 관계와는 관련이 없는 효과라는 것입니다. 그래서 맥락효과를 통제할 필요가 있습니다. 이들의 주장에 의하면 앞서 크리스타키스가 관찰했던 '비만이 늘어나는' 효과는 맥락효과에 의한 것이라는 얘기입니다. 그런데 지금 왜 이 논문에 관심이 가는가 하면, 지금 확진자 간 감염 네트워크를 연구하려고 할 때 확인이 안 되는 것들이 있습니다. 예를 들어서 콜센터에서 확진자 20명이 나왔다고 하면, 그 콜센터에 처음 들어간 확진자, 인덱스 환자라고 하는데

이 사람은 알 수 있지만, 그 콜센터 안에 있던 20명 사이에서 어떻게 감염이 된 건지 경위를 알 수가 없지 않습니까? 그러면 확진자 개개인의 네트워크만 연구할 수 없게 됩니다. 여기에 맥락효과를 고려하면 두 가지 연구를 동시에 할 수 있을 것으로 보입니다.

감염 및 전파 네트워크 분석의 의미:
에피데믹 모델링과 SIR 모델, 선택적 면역 조치

현재 언론 보도 등을 통해서 R.O, 재생산지수, 이런 용어들을 많이 접하고 계실 겁니다. 에피데믹 모델링은 사실 물리학에서 하는 S-I-R 모델과 같은 겁니다. 보통 질병이 돌 때 사람들의 상태를 크게 세 가지로 분류합니다. S[susceptible]는 아직 걸리지 않은 사람, I[Infected]는 감염된 사람입니다. 그리고 마지막 R[Recovered]는 회복된 사람입니다. 이 세 가지 상태이지요. SI 모델은 S 상태였다가 다 같이 걸리고 끝

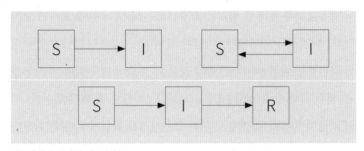

에피데믹의 세 가지 기본 모형

　　　　　　　　　　　사회 관계망에서 감염병의 돌파구를 읽어내다

나는 것입니다. SIS 모델은 걸렸지만 그다음에 면역이 생기지 않고 다시 S 상태로 돌아오는 거고요.

지금 우리의 가정은 코로나가 SIR이라는 것입니다. 한 번 걸렸다가 면역이 생겨서 회복되는 것이지요. 당연히 SIR 모델이 방역을 하거나 치료를 하기에는 제일 낫습니다. 그런데 SIS가 되면 어떻게 되느냐, 예를 들어서 지금 확진자였다가 치료된 사람이 재확진 판정을 받는다는 이야기가 간혹 나오지 않습니까? 이게 사실이라면 일이 커집니다. 이런 것들을 포함해서 지금 계산을 하고 있는데, 사실 이것도 숨겨진 가정assumption들을 가지고 있습니다. 예를 들어서 이게 사람들 사이의 사회적 연결고리social tie를 통해서 퍼진다는 기본적 가정underlying assumption이 있는 겁니다. 그런데 지금까지 한국을 보면 꼭 그렇지만도 않습니다. 콜센터라든가 교회라든가 하는 장소를 통한 감염도 많지요. 그래서 지금 SIR 모델을 통한 에피데믹 모델링, R.O의 숫자 자체에 절대적인 의미를 부여할 수는 없을 겁니다. 다만 데이터가 축적되면 상대적인 변화에 대한 의미는 찾을 수 있겠습니다.

그리고 재미있는 현상이 또 하나 있습니다. 감염 및 전파 네트워크를 연구하는 이유 중 하나가 바로 백신이 나왔을 경우를 대비하는 겁니다. 백신이 나온다고 해서 전 세계 사람이 맞을 만한 양이 바로 나오는 건 아니죠. 그럼 누구에게 백신을 주느냐 하는 문제가 생깁니다. 무작위로 백신을 나눠줄 수가 있겠고, 어떠한 원칙에 따라 목표를 선정하여 나눠줄 수가 있겠지요. 후자가 바로 선택적 면역조치select immunization입니다. 그런데 누군가 백신을 맞는다고 한다면 그 사람에게만 영향이 있는 게 아니라, 그 사람으로 인해서 감염될 가능성이 있는 주변 사람들에게도 영향을 미칩니다. 시점에 따라 다르지만 선택적 면역조치의 경우가 무작위 백신 접종을 하는 것에 비해 2배에서 5배 효과적입니다.

여기서 선택적 면역조치의 원칙은, 무작위로 사람을 뽑은 다음 그 사람에게 바로 주사를 놓는 게 아니라 친구의 이름을 하나 대게 한 다음에 그 사람에게 주사를 놓는 겁니다. 왜 이게 더 효과적일까요? 이게 우정의 역설friendship paradox라고 하는 것입니다. 대부분의 사람들은 자기보다 친구 수가 더 많은 친구를 가지고 있습니다. 아까 보셨던 친구 수의 분포를 생각해보시면 이해가 빠릅니다. 대부분의 사람들은 작은 세상에서 허브가 아니지요. 평균적으로 친구 수가 적을 수밖에 없는데, 허브가 아닌 사람에게 친구 이름을 대라고 하면 허브의 이름을 댈 가능성이 더 높은 겁니다. 그래서 허브가 당첨되면 효율적으로 백신을 접종할 수 있습니다. 이런 것들을 찾아낼 수 있다면 코로나에 대응하는 데에도 더 도움이 될 겁니다.

데이터가 우리에게 말해주는 것들: 서울 · 인천 · 경기 지역 코로나 전파 역학 분석

이것은 2020년 6월 30일까지의 서울·인천·경기 지역의 감염 네트워크입니다. 봇bot을 만들어서 지자체 홈페이지를 돌아다니면

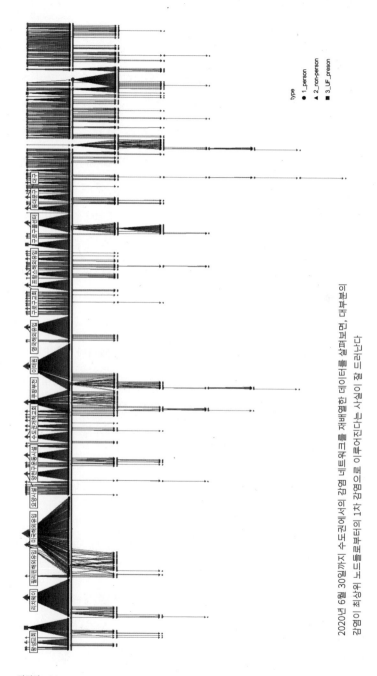

2020년 6월 30일까지 수도권에서의 감염 네트워크를 재배열한 데이터를 살펴보면, 대부분의
감염이 최상위 노드들로부터의 1차 감염으로 이루어진다는 사실이 잘 드러난다

서 데이터를 수집하고, 서로 다른 포맷을 수작업으로 필터링하는 등의 과정을 거쳐서 정리하고 있는 데이터입니다. 여간 손이 많이 가는 작업이 아니죠. 아마 다른 데서는 보실 수 없을 겁니다. 제가 알기로는 현재 유일한 데이터라고 보셔도 좋습니다. 이 데이터를 라벨링해보면, 이태원과 리치웨이 등 감염 폭발이 일어난 노드가 눈에 띕니다. 우리가 중국 봉쇄해야 한다고 난리가 났었는데 사실상 중국발 영향은 거의 없었고, 오히려 봉쇄해야 할 나라는 미국이었습니다.

서울·인천·경기 감염 네트워크의 전파 수 탑 30을 뽑아서 돌린 데이터를 분석해보면 실제로 멱함수가 나타납니다. 그러면 우리가 코로나와 관련해서 예측해낼 수 있는 몇 가지 방법들이 생긴다는 뜻이지요. 월별로 보면 국내의 지역사회 감염은 대체로 6월부터 시작되고, 그 전에 발생한 것은 대부분이 해외발 감염입니다. 그리고 또하나 눈에 띄는 건, 감염 경로가 2단계를 거치는 경우가 거의 없습니다. 이로 미루어봤을 때, 약이 없는 상황에서 방역에 있어서 가장 중요한 것은 스피드라고 판단할 수 있습니다. 확진자가 발생하면 당국에서 바로 쫓아가서 격리해버리니까, 이 사람들이 다시 누군가에게 병을 옮길 기회가 굉장히 적습니다. 그런데 어쩌다 한 명을 놓치게되면 이 사람으로부터 감염되는 게 어마어마하게 크지요.

지금 질본과도 이야기를 해보고 있습니다. 만약에 이 데이터 분석이 방역에 도움이 된다면 직접 데이터를 받아서 협업할 수도 있겠지요. 그런데 데이터를 넘겨받으려면 제가 이 데이터를 어디에 사용할 수 있는지 설득이 필요하겠지요. 저는 고위험 인자나 고위험 집단을 판별하는 데 쓸 수 있다고 피력할 수 있을 것 같습니다. 질본에서 대국민 커뮤니케이션을 할 때, 백날 "사회적 거리두기 합시다", "방심하지 마세요"라고 이야기하는 것보다, 한 번 이렇게 시각화해서 보여주는 게 더 효과적일 수 있겠지요. 2004년 SARS가 발생했을 때의 싱가폴 확진자 상황을 보면 당시 확진자 205명이 나왔는데, 단 5명이서 그중 절반 이상을 감염시켰습니다. 이런 걸 보여주면 경각심이 들 거라고 봅니다.

물론 이 사람들이 실제로 사회적 관계에 있어서 허브 역할인지, 거기에 대해서는 아무것도 모릅니다. 만약 질본과 얘기가 잘되면 누구에서부터 누구에게로 바이러스가 옮아갔는지 역학 데이터, 그 사람의 기저질환 보유 여부와 같은 임상 데이터 등을 받을 수 있겠지요. 그렇게 되면 사회적 허브 여부까지는 아니더라도, 이 사람의 건강 상태나 의료 보험료 액수 등을 통해 경제적인 계층이나 거주 지역, 성별, 연령 등 다양한 정보를 파악할 수 있습니다. 이걸 알 수 있다면 지금보다 훨씬 다양한 이야기를 할 수 있을 겁니다.

흔히 코로나 사태를 보면서 "계층적인 불평등이 심각하다"라는 걱정을 많이 합니다. 그런데 데이터를 봤을 때, 감염 면에서의 불평등은 생각보다 적게 나타납니다. 사실은 MERS 때도 서울의 25개 구 중에서 강남 3구에서 절반 이상의 환자가 나왔습니다. 그때는 강남 3구에 환자와 자주 접촉하는 의사들이 많이 살기 때문, 혹은 삼성서울병원이 위치해 있기 때문이 아닌가 했습니다. 그런데 이번에 보니까 그런 요인을 제외하고도 마찬가지 현상이 나타납니다. 관악

구가 끼어들었다는 것만을 빼면, 강남 3구에서 감염이 많이 발생하고 있습니다(2020년 7월 기준). 감염에서의 계층적인 불평등은 우려했던 것보다 적은 것 같습니다. 그러나 경제적인 파급효과에서는 계층적인 부분이 상당히 크겠지요. 우리가 집중해야 할 부분이 어디인지를 생각하면서 다음의 감염병이나, 다음 웨이브를 대비해야 합니다. 사실 지금 질본도 우리도 답답한 것이, 사실 감염병이 퍼질 때 무엇이 핵심 데이터 필드냐 하는 것을 알고 있으면 실시간으로 인풋이 되어야 합니다. 그러면 실시간으로 다음 단계의 방역 조치를 이야기할 수 있습니다. 그런데 지금 워낙 질본에 과부하가 걸리다 보니까 역학 데이터가 실시간으로 활용되지 못하고 있습니다. 그래서 이를 활용할 수 있는 시스템을 마련하는 것이 이번만이 아닌 다음 감염병 대비를 위해서라도 필요한 일이라는 생각을 하고 있습니다.

함준호 장덕진 선생님 발표 내용이 굉장히 재미있있네요. 전염병의 핵심 노드가 사회적 노드와 일치하는지 한번 테스트해보면 재미있을 것 같아요.

○ **방역의 종착역은 〈마이너리티 리포트〉일까?**
상위 1%만 제거하면 코로나를 종식시킬 수 있다!

장덕진 상위 1%만 잘라내면 50%의 연결고리가 없어져요. 그러니까 상위 1%만 제대로 감금시켜놓으면 코로나 종식시킬 수 있다는 거예요.

함준호 그러니까 정부에서 충분히 보상해주고 사회적 노드를 격리시켜놓으면 방역의 총비용도 오히려 절감할 수 있겠네요.

김대식 미래 사회에서는 〈마이너리티 리포트Minority Report〉처럼, 미리 예측을 해서 걸러놓게 되겠죠. 굉장히 재미있네요.

주경철 이게 사람이 하는 게 아니라 프로그램이 할 거 아니에요?

김대식 중국에서 제일 먼저 도입하지 않겠어요? 그리고 교수님 말씀대로, 현재 우리나라에서 질본 역학조사를 다 수작업으로 하는데, 가령 휴대폰을 가지고 다 추적할 수 있다면 실시간으로 할 수도 있죠.

그리고 재미있는 게, 뇌의 구조 있잖아요. 시냅스 연결고리도 보니까 당연히 작은 세상에다 척도 없는 네트워크라는 거잖아요.

머리에 있는 네트워크도 거리가 긴 것도 있고, 허브도 있고 해서 다 척도 없는 네트워크예요. 그래서 멱함수가 되고요. 사회적인 구조도 마찬가지인 것 같아요. 그런데 되게 재미있는 게, 우리 인간이 가진 세상에 대한 모델은 정규분포인 것 같아요.

우리가 머리로 인식하는 세상과 실제 세상의 구조가 다를 수 있다

김동재 그렇게 생각하는 것은 규범적인^{normative} 거고, 현실은 멱함수가 적용되는 게 아닌가 싶어요. 많은 현상들이 80 대 20 법칙으로 설명이 되잖아요.

함준호 모형의 가정을 정규분포로 설정하지 않으면 모형을 풀고 검증하기 어렵기 때문에 그렇게 가정한 거 아닌가 싶어요. 요즘은 네트워크 이론이나 복잡계 이론, 이런 모형을 경제학이나 금융 쪽에도 많이 적용하잖아요.

김대식 어쨌든 세상에 대한 규범적인 모델은 인간이 머릿속에서 생각해내는 것일 텐데, 뇌과학을 하면서 점점 이런 걸 느껴요. 뭐냐면, 인간의 뇌 자체가 '참^{truth}'을 위해서 진화한 게 아니고, '생존^{survival}'을 위해서 진화하다 보니, 이 뇌가 가진 정보가 진실이라면 그건 우연의 결과물일 뿐이라는 거예요. 대부분은 특정 상황에서 지역적 적합성$^{local\ fitness}$을 올려주기 위한 방향으로 만들어졌을 거라는 거지요. 그래서 결국은 뭐냐면, 저는 우리가 가진 모델이 정규분포일 수도 있을 것 같아요. 어느 한 특정 상황에서는 그 근사치^{approximation}가 훨씬 생존에 좋았기 때문에 그렇게 얘기했던 것이고. 그런데 문제는 이제 우리가 사는 세상의 규모가 점점 커지다 보니 점점 멱함수 쪽으로 가요. 그런데 머릿속에서 기대하는 건 여전히 정규분포예요. 부^{wealth}, 정의^{justice}도 그래야 하지 않을까 기대하는 거죠. 그러다 보니 그게 일치하지 않아요. 우리 머릿속의 30만 년 된 기대치와 사회가 커지면서 네트워크 효과로 발생하는 멱함수 분포가 불일치하는 것에서 많은 문제가 발생하지 않나 하는 생각이 듭니다.

함준호 우리가 범위를 좁혀서 경제 문제로 양극화 문제를 보더라도, 정말 사람들의 인식과 같이 양극화가 더 심화됐느냐 하는 것 자체도 논쟁이 많아요.

김대식 그러니까 말이에요. 되게 재미있는 게, 데이터로 봤을 때 양극화가 정말 심해졌냐는 논의를 해보잖아요? 사람들에게 물어보면 인식으로는 양극화가 심해졌다고 그래요. 뇌과학자로서 말씀드릴 수 있는, 인간이 가진 능력 중 하나가 '보이지 않는 걸 볼 수 있는 능력'이거든요. 진짜 없는 것도 느끼는 게 많아요. 우리의 시각에 나타나는 거면, 그게 그냥 착시 현상이라고 증명할 수 있는데 사회적인 현상 따위는 증명하기가 정말 어렵거든요. 그림에서 보이는 착시 현상은 사실 움직이지 않는다고 증명하면 되는데, 양극화 이런 건 증명하기가 어렵죠. 그런데 믿음은 있는 거예요. 그리고 또 하나는 결국 인간이 우리의 규범적인 행동이나 정치적인 믿음은 물리적인 어떠한 실체가 아니라 믿음이 이끄는 거잖아요. "너 옛날보다 훨씬 잘 살아" 해도 주변 사람들이랑 비교해서 "아냐, 나 지금 엄청 못사는 거 같아"라고 하면 설득할 수가 없죠.

함준호 아주 잘사는 사람들이 극소수 있고 주변 사람들은 나와 비슷한데, 주변 사람들이 대부분 나보다 더 잘사는 것처럼 보이는 거죠.

김대식 인터넷에서 보면 다른 사람들이 다들 나보다 행복해 보이니까요. 그게 문제죠. 인스타그램이나 페이스북의 선택 알고리즘이 있기 때문에 좋은 것만 올라오게 되는데, 그걸 보고는 그렇게 믿어버리는 거예요.

우리는 인간 하드웨어의 한계를 뛰어넘을 수 있을까?

주경철 제가 정확하게 몰라서 그러는데, 멱함수 분포라는 걸 실제로 우리가 느낄 수는 없는 것 아닌가요? 이 세상의 구조가 실제로 그렇게 되어 있다고 해도, 이 세상 전체를 다 경험해보면 "아, 이렇게 분포되어 있구나" 하고 알겠지만, 실제 생활에서는 그걸 느낄 수 없는 것 아닌가 싶어요.

예컨대 전쟁의 경우를 봐도, 인류 역사 전체를 보면 제2차 세계대전 같은 경우는 몇 번 없었거든요. 중간 규모의 전쟁은 더 많고, 그다음에 국지전이나 테러, 더 내려가면 집단 패싸움 같은 경우는 훨씬 많죠. 그런데 만약 우리가 전쟁 기간에 태어났으면, 이 세상은 전쟁 상태가 정상적인 걸로 파악하겠지요. 우리는 우리가 직면한 그때그때의 부분적인 상태만 경험하기 때문에 그렇게 파

사회 관계망에서 감염병의 돌파구를 읽어내다

악을 할 뿐이지, "이 세상 전체가 멱함수 분포를 따르는구나" 하는 것을 못 느끼지 않을까요?

김대식 맞아요. 이런 실험이 있어요. 평가를 해보라고 하면 그나마 인간이 좀 잘하는 게 빈도frequency 평가예요. 몇 개 중의 몇 개, 이런 거죠. 그게 인간이 가진 확률 모델이에요. 그런데 반면에 제일 못하는 게 베이지안 모델Bayesian Model*입니다. 그러니까 인간에게 베이지안 모델은 직관적intuitive이지 못한 거라는 얘기예요. 카너먼Daniel Kahneman하고 트버스키Amos Tversky가 한 거잖아요. 사전 정보가 불균형하게 들어가요. 내가 예전부터 알고 있었던 거. 여기서 아무리 증거evidence를 집어넣어줘도, 조금씩 움직이기는 하는데 베이스 확률만큼 움직이지 않고 되게 경직적sticky이에요. 그러니까 미리 알고 있는 게 그만큼 꽉 잡혀 있다는 거거든요. 그런데 문제는 미리 알고 있는 것 중에서 상당히 많은 게 하드웨어라는 거잖아요. 그러니까 더 경직성이 강한 거죠. 예를 들어서 누군가 루이지애나에서 태어나거나 조지아에서 태어나서 인종에 대한 어떤 사전 정보를 가지고 있다면, 살면서 '도덕적이고 열심히 일하는 흑인 모델'의 증거가 아무리 주입되더라도 크게 바뀌지 않아요. 결국은 사고가 사전 정보 가까이에 머물러 있어요. 그게 문제인 거죠.

함준호 저는 AI를 위시한 기술 발전으로 인해 그러한 사전 정보가 각 집단에 고르게 전파될 수 있지 않을까 기대해요.

*특정한 사건이 발생한 후, 그 사건이 원인이 될 수 있는 사건들에 대한 사전확률분포를 이용하여 사후확률분포를 도출해내는 방법

김대식 그렇게 되려면 완전히 어렸을 때, 결정적 시기의 교육부터 시작을 해야겠죠. 사실 그런 사회공학social engineering 실험을 아예 안 해본 건 아니에요. 스탈린이 좀 심하게 해봤고, 좀 더 좋은 사례로는 이스라엘의 키부츠Kibbutz*가 있죠. 사전 정보를 공동체 위주로 만들려고 했는데, 다 실패했어요. 그러니까 우리가 아무리 사회적으로 사전 정보를 만들려고 해도, 그보다 앞서 입력된 생물학적인 사전 정보가 이미 있다는 거예요. 그건 뜯어고칠 수가 없죠. 우리가 컴퓨터를 가지고 OS는 바꿀 수 있어도 루트 수준의 반도체는 바꿀 수 없는 것과 마찬가지예요. 사람들 보면 빈도는 웬만큼 맞추고, 베이지안 모델도 못하는데, 멱함수는 진짜 못해요. 거기에 대한 직관이 아예 없는 것 같아요.

이론적으로는 이거 다 계산할 수 있어요. 그런데 실험을 디자인해보면 직관이 없어요. 자꾸만 오류에 빠지고 못 맞춰요. 그리고 가끔 보면 주경철 교수님 말씀대로 희귀한 사건에 너무 깊게 빠져요. 중요하거나 나에게 큰 여파가 있었던 사건. 그걸 가지고 완전히 일반화해버리는 거지요. 개인적으로 진화심리학을 그렇게 좋아하지는 않지만, 진화심리학으로 이런 모든 걸 다 설명할 수 있어요. 우리가 가진 이런 직관intuition은 이 복잡하고 몇백만 명이 연결된 사회가 아니라, 몇십 명 단위로 동굴 안에서 살면서 맹수를 피해서 사냥을 다니는 그런 사회를 기반으로 만들어진 거예요. 이들에게는 맹수가 한 번 나오면 정말 인생에서 다시는 그쪽

*이스라엘의 집단 농업 공동체

사회 관계망에서 감염병의 돌파구를 읽어내다

으로 가지도 않을 큰 사건이죠. "누구는 몇 번 갔는데 아무 문제 없더라" 베이지안 모델로 정확히 계산해도 한 번 물려죽으면 그대로 끝이잖아요. 아주 극단적인 것이기 때문에, 결국 극단적인 쪽으로 선택이 되지 않았을까 하는 생각이 들어요. 진화 과정에서 베이스 확률을 정확히 계산했었던 사람들은 다 죽었다는 거예요, 확률 계산하다가. 그런데 아주 보수적으로, 극단적으로 생각해서 맹수 나오는 곳 근처에는 얼씬도 안 하던 사람들이 실제로 살아남았기 때문에 그러한 직관이 우리에게 남은 거죠.

인간도, 바이러스도 네트워크는 효율성을 추구하며 진화한다

함준호 바이러스도 결국 그렇게 진화하지 않았을까요? 인류의 사회적 분포에 적응해서 가장 널리 퍼져나갈 수 있도록.

장덕진 지구상에 가장 성공적인 생명체가 바이러스라고 그러잖아요. 물을 한 바가지 뜨면 그 한 바가지 안에 전 세계 인구만큼의 바이러스가 들어 있다고 하죠.

김대식 장덕진 교수님 말씀으로는 결국 개개인의 경제적인 배경은 감염 확률하고는 그다지 연관성이 없는 것 같다는 것이죠?

장덕진 일단 그림으로 보기에는 그렇다는 거죠.

김대식 이 네트워크 연구 쪽에서 보면, 스케일 프리 네트워크에서 허브hub들이 존재하잖아요. 말하자면 마당발이죠. 이 허브들의 역할은 타고나는 건가요?

장덕진 네트워크 구성 요소network substance가 뭔지에 따라서, 뭐가 돌아다니는지에 따라서 다른 것 같고요. 저는 핵심이 그거 같은데, 여러 종류의 네트워크를 비교해보면 멱함수가 되는 네트워크는 대개 효율성, 생존과 관련이 있어요. 최대한 효율적으로 연결해야 살아남는 시스템은 멱함수 분포로 진화하는 것 같아요. 그렇지 않은 시스템은 그쪽으로 잘 안 가는데, 재미있는 현상이 있어요. 열린 삼각형open triangle이라는 게 있거든요, 삼자관계인데 하나가 열려 있는 거. 삼각형이 되려면 될 수도 있는데, 아직 '저'와 제 '친구의 친구' 사이에 직접적으로 관계가 없기 때문에 삼각형이 안 된 거죠. 이 열린 삼각형이 닫히느냐 안 닫히느냐. 소셜 네트워크에서는 대개 닫히죠. 친구의 친구면 친구가 되는 경우가 많으니까. 그런데 자연계, 기술 네트워크나 생물 네트워크에서는 이게 닫히는 경우가 거의 없어요. 왜냐면 이게 닫히는 순간, 네트워크상의 불필요한 중복redundancy이 확 높아지니까 효율성이 떨어지거든요. 거의 죽는다고 봐야죠.

김대식 그런데 경제학이나 경영학에서 인간의 선호도, 소비자의 행복을 모델링할 때 대부분 정규분포를 바탕으로 논의하지 않나요?

함준호 대부분 그렇게 출발했죠. 초기 이론들을 보면. 그런데 추세가 많이 바뀌고 있어요. 경제나 경영학에서도 요즘은 꼬리 위험tail risk*, 롱테일 법칙long-tail theory, 왜도나 첨도, 손실 회피의 비대칭성 등, 이런 것들의 중요성에 대해서 많이 연구하고 있어요.

*발생 가능성은 낮지만 한 번 벌어지면 경제를 뒤흔들 수 있는 위험

사회 관계망에서 감염병의 돌파구를 읽어내다

장덕진 오늘 제가 두서없는 이야기를 했지만, 정리해보면 다음의 세 가지를 말하고 싶었던 것 같습니다. 첫째, 우리가 살고 있는 세상을 구성하는 네트워크의 구조가 엄청나게 변했습니다. 단순한 정도의 차이가 아니라 근본적인 질적 변화입니다. 우리는 오늘날의 사회과학이 만들어질 때 배경이 되었던 세상과는 질적으로 다른 네트워크 속에서 살고 있고, 사회과학은 자신이 가진 가정을 근본적으로 재검토해야 합니다. 둘째, 코로나19 이후에도 감염병은 점점 더 중요한 도전이 될 텐데, 모든 감염은 바이러스와 네트워크로 구성되지요. 백신이나 치료제 같은 바이러스 대책도 중요하지만, 전파를 차단하고 최대한 늦출 수 있는 네트워크에 대한 대책도 중요합니다. 한국의 코로나19 전파 네트워크에 대한 분석결과는 실제로 지금보다 훨씬 효율적인 방역이 가능하다는 점을 보여주고 있습니다. 셋째, 다급한 상황이긴 하지만 방역에만 매몰되지 말고 과학에 투자하자는 겁니다. 그 첫 걸음은 확진자 추적과 치료의 과정에서 바이러스와 네트워크에 대한 모든 정보를 체계적으로 구축하고 분석하는데서 시작됩니다. 이것이 방역의 성과뿐만 아니라 과학의 성과, 산업의 성과로 이어질 것이라고 확신합니다.

감염병의 시각으로
역사를 보다

감염병의 역사와 21세기 팬데믹

주경철

'근대란 무엇인가?'라는 질문에 끊임없이 답하고자 애쓰는 서양사학자.
근대가 태동하는 순간부터 대항해 시대를 거쳐 오늘에 이르기까지, 특히 바다와 해양문명을
통한 전지구적 통합의 과정을 밀도 있게 연구하고 있다. 서울대학교 경제학과와 같은

제가 이야기할 주제는 '감염병과 역사'입니다. 예전에는 전염병이라는 말을 썼는데 이제는 감염병이라는 말을 쓰더라고요. 일단 역사에 큰 영향을 미친 감염병의 사례를 몇 가지 보겠습니다.

사실 감염병이 사회에 얼마나 큰 충격을 주는가 하는 사례들을 찾아보면 무수히 많아요. 우리가 최근 경험하는 코로나 사태를 두고 '완전히 새롭다'라고 하는데, 어찌 보면 전혀 새롭지 않은 일이에요. 역사적으로는 늘 반복되는 일이지만, 바로 그 사태를 겪는 입장에서는 처음 경험하는 새로운 일이라고 생각할 수도 있겠죠.

펠로폰네소스 전쟁과 생도맹그섬 노예 반란, 그 성패 뒤에 감염병이 있었다

첫 번째 예는 기원전 430년에 있었던 펠로폰네소스 전쟁입니다. 아테네가 최전성기를 지나고 쇠퇴해가는 상황에서 스파르타와 벌인 전쟁이죠. 한창 전투가 벌어지던 상황에서 아테네에 괴질이 퍼져서 엄청난 타격을 받고 스파르타에게 패배하고 맙니다. 그때나 지금이나 잘 모르는 병은 괴질이라고 부르게 마련이지만, 이 병은 홍역이 아닐까 추정하는데 물론 확실하지는 않죠. 하여튼 이 괴질은 1년 뒤에 감쪽같이 사라져요.

이 사례를 해석할 때 조심해야 할 사항이 있는데, 만일 괴질이 없었다면 아테네가 이겼을까, 하는 문제입니다. 반드시 그렇게 말할 수

감염병의 시각으로 역사를 보다

는 없겠지요. 그렇지만 아테네의 패전 및 쇠퇴라는 문제와 괴질의 발생이 분명 함께 진행해갔다는 점은 부인할 수 없습니다.

다음 사례는 1802년에 생도맹그섬*에서 일어난 노예 반란입니다. 역사적으로 노예가 반란을 일으켜서 승리한 적은 거의 없어요. 스파르타쿠스 반란**에서부터 시작해서 모든 노예 반란 사건을 보면 항상 진압당하고 말았죠. 그런 걸 보면 생도맹그섬이 특별한 예외 사례라는 걸 알 수 있습니다.

이 섬은 지금은 별로 존재감이 없지만, 당시로서는 아주 큰 돈줄이었어요. 당시 가장 유망한 산업이었던 사탕수수 재배를 했기 때문입니다. 사탕수수를 재배해서 설탕을 생산하려면 엄청난 노동력이 필요한데, 이를 위해 많은 노예를 부렸습니다. 이 노예들이 가혹한 탄압을 당한 끝에 반란을 일으키니까, 이걸 억누르기 위해 나폴레옹이 진압군을 보냈지요. 그런데 이때 보낸 병사 3만 4,000명 중 1만 5,000명이 황열병Yellow fever으로 죽습니다. 당시 황열병은 치사율이 굉장히 높은 무서운 병입니다. 어떤 때는 배에 한 번 이 병이 퍼졌다 하면 배에 있던 사람이 모두 다 죽어서 그 배는 바다에 홀로 떠도는 유령선처럼 되기도 했다지요. 하여튼 이 사건으로 결국 역사상 처음으로 노예 봉기가 성공했어요. 생도맹그섬에 독립국이 들어서고 나

---

*현재의 아이티 공화국. 1697년부터 1804년까지, 카리브해의 히스파니올라섬의 서쪽 3분의 1을 차지했던 프랑스의 식민지였다
**기원전 73년, 로마의 검투사였던 트라키아의 스파르타쿠스가 동료 검투사들과 함께 일으킨 반란. 로마의 법무관 마르쿠스 리키니우스 크라수스가 이를 진압했다

폴레옹의 제국주의적인 야심이 좌절됩니다. 이런 중요한 사건에 감염병이 큰 영향을 준 셈이지요.

이 사건의 의미에 대해 조금 더 생각해봅시다. 우리는 사건이 다 끝난 현재에 평가를 하기 때문에, 제국주의·식민주의 경쟁에서 늘 영국이 승리하리라 생각하기 십상입니다. 인도가 영국의 식민지가 되고 카리브해 쪽도 장악하고 하는 걸 너무나 당연하게 받아들이죠. 그런데 사실 18세기 초 상황은, 예컨대 인도가 영국 식민지가 될지 프랑스의 식민지가 될지 아직 결정되지 않은 때입니다. 이건 그때의 정황에 따라서 결정된 문제입니다. 이런 걸 보면 나폴레옹의 제국주의 야심을 무너뜨리고 프랑스의 식민주의 정책을 무너뜨린 노예반란의 성공은 더더욱 중요한 사건인 거죠. 이 큰 사건 배후에 황열병이 함께 작동했다는 사실을 다시 주목해볼 필요가 있습니다. 우리가 별로 주목하지 않아서 그렇지 이처럼 감염병이라는 요소가 역사 사건들과 늘 함께 있어왔습니다.

크림 전쟁을 보자면, 이때 영국군 중에 이질痢疾, Dysentery로 죽은 사람이 전사자의 10배가 넘어요. 이건 항상 이래왔습니다. 어떤 전쟁에서건 총알 맞아서 죽은 사람보다 병사자가 많았어요. 이게 뒤집어진 게 러일전쟁부터예요. 이때는 병사자가 전사자의 4분의 1로 줄었습니다. 실제로 전투 중에 죽는 사람이 더 많아지는 거죠. 이렇게 된 이유는 모든 병사들에게 예방주사를 놓고 전장에 보냈기 때문입니다. 일본이 먼저 예방주사를 맞았고, 그래서 일본군의 병사자가 크게 줄었죠. 일본이 19세기 말과 20세기 초, 특히 19세기 말에 의료 쪽은

감염병의 시각으로 역사를 보다

집중적으로 독일로 유학을 보내고 그러면서 그 분야에서 많이 앞서 갔습니다. 그런 지식이 좀 더 뒤에는 생체실험 같은 쪽으로도 이어지게 되고요.

기가 막힌 바이러스 전파 방식:
아즈텍 문명을 몰락시키다

역사 사례를 좀 더 볼까요? 코르테스의 멕시코 원정이 가장 극적인 예가 되겠지요. 어떻게 600명에 지나지 않은 원정군이 100만 인구의 아즈텍 제국을 정복하는 게 가능했던 건지? 재레드 다이아몬드의 『총·균·쇠』에서 이 사건을 설명하고 있는 것 기억하시는지요? 문명 간 충돌에서 총·균·쇠라는 세 가지 요소가 함께 작용을 했다는 설명인데, 요즘은 하도 많은 사람들이 감염병 이야기를 하니까 이제 익숙해 있지만, 그때에는 역사에서 질병의 측면은 사람들이 잘 주목하지 않았죠. 그런데 문명 정복의 과정에서 질병이 핵심 역할을 차지하고 있다고 본 겁니다.

대표적인 게 천연두예요. 600명의 스페인 병사가 멕시코 지역 테노치티틀란섬에 최후 공격을 하려고 접근해보니 이미 엄청나게 많은 사람들이 죽어 있어요. 균이 사람보다 더 빨리 들어간 거죠. 게다가 이건 엄청난 심리적 효과도 일으킵니다. 백인 병사들은 '왜 맨날 우리가 승리하지?' '왜 우리가 공격하기도 전에 저들이 먼저 죽지?' 이런 생각이 들 테지요. 백인들에게는 어떤 승리의 예감 같은 것을 주었을 테고요. 반대편인 아즈텍 문명 쪽에서 보면 패배 의식을 강하게 심어주기에 족합니다. 이곳에는 독특한 종말론 문화가 있습니다. 한 우주가 닫히고 다음 우주가 열리고, 이런 식의 관념이 있지요. 당시 아즈텍인들은 그렇게 죽어가는 걸 보고 "아, 이제 다시 우주가 지고 있나 보다", "지금이 그때인가 보다" 하는 생각을 했다고 합니다. 16세기 한 세기 만에 지구 전체로 보면 천연두로 죽은 사람 수가 1억 명 정도이고, 아메리카 대륙에 한정하면 2,000만 명 정도로 추산합니다. 이런 정도로 많은 사람이 죽으면 종말론이 나올 만도 하겠지요.

어떻게 그토록 많은 사람이 죽게 되는 걸까요? 이번 코로나도 그렇지만, 감염병에서 잠복기라는 게 굉장히 중요한 문제예요. 당시 천연두의 잠복기가 12일에서 14일 정도 되었다고 합니다. 그러니까 병균에 감염된 사람이 자기는 지금 아직 안 쓰러졌는데 옆 사람이 쓰러지는 걸 보면 무서우니까 옆 마을로 달아나는 거예요. 사실 자기도 보균 상태이니까, 옆 마을에 균을 퍼뜨리면서 쓰러져 죽고, 이런 식으로 균이 엄청나게 퍼져간 겁니다. 세균 입장에서 보면 기가 막힌 전파 방식을 개발한 셈이죠.

코로나19도 마찬가지예요. 이렇게 크게 유행하는 병은 묘하게 전파 방식이 맞아떨어져서 그런 거죠. 예를 들어서 에볼라 바이러스 같은 경우에는 치사율이 워낙 높아서, 걸리면 거의 죽는다고 합니다. 그래서 역으로 전파력이 약하지요. 인류 전체에 전파되는 치명적

　　　　　　　　　　　　감염병의 시각으로 역사를 보다

인 감염병은 적당한 속도로 숙주들을 잡아먹으면서 기세를 불려요. 제일 규모가 컸던 건 아무래도 흑사병black death*이지요. 희생자가 2억 명 정도로 추산합니다. 유라시아 대륙을 휩쓸었던 흑사병이 어디서 유래했는지는 현재까지도 정확히 단정할 수는 없고, 여러 가지 설이 있어요. 중국 남부라든가, 티베트 지역이라든가 하는 추론이 있을 뿐 입니다. 원래는 해당 지역의 풍토병이었을 겁니다. 그런데 몽골이 거 대한 제국을 건설하고 길을 만들고, 말과 낙타를 이용해서 유라시 아 대륙을 연결하지 않습니까. 그러니까 한 지역의 풍토병이 캐러밴caravan의 말horse을 통해서 사방으로 퍼지게 된 거죠.

전쟁의 역사, 감염병의 역사: '거시 기생'과 '미시 기생' 개념으로 시각 정립하기

몇 가지만 예를 들었는데도, 감염병이라는 것이 생각보다 역사 에서 훨씬 큰 비중을 차지한다는 느낌을 강하게 받았을 겁니다. 이 런 사례들은 얼마든지 더 들 수 있어요. 이걸 개념화해서 이해할 필 요가 있습니다. 그런 시도를 한 흥미로운 학자가 윌리엄 맥닐William McNeil입니다. 이분은 미국 역사학회 회장을 역임한 탁월한 역사가인 데, 거시적 시각으로 역사를 흥미롭게 서술하는 게 그분의 특기였습

---

*1346년에서 1353년까지 유럽 전역에 창궐하였던 대규모 감염 사태로, 인류 역사상 가장 커다란 피해를 입 혔던 감염병으로 기록되어 있다

니다. 이분이 인류 역사를 설명하는 큰 키워드 중 하나가 전쟁이고, 다른 하나가 감염병이었어요. 그 내용을 설명하기 위해 '거시 기생'과 '미시 기생'이라는 용어를 사용하죠.

거시 기생이란 말은 사실 단순합니다. 모든 동식물이 서로 잡아먹으면서 살잖아요. 사자가 초식 동물을 먹고, 초식 동물은 풀을 먹고…. 자연계의 먹이사슬, 이게 말하자면 거시 기생이죠. 약간 다른 방향의 이야기이긴 합니다만, 그 먹이사슬에서 인간의 위치가 어느 정도냐면 사실은 그리 높지 않아요. 중간 정도예요. 호모 사피엔스 단계가 되면 문명 발전이 일어났기 때문에 (현재 기준) 70억이나 되는 개체 수로 지구를 덮고 있지만, 그 이전 단계의 인류는 다릅니다. 예컨대 오스트랄로피테쿠스는 다른 동물이 먹다 남긴 사체를 집어다가 처리하는 수준이라고 봅니다. 이걸 '스캐빈저scavenger* 가설'이라고 합니다. 예컨대 사자가 잡아먹다가 남기고 버린 사체를 동굴로 가져가서 먹거든요. 인간이 처음 사용한 도구는 사냥 도구가 아니에요. 육식동물들이 남긴 음식 찌꺼기를 처리하기 위한 도구, 예를 들어 뼈를 쪼개 골수를 꺼내 먹기 위한 도구였죠. 그런데 호모 사피엔스 단계로 진입하면서 문명이 발달하고 비로소 먹이사슬 최상층으로 올라선 거죠. 하여튼 이런 식으로 생존을 위해서 다른 생물을 이용하는 것을 거시 기생이라고 합니다.

현재 우리 인간에게는 이런 내용이 별 의미가 없어요. 지금 우리가 다른 동물에게 잡아먹히든가 혹은 잡아먹든가 하는 상황에 놓이

* 썩은 고기를 먹고 사는 동물

감염병의 시각으로 역사를 보다

지 않으니까요. 인류 역사를 이야기할 때의 거시 기생은 '인간이 인간을 잡아먹는 기생', 그러니까 전쟁, 제국주의, 자본주의 같은 것을 의미합니다. 그러니까 실제 우리가 말하는 일반 역사와 크게 다르지 않아요. 그런데 굳이 이 용어를 쓴다면 아마도 맥닐의 문제의식에서 전쟁이 중요한 문제이기 때문이 아닐까 생각합니다. 여기에서 중요한 사항은 거시 기생과 미시 기생이 대개 동반한다는 통찰입니다. 미시 기생은 바이러스, 세균, 다세포동물 등 병원균과 숙주와의 관계를 말합니다.

병원균이 인간의 문명사회에 자리를 잡기까지: 미시 기생의 다양한 형태들

팬데믹의 전파에 대해서도 이제 좀 틀을 잡아서 이야기를 해보죠. 감염병이 어떤 식으로 인간에게 퍼져서 인류 역사에 들어오느냐 하는 건, 다 아시겠지만 대개는 농업이 시작되고 짐승을 가축화하는 과정에서 시작합니다. 소위 인수공통전염병 방식입니다. 그런데 숙주가 다 죽어버리면 병원균도 죽게 되잖아요. 병세가 너무 강하면 오히려 곤란한 거죠. 반대로 병세가 너무 약해서 인간의 면역 시스템으로 다 걸러지면 그것도 문제인 거죠. 달리 이야기하면, 너무 크게 병이 돌아 포식을 했다가 그다음 숙주들이 감소하여 굶다가 하는 상태보다는 늘 숙주들이 안정적으로 존재해서 거기에 기생하여 살아가는 게 최선의 길입니다. 말하자면 병원균과 인간의 면역체계 사이가 안정적인 관계를 유지하는 상태이지요. 병원균이 해당 사회를 멸망시키지 않고 적당한 정도의 희생자를 내면서 자기 DNA를 계속 유지시키는 방법을 찾아 정착하는 겁니다.

전파 방식도 너무 복잡하면 안 되니까, 가장 좋은 게 비말(침방울) 방식이겠지요. 기침을 하면 옆 사람한테 침방울이 튀는 정도로요. 흔히는 이런 식입니다. 한 번 병에 걸린 사람은 일단 살아남으면 면역체계가 생겨서 다시 그 병에 안 걸리지만, 그 대신에 새로 태어난 아이는 아직 면역이 없어서 위험합니다. 병원균은 아이들 중 일부를 희생시키고 다수는 살아남게 하면서 사회 안으로 들어가 자리를 잡는 겁니다. 홍역 같은 소아전염병이 대표적입니다. 이게 가능하려면 매년 아이들이 수천 명 정도 태어나는 곳이어야 합니다. 수천 명 중에서 일부를 희생시키면서 계속 병원균이 DNA를 유지하는 조건을 갖춘 곳. 그게 어디일까요? 바로 도시가 그런 곳이죠.

그러니까 이런 '안정적인' 감염병이 생기려면 문명 단계에 들어서야 한다는 의미예요. 그래서 문명권이 생겨나면 그 자체가 질병권이 됩니다. 이 문명에는 이런 병이 있고 저 문명권에는 저런 병이 있고, 즉 중국에는 그곳 병이 존재하고 유럽에는 또 그곳 병이 존재합니다. 문명권 사람들은 오랜 기간 같이 지내니까 그런 병들에 대한 면역을 공동으로 가지게 되겠지요. 다시 정리하면, 문명권은 작물과 의복, 언어나 풍습뿐 아니라 질병도 공유하고 있어요. 그러다 보면 그 병에 대한 대응체계도 만들어지고요. 문명마다 병이 있고, 의학이

감염병의 시각으로 역사를 보다

있고, 거기에 대한 약이 있고, 그에 대한 금기taboo가 있지요.

세균 중에 제일 확실하게 인간과 관계를 맺은 것으로는 대장균을 들 수 있겠죠. 아예 사람 몸속으로 들어와서 공생하니까요. 사실 자연계 내에 '미시 기생'의 방식은 그야말로 무수히 많이 있습니다. 그런데 인간의 수가 많고 이들은 전 세계에 퍼져 살기 때문에 때때로 다이내믹한 사건이 일어납니다. 다시 말씀드리지만, 어떤 문명권이든 어떤 병이 있고, 이 지역 사람들은 수백 년에서 길게는 수천 년 함께 살았기 때문에 거기에 대한 면역을 공동으로 가지고 있어요. 병에 걸려도 대개 약하게 걸리고 지나가죠. 문제는 한 문명권 사람들과 주변 사람들, 혹은 다른 문명권 사람들이 접촉했을 때입니다.

역사 해석에 '감염병'을 추가하면 보이는 것들: 모세의 출애굽, 중국 대륙의 통합과 아메리카 대륙의 정복

이런 시각에서 모세의 출애굽 사건을 살펴봅시다. 유태인이 이집트에 들어가서 꽤 오랜 기간 살다 보니까 이들도 그 문명권의 병에 익숙해진 거예요. 그래서 거기서는 병에 걸려서 앓다가 낫기도 하고 죽기도 하고 혹은 대개 약한 정도로 고생하고 마는 뭐 이런 정도인데, 이제 모세가 사람들을 이끌고 이집트 바깥으로 나온 겁니다. 성경에 보면 "하느님이 우리 길을 터주신다", "우리만 가면 사람들이 다 죽는다" 이렇게 서술해요. 이게 정말 하느님의 뜻인지는 모르겠으나, 우리 관점에서는 다르게 설명할 수 있습니다. 출애굽은 병원균을 잔뜩 가진 숙주들이 엄청난 규모로 몰려나와서 다닌 거예요. 그러니까 주변에 있던 소수민족들, 즉 이집트 문명권에 대한 접촉도 없고 따라서 면역체계도 없던 사람들이 이들을 만나면 병에 걸려 죽는 거예요. 유태인들이 이집트에서 가나안 땅으로 들어오면서 토착민과의 분쟁에서 다 이긴 건 하느님 덕분도 있는지 모르겠으나 그보다는 상당 정도 병원균 덕분입니다.

지금 하는 설명은 말하자면 '창문'을 하나 새로 연 거라고 하겠습니다. 우리가 여태까지 해왔던 역사 해석을 모조리 다 바꾸겠다는 이야기가 아니라 새로운 시각을 더해보자는 거지요. "이 창문을 통해 보니 이런 요소가 작동하고 있었네" 하고 새 측면을 보자는 거죠. 중국사에서 가장 문제되는 것 중 하나인 장난江南 지역 개발에 대해서도 새로운 창을 하나 열어봅시다.

우리는 흔히 그 큰 땅을 중국이라고 뭉뚱그려 말하곤 합니다. 기실 중국과 유럽은 크기가 비슷한데, 유럽은 민족국가들로 갈라져 있고 중국은 역사상 늘 제국으로 통합해 있습니다. 그렇다고 해서 중국 전체가 완전히 균질한 하나의 단위는 아니에요. 군사, 행정, 정치의 중심지인 베이징北京 쪽, 경제의 중심지 장난 쪽. 이 두 권역이 어느 시기에 어떤 식으로 결합해서 하나의 거대한 제국으로 확대되느냐 하는 것이 중국사의 큰 내러티브 중 하나입니다. 장난 개발이라는 의미는 베이징을 중심으로 한 북부가 남부 지역을 통합하는 이야기입니다. 그런데 이게 굉장히 오래 걸려요. 그 이유가 물론 여럿 있지요. 원래 두 지역은 완전히 다른 정치·경제 권역이니 장난 지역 주민이 북부 지역의 정복에 완강히 저항하는 게 당연히 일차 요소이겠지요. 그뿐만이 아닙니다. 양쯔강 유역은 온난다습하고 미생물이 엄청 많은 지역이에요. 그러니까 북부에서 사람들이 공격해서 이곳을 차지하려고 해도 쉽지가 않아요. 현지인의 저항도 저항이지만, 사실은 질병권이 달랐던 게 크게 작용했어요. 그러니 질병에 시달리다가 흔히 맥없이 지고 말지요. 아까 말했던 대로 현대전에서도 20세기가 되어서야 전사자보다 병사자가 더 적은 정도로 컨트롤됐는데, 고대나 중세 중국이면 오죽하겠어요. 병균의 저항을 못 이기죠. 그러니까 장난 개발에 1,000년 이상 소요됐다는 사실은 '미시 기생' 요소를 함께 보면 이해가 잘되는 거예요.

아메리카 대륙도 마찬가지입니다. 이곳은 다른 지역과 적어도 1만 년 이상 단절되어 있던 지역이잖아요. 아주 간단히 말씀드리면, 소빙하기 말기에 해수면이 크게 내려갑니다. 지구온난화로 해수면이 상승하는 것과 반대 현상이지요. 이때 베링해는 '베링기아'라고 부르는 육지, 혹은 육교bridge가 되죠. 실제 구체적 사실들은 훨씬 복잡한 이야기입니다만 간략하게 줄여서 말씀드리면, 시베리아 쪽에서 사람들이 베링기아를 타고 아메리카로 들어가는데, 이들이 소위 인디언이라 부르는 아메리카 선주민의 조상입니다. 그 후 기온이 상승하면서 베링기아는 다시 베링해가 되고 이후 아메리카 사람들은 다른 지역 인류와 완전히 고립된 채 살아가게 된 겁니다. 콜럼버스 시대에 가서야 본격적으로 양쪽이 다시 만나게 되지요. 그러니까 콜럼버스 이전 시기에는 이 지역 고유의 병이 있고, 그에 대해 그 나름의 면역 체계를 갖춰왔어요. 그런 상황에서 콜럼버스가 어느 날 갑자기 나타난 겁니다. 콜럼버스는 혼자 온 게 아니라 말, 소, 돼지도 데려오고, 물론 자신은 의식도 못 했지만 각종 병원균도 가지고 온 겁니다. 돼지인플루엔자, 천연두, 홍역 등등. 현지인들은 이런 병에 대해 대비가 전혀 없는 거예요. 이건 마치 우주에서 완전히 새로운 병균이 떨어진 거나 똑같아요. 아메리카 대륙은 면역학적으로 정말 완전히 별세계였거든요. 반대 방향으로, 즉 아메리카에서 유럽과 아시아 방향으로는 아마도 매독이 왔을 것 같다는데, 이건 100% 확실하지는 않아요.

작은 생태계로 외래종이 유입되면서 창궐하는 이유: 규모의 차이로 나타나는 '생태제국주의'

유럽과 아시아, 아프리카에서 아메리카 방향으로 넘어간 것들은 병원균 외에도 여러 가지가 있습니다. 여기에 대한 연구는 많아요. 간단한 예를 하나 들어봅시다. 다윈이 아메리카를 여행할 때 이상한 현상을 보게 됩니다. 분명 유럽산 엉겅퀴로 보이는데, 그야말로 엄청난 규모로 자라나서 심지어 말 높이만큼 키가 크니 말이 뚫고 들어가질 못해요. 유럽 식물이 아메리카 대륙에 들어가면 일부 지역을 완전히 석권할 정도로 엄청나게 잘 자랍니다. 왜 그럴까? 엉겅퀴라

감염병의 시각으로 역사를 보다

는 하나의 사례를 거론했지만, 일반적으로 이런 틀로 서술할 수 있습니다. 유라시아의 동물이나 식물, 심지어는 병원균도 아메리카 대륙에 들어가면 현지의 생물종들을 눌러버리고 완전히 석권해버리는 경향이 있더라는 겁니다. 이게 소위 '생태제국주의'라 부르는 현상입니다.

문제의 핵심은 매우 단순합니다. 규모의 차이라는 거지요. 2억 년 이상 걸린 진화 과정에서 유라시아, 아프리카 등지는 큰 규모 때문에 그 안에 살아가는 생물 간 경쟁이 엄청나게 심했습니다. 반면 아메리카 대륙, 혹은 더 작은 단위로 보면 호주나 뉴질랜드 같은 곳은 아주 작은 단위에서 비교적 평화롭게 살아갔고 그 결과 경쟁이 세지 않았던 거지요. 이렇게 강하게 경쟁하며 살아남은 생물종과 약한 경쟁에서 편안하게 살아온 생물종이 어느 날 갑자기 만나면 어떻게 될까요? 비유하자면, 한국 고교야구 팀들이 놀고 있는데 미국 메이저리그 팀이 들어오면 고교야구 팀들이 상대가 될 리 없겠지요.

그와 마찬가지로 호주나 뉴질랜드, 혹은 인도양의 작은 섬처럼 완전히 단절되어 있던 작은 생태계에 어느 날 유럽 쥐가 한 마리 들어왔다 하면 새들이 멸종하는 식의 사태가 벌어집니다. 일반적으로 더 큰 규모의 생태계에서 온 동식물이 작은 규모의 생태계에 들어갔을 때 지배적인 힘을 발휘한다는 이야기죠. 여기에서 주목하려는 게 동식물뿐 아니라 병원균도 같은 법칙이 작용한다는 겁니다. 유럽의 병균이 아메리카에 들어왔을 때 싹쓸이를 하는 것처럼 어떤 곳의 풍토병이 다른 곳에 가면서 폭발적 확산이 일어나는 것을 볼 수 있습니다.

콜레라는 원래 벵골 지방의 풍토병이에요. 그런데 19세기에 벵골이 영국의 식민지가 되면서 선박, 기차를 통해서 전 세계로 쫙 퍼지게 됩니다. 메카 순례를 다니는 이슬람권 중동 지역에 널리 퍼지게 되는 게 첫 번째 현상입니다. 그 후 기선과 기차라는 근대 산물을 이용해 글로벌한 차원으로 퍼지는 게 2차 감염 당시 대폭발이죠. 이때 엄청난 공포를 불러일으킵니다. 토머스 만Thomas Mann의 소설 『베니스에서의 죽음Der Tod in Venedig』이 대표적입니다. 만은 유럽의 고상한 문화 예술을 파괴하는 어두운 동양의 힘을 상징하는 것으로 콜레라를 사용했습니다. 우리가 듣기에는 기분이 좋지 않네요.

당시 콜레라가 왜 그토록 공포스러웠는가 하면, 19세기의 콜레라는 지금의 콜레라와 비교가 안 될 정도로 독성이 강했기 때문이에요. 콜레라는 체내에 들어와서 장내에 증식하며 독소를 만들어내죠. 이게 사람 몸에 설사를 일으키면서 균들이 빠져나가고 다시 그게 물로 들어가서 다른 사람 몸으로 들어가는 방식입니다. 주요 증상으로는 탈수 증상이 엄청나게 심하게 나타납니다. 그리고 아주 빠른 속도로 진행되지요. 아주 심하면 오전에 병에 걸려서 저녁에 죽는 정도예요. 어찌나 탈수가 심한지 몸이 쪼그라들고 피부가 까매집니다. 죽어도 예쁘게 죽는 게 아니라, 오물 속에 뒹굴며 처참하게 죽어요. 동양 혹은 하층 프롤레타리아에서 시작된 병균이 고상한 부르주아를 그토록 흉측하게 죽음으로 몰아간다고 생각하니 공포가 극히 심했던 거예요.

19세기 후반 영국에서부터 상하수도와 소독 방법이 등장하고,

이러면서 조금씩 통제가 되기 시작해요. 오늘날에도 가끔 콜레라가 나타나지만, 지금은 훨씬 병세가 유순해요. 콜레라의 입장에서 본다면 차라리 유순한 녀석들이 생존에 유리합니다. 아까 말했던 이유로 너무 병세가 강해서 숙주 집단을 지나치게 희생시키면 자신들의 생존 기반 자체가 사라지게 되니까요. 몇 년 전에 서울에서도 콜레라가 한 번 터졌지요? 그러면 사람들이 횟집에 안 가지요. 그런데 의사들 말로는 횟집 가도 괜찮다고 합니다. 현재 한국에서는 콜레라 걸려 죽는 일은 거의 없습니다. 일단 병원에 가서 링거 꽂으면 살아요. 콜레라로 사람이 죽는 건 결국 탈수 때문이거든요. 그러니 걱정하지 말고 그냥 횟집도 가고, 혹시라도 걸리면 빨리 병원 가서 링거 맞아라, 농담조로 이렇게 말합니다만, 사실 위험한 곳은 섬 지역이에요. 거기에서 콜레라 걸리면 응급처치가 안 되니까 위험하죠.

교통 발달에 따른 접촉 증가로 가속화하는 바이러스 전파

지금까지 여러 가지 사례를 이야기했는데, 여기에서 중요한 요소가 교통수단입니다. 흑사병은 몽골 제국의 형성이라는 틀 위에 캐러밴이 감염원을 옮겨주는 시대에 퍼졌고, 천연두는 아메리카 대륙을 범선으로 오가던 시대의 병이고. 콜레라는 기차와 증기선의 시대의 병입니다. 요즘에는 비행기와 컨테이너 선박의 시대이니, 어느 지역 풍토병이 전 세계로 퍼질 가능성이 어느 때보다도 높아졌지요. 컨테이너 선박에 대해 살펴볼까요? 선박이 안전하게 운행하려면 평형수라고 해서 바닷물을 집어넣어서 무게 중심을 맞추어야 합니다. 출항할 때 바닷물을 넣고 입항할 때는 그 물을 빼거든요. 이때 한쪽 지역 바닷물에 있던 생물종들이 다른 지역 바다로 들어가겠지요. 이런 식으로 해양 생물의 전파가 전 세계의 해양 생태계에 굉장히 큰 위협을 가하는 실정입니다.

잠깐 재미있는 사례를 하나 이야기하고 넘어가지요. 미국 지렁이 이야기입니다. 미국 땅에서는 빙하기에 지렁이가 다 멸종했죠. 멕시코 이남에서는 살아남았다고 하는데, 지렁이의 생태를 보면 멕시코에서 미국으로 지렁이가 이동하는 건 불가능하다고 합니다. 그러면 현재 미국 지렁이들은 어디에서 온 걸까요? 다 영국 출신이에요. 예전에는 선박들이 항해 시 안전을 위해 배의 맨 밑에 무게 추 역할을 하는 밸러스트ballast로 흙이나 돌 같은 걸 실었거든요. 현재는 평형수를 사용하지만 과거에는 다른 방식이었습니다. 영국에서 미국으로 가는 배에 흙을 담을 때 지렁이가 함께 묻어서 미국으로 이민 간 겁니다. 참 뜻하지 않게 생물종들이 이동한다는 걸 알 수 있습니다. 현대에는 이런 이동이 훨씬 빨라지고 있습니다. 비행기를 통해서 전 세계로 퍼져나가는 시대이기 때문에요. 그러니 감염병도 앞으로 훨씬 더 빈번하게 나타날 가능성이 높겠지요.

그런데 퍼져나가는 건 그렇다 치고, 애초에 병원균이 어떻게 해서 인간 사회에 들어오는 걸까요? 단순하게 생각하면, 인간과 자연 사이 접촉이 늘기 때문이겠지요. 자연계에서 바이러스나 세균 같은

감염병의 시각으로 역사를 보다

것들이 자기들끼리 생명의 순환을 이루면서 살아가는데, 인간이 아직 파악도 못 한 게 몇만 종류인지, 몇십만 종류인지 셀 수 없을 정도로 많지 않겠습니까. 그냥 자기들끼리 살게 내버려두면 인간 사회에 들어올 일이 없는데, 인간이 자연과 접촉하다 보니까 하나둘씩 들어오는 거거든요. 그 중요한 고리는 가축입니다. 아직도 역시 인수공통전염병의 방식으로 생겨나는 거지요.

대표적인 게 조류독감이죠. 이 바이러스들은 청둥오리를 중간 숙주로 삼아서 살아갑니다. 그런데 지금 인간이 가축으로 기르는 오리가 원래는 청둥오리였다는 거예요. 그러니까 가축 오리와 청둥오리 간에는 친연성이 있어요. 야생 오리의 바이러스가 가축 오리를 경유해서 인간 사회로 들어오고, 때로 이것이 엄청난 규모로 퍼집니다. 야생돼지와 집돼지 간의 관계도 비슷하고요. 따라서 우리가 가축을 키우고 있는 한 그 가축을 통해서 인간에게 새로운 감염병이 전파될 가능성이 있고, 또 현대의 여러 조건이 맞아떨어지면 세계적 팬데믹이 자주 일어날 수 있습니다.

팬데믹 이후의 사회를 예상하다:
흑사병 사례로 보는 질병 이후의 인구감소 사회

이제 남은 중요한 문제는 팬데믹 이후의 사회에 어떤 일이 일어나느냐 하는 점입니다. 이에 대해서는 흑사병 사례가 제일 많이 연

구됐고, 가장 많이 알려져 있지요. 흑사병으로 유럽 인구의 3분의 1
이 감소했다고 흔히들 말하는데 이건 단기간의 집계이고, 노르망디
지역의 실증 연구를 보면 흑사병이 100년 동안 지속된 결과 인구의
70%가 죽은 것으로 나타납니다. 우리가 생각하는 것보다 인구 감소
가 훨씬 크고, 당연히 충격이 엄청나죠. 너무 많이 죽으니 나중에는
사람이 죽어도 아무도 울지 않고 교회도 종을 치지 않더라 하는 기
록이 있습니다. 사회적 관습과 종교적 관행에 변화가 생기는 거지요.
종교적으로는, 참회의 표시로 자기 몸을 채찍으로 때리며 행진하는
편타고행자鞭打苦行者가 나타나지요. 이들이 지나갈 때 마을 사람들이
울면서 쫓아가다가 함께 참여하여 때로 굉장히 큰 무리로 커지기도
하죠. 그렇게 자기를 학대하면 차라리 괜찮아요. 그런데 다른 사람을
학대하면 문제가 심각해집니다. 이 시기에 유태인 학살이 자주 벌어
지곤 했지요.

이런 끔찍한 일들에 대해서는 우리가 대충이나마 생각할 수가
있어요. 그런데 질병의 결과가 우리 생각과는 다르게 나타나는 경우
도 많이 있습니다. 해당 시대 사람들 자신도 전혀 예측을 할 수가 없
고요. 흑사병으로 엄청나게 많은 사람들이 희생된 건 분명 비극입니
다. 그 대신 생존자들의 입장에서 보면 얘기가 달라져요. 곧 농민과
노동자의 전성기를 맞습니다. 왜 그런가? 사실 매우 단순한 이야기
예요. 인구가 70%가 죽으면 땅은 남아돌고 사람은 부족하죠. 그러
면 당연히 농민들이나 노동자의 협상 위치bargaining position가 유리하게
되는 거예요. 지주, 귀족들이 농노들 처우를 개선해주지 않으면 다

도망가려 합니다. 농담이 아니라 실제로 집단 도주 현상들이 벌어지곤 했습니다.

경제사 연구 결과를 보면, 팬데믹 이후에 실질임금이 올라가서, 흑사병이 끝난 후 한 50년 정도는 믿기지 않을 만큼 농민들의 여건이 좋아집니다. 농민들이 와인에 고기를 먹었다는 역사상 매우 보기 드문 시대를 맞습니다. 농노를 지배하고 착취하는 제도가 그때는 유지될 수가 없겠지요. 결국 봉건제의 몰락과도 연결되는 거예요. 인구의 70%가 죽으면 체제가 바뀌지 않을 수가 없는 거죠. 하부구조의 기초가 사라질 테니까요. 물론 계속 말씀드리지만 감염병이라는 하나의 요인으로 모든 걸 설명하겠다는 건 아닙니다. 여러 요소들이 함께 작동하여 큰 변화를 일으키지만, 감염병이 분명 매우 중요한 요인이라는 건 부인할 수 없을 겁니다.

사실 저는 한 20년 전부터 강의 시간에 요즘 실제 일어나는 일들과 유사한 이야기들을 많이 했어요. 가령 악수라는 행위가 감염병이 심하던 어느 시대에 사라졌다, 이런 얘기를 하면 학생들이 신기해하죠. 그런데 그런 신기한 일들이 지금 우리 시대에 실제로 일어나고 있죠. 악수가 원래 고대 제국에서부터 "우리 손에 무기가 없다"라는 걸 서로 확인하는 데서 비롯됐다고 하지요.

미국에 좋은 대학들이 생겨난 것도 질병 때문이에요. 미국의 학생들이 영국 본토에 유학 가서 공부를 하는데, 미국에는 없는 낯선 병에 걸리곤 하죠. 상층 부르주아 도련님들이 유학 갔다가 천연두에 걸려서 죽든지 혹은 얼굴이 망가져서 오니까, 이런 위험을 피하기 위해 미국 내에 좋은 대학을 세우자는 움직임이 생깁니다. 미국 대학 건립 이면에 이런 사정도 있다는 건 그리 많이 알려져 있지 않습니다.

프랑스 사람들 사이에서 하던 비즈bise, bisou* 인사법도 오래전부터 있다가 흑사병 때 없어졌다고 해요. 그러다가 프랑스 혁명 시기에 다시 나타나서 오늘날까지 이어지다가 현재 일시적으로 사라졌습니다. 언제고 다시 생겨나겠지만 지금 비즈는 사회적으로 금기입니다. 제가 프랑스에 처음 유학 갔을 때 어떤 여학생이 뺨을 내미는데 깜짝 놀라서 나도 모르게 얼굴을 뒤로 뺀 기억이 나네요. 그런 게 고작 20~30년 전 일입니다.

그런 사회 관례 같은 것도 이처럼 순식간에 없어지게 만드는 이번 사태를 보면서, 다소 감상적이지만 인류 문명이 얼마나 취약한가 하는 생각을 하게 돼요. 마스크가 뭐라고 마스크 갖고 사람들이 싸우는 걸 보면 안타까운 마음이 들죠. 우리가 그토록 많은 걸 성취한 것 같으면서도 사실 그런 것들이 참 허약한 거구나, 그런 생각을 하지 않을 수 없습니다.

*볼에 가볍게 하는 키스를 뜻하는 구어로, 2020년 2월 프랑스 보건당국은 비즈 인사법을 자제하라는 권고를 내렸다

우리 역사는 이미 너무나 예측 불가능했다:
예상치 못한 위기에 대비한 범용 매뉴얼이 필요한 이유

우리의 삶은, 그리고 우리 사회는 늘 위협받고 있지만, 그 점을 잘 모르고 살아가고 있습니다. 전쟁을 생각해보세요. 우리는 1953년 휴전 이후에 항상 전쟁의 위협에 시달리는데 막상 전쟁은 일어나지 않았지요. 이게 우리 국민의 가장 큰 역설 중 하나입니다. 최고의 전쟁 위협에 시달리지만 막상 전쟁은 안 겪은 겁니다. 만약에 이 상태가 계속 간다면 우리는 전쟁을 안 겪고 일생을 보내다가 죽을 가능성이 상당히 높은데, 이건 상당히 드문 사례입니다. 평생 전쟁을 안 겪고 살다가 죽는다면 우리는 인류 역사상 정말 보기 드문 행운아인 거죠. 대개의 인류는 전쟁을 겪고 지옥을 경험하곤 하지요. 물론 앞으로 전쟁이 안 일어난다고 누구도 확신할 수는 없습니다. 전쟁 위험 다음에 지진, 해일 같은 재해도 막상 닥치면 해당 지역은 순식간에 망하는 거지요. 기후변화 또한 늘 위협적이고요. 우리가 당면한 감염병만 해도 우리는 비말 감염만 생각하는데, 전혀 다른 방향에서 질병이 엉뚱하게 들이닥칠지도 모르죠.

그러면 우리는 이런 위험 사태에 대해 얼마만큼 예측할 수 있는가? 불가능하겠지요. 지진 예측에 관한 연구를 본 적이 있습니다. 한 연구자는 지진을 예측하려는 연구들만 모아 과연 어떤 식으로 연구가 이루어졌는가를 살펴보았습니다. 말하자면 지진 예측 연구에 대한 연구가 되겠지요. 그가 내린 결론은 모든 논문들이 다 근거가 없다는 겁니다. 결론적으로 지진은 예측하는 게 불가능하다는 걸 수학적으로 규명했지요. 지진의 강도와 빈도 사이에 멱함수분포 관계가 있다는 이야기입니다. 전체적인 분포 양상이 어떻다는 건 알지만 그렇다고 해서 진도 8.0짜리 지진이 1년 뒤에 올지 100년 뒤에 올지는 누구도 모른다는 겁니다. 다음번 팬데믹에 대해서도 비슷하게 말할 수 있을 겁니다. 수십 년이 지나도 안 올 수도 있고, 어떨 때는 두 번 연속으로 올 수도 있고, 예측하기 어려운 일입니다.

현대사에서 우리가 겪은 가장 큰 변화가 소련의 몰락이잖아요? 이 엄청난 사건을 누가 예측했던가요? 소련이 몰락하기 바로 전해만 하더라도 경제학자, 정치학자, 사회학자 등이 완전히 헛소리에 가까운 말들을 하고 있었습니다. "소련이 확실하게 수년 내에 무너진다"라고 단정적으로 그리고 이론을 갖춰서 예측한 사람이 있었습니다. 에마뉘엘 토드Emmanuel Todd라는 프랑스 인구학자가 유일했지요. 소련 인구 통계와 경제 통계를 보니 완전히 회복 불가능한 몰락으로 치닫고 있다고 말해서 유명세를 탔습니다.

우리가 이번에는 감염병 위주로 이야기를 하고 있지만, 사실 위협 요소는 감염병 말고도 얼마든지 많아요. 그래서 지금 비말 감염병에 대한 대책을 마련하자고 하는 것뿐만이 아니라 어떻게 보면 국가가, 사회가, 문명이 언제 어떤 위기가 닥칠지 모른다고 하는 것을 염두에 두고, 어떤 종류든 간에 위기가 찾아왔을 때 어떻게 우리를 보호하느냐 하는 범용 인프라, 혹은 범용 매뉴얼을 생각하는 게 맞지 않나 하는 생각이 듭니다. 그러면 그 주체가 누구일까? 요즘 맨날

감염병의 시각으로 역사를 보다

고민하는 게 이 문제죠? 위험에 대비하는 주체는 분명 국가일 것 같은데, 이게 잘못하면 전체주의 방향으로 가지 않냐는 거예요. 우리는 워낙에 시민 사회가 건전하게 잘 버티고 있기 때문에 전체주의로 가지는 않을 것이라고 조심스러운 낙관론을 펴는 것 같습니다만.

팬데믹 이후 사회는 어떻게 될까, 이에 대해서는 누구도 예측하지 못한다는 점을 이야기했습니다만, 그래도 뭔가 방향성 같은 것을 고민해볼 필요는 있겠습니다. 물론 단정적으로 어떤 방향으로 갈 것이라고는 말하지는 못하지만 변화의 성격이 무엇일까 생각해볼 수는 있지 않을까요?

그런 점에서 토크빌의 견해를 소개해보면 재미있을 것 같아요. 키워드는 변화와 가속화입니다. 분명 그 두 가지가 함께 있는 것 같아요. 팬데믹 같은 충격이 오면 큰 변화가 일어납니다. 가령 흑사병이 퍼지면서 인구도 줄고 농촌 구조가 바뀌고 봉건제가 흔들리는 엄청난 변화가 일어났습니다. 프랑스 혁명도 마찬가지로, 혁명 이전과 이후는 분명히 다른 사회가 되잖아요.

그런데 이 변화가 어디에서 온 걸까요? 사실은 갑자기 어디서 툭 튀어나온 게 아니라, 이전 사회에서 진행되고 있던 게 한 번에 확 진행되어버리는 거죠. 그 가속이 엄청나게 빠르니까 갑작스러워 보이는 거고요. 변화라기보다는 오히려 가속화라고 볼 가능성이 있다는 겁니다. 프랑스 혁명에 한정해 이야기하자면, 앙시앵레짐 시기에 전제적인 왕권이 전 국민을 행정적으로 통제하고 사람들을 동원하는 체제를 준비하고 있었습니다. 그런데 혁명이 일어나자 혁명정부가 바로 그 방식을 급격히 밀어붙입니다. 토크빌은 프랑스혁명의 본질 중 하나가 행정 혁명이었다고 봅니다. 국민들이 봉기하여 왕정을 타파하고 귀족정을 깨부수고 교회를 타도하려 했지요. 그렇게 해서 만들어낸 결과물이 무엇일까요? 왕정에서 공화정으로 갔지만, 결국 중앙 정부가 전 국민을 통제·지배·동원하는 것은 이미 이전부터 있었던 움직임이었습니다. 혁명은 엄청난 변화로 보이지만 사실 그것은 앙시앵레짐 내내 지속되던 일들이 이 시기에 급작스럽게 확 진행된 것이라고 볼 수 있는 측면도 있어요.

현재 세계를 덮친 코로나 역시 이전 시기에 오랫동안 준비되었던 현상들을 가속화시키는 계기가 되지는 않을까 조심스럽게 생각해보게 되었습니다. 여기에서 이 문제에 대한 명확한 답을 얻지는 못하더라도 이를 성찰해보는 기회가 되었으면 좋겠습니다.

김동재　주경철 선생님이 말씀하신 러일전쟁만 아니라 그 전의 사례도 다 마찬가지인데, 결국 집단생활에서는 기본적으로 감염의 가능성이 굉장히 높아질 수밖에 없는 거예요. 그러니까 백신 접종vaccination이 아주 중요하게 작용하는 것이지요.

주경철　러일전쟁 즈음해서 백신이 본격적으로 역사에 등장했지요. 파스퇴르도 나오고요.

김대식　러일전쟁 때 일본과 러시아 양국이 모두 예방주사를 접종했나요?

주경철　아니요. 일본이 먼저였어요. 전쟁과 전염병, 기근 이 세 가지는 역사적으로 늘 같이 가는 거였어요. 김동재 교수님이 말씀하신 것처럼 집단생활에 필연적으로 따라붙는 거죠. 군대 같은 대집단이 움직이면 전염병이 확 퍼지는 거고 그러면 당연히 농사를 망쳐 기근이 오죠. 기근과 전염병이 오면 대개 전쟁이 악화되고요. 이 세 개가 서로 맞물려 있습니다.

기근 · 전염병 · 전쟁, 역사 속에서 맞물리다

김대식　저는 전쟁 때 일본군들이 전염병 예방주사를 먼저 접종했다는 건 몰랐어요. 그런데 대단한 게, 일본에서 19세기 말에서 20세기 초, 특히 19세기 말에 유럽으로 유학을 많이 보냈어요. 의료 방면에서 집중적으로 독일로 유학을 보내는 식이었죠. 사실 전염병과 면역이라는 것에 대해서는 유럽에서도 19세기 말이 되어서야 이해하기 시작했잖아요. 가령 로베르트 코흐Robert Koch 같은 사람들. 그런데 면역학의 기초를 만든 실험실의 역사를 보면 조수들 이름으로 일본인들이 등장해요. 놀라운 게, 이들이 러시아나 유럽 사람들보다 먼저 이 분야에 뛰어들어서 배우기 시작했다는 거잖아요. 일본은 타이밍이 좋았던 게, 유럽에서도 막 연구가 시작될 때 뛰어들었어요. 그때면 누가 배우러 온다고 하면 다 받아줬을 때잖아요. 와서 일하겠다고 하는데, 일손 하나가 반가운 때이기도 하고요. 지금 같이 비자가 있던 시절도 아니고.

주경철 제 제자가 지금 그걸 연구하고 있어요. 독일 의학이 일본에 어떻게 들어갔는지, 또 그게 우리나라 일제강점기 때에 경성제국대학교에 어떤 식으로 들어왔는지 하는 연구예요. 제 선친께서 당시 의대를 다니셨는데, 독일어 교과서로 공부했다고 하시더라고요. 당시 독일에서 일본으로 의학이 전해졌던 거죠.

김동재 저는 아까 말씀하신 윌리엄 맥닐 교수의 이야기를 들으면서 굉장히 재미있었던 게, 역사가분들의 주된 역할이 서술description이 아닌가 생각을 했었는데, 그 정도로 강력하게 개념화conceptualize를 하시는 분들도 계시네요.

주경철 많이 있죠. 역사가도 성향이 굉장히 다양한데, 맥닐 교수처럼 거대한 틀을 만드는 분들이 있는가 하면, 미시 사학이라고 해서 정말 현미경 보듯이 들여다보시는 분들도 계시죠. 온 우주의 힘이 뭉쳐서 이렇게 작은 데 작용함으로써 세상이 돌아가는 거구나 하는 걸 보여주려고 하죠. 미시사 분야의 아주 탁월한 명저로 『치즈와 구더기』라는 책이 있어요. 나중에 한번 보세요.

함준호 질문 하나 드릴게요. 거시 기생과 미시 기생의 개념을 좀 명확하게 했으면 하는데요. 그러니까 바이러스가 숙주인 사람을 완전히 멸종시키면 안 되잖아요? 피해를 적당히 주면서도 퍼져나갈 수 있도록 공생하는 것이 일종의 미시 기생의 테크닉이라고 볼 수 있고요. 그런데 거시 기생도 어떻게 보면 사자가 얼룩말집단과 같이 생활하는데, 일정 수준의 얼룩말만 잡아먹으면서 모든 얼룩말이 없어지지 않을 정도로 일종의 공생을 하잖아요? 이균형을 유지하는 것이 거시 기생이라고 한다면, 전략적인 면에서는 이 두 가지가 본질적으로는 굉장히 비슷하다는 생각이 들어요. 그러면 거시 기생과 미시 기생의 가장 큰 차이는 뭔가요?

주경철 직관적으로, 큰 생물들 간 관계를 거시기생, 큰 생물들과 박테리아나 바이러스 같은 미생물 간 관계를 미시기생이라고 말한 겁니다. 인간의 역사를 이야기할 때에도 원래 의미의 잡아먹고 먹히는 거시기생이 중요한 현상이었겠지만, 이제는 그런 의미보다는 전쟁이나 경제 갈등 같은 인간과 인간 사이의 관계가 오늘날의 거시 기생이라는 것을 말하고 싶었던 것 같아요. 그리고 물론 거시 기생과 미시 기생이 함께 작동하는 경향이 있다는 것이 중요한 통찰이고요. 만약에 코로나바이러스가 지금처럼 의학적으로 빠른 대응을 할 수 없는 17세기 정도에 터졌다고 하면 굉장히 오랫동안 지속되었을 가능성이 높죠.

중요한 것은 유전자다!
바이러스가 인간 네트워크에 기생하는 방식

김대식 예. 제 생각에도 지금이 중세 즈음이었다고 한다면 길거리에 널린 시체들을 봤을 거 같아요. 진화라는 게 사실 누가 계획하는 게 아니잖아요. 돌연변이가 만들어지고, 선택을 하고. 다양한 평형 상태^{equilibrium}가 있거든요. 누구는 이쪽 전략으로 빠지고, 또 누구는 저쪽 전략으로 빠지고.

김동재 그래서 이 코로나19^{COVID19}라는 거는 그런 식으로 진화했다는 이야기인 거죠.

함준호 어떻게 보면 일맥상통하는 이야기이죠. 계속 새로운 인류가 태어나야 바이러스를 계속해서 옮겨줄 사람이 있는 거니까요.

김대식 이 바이러스 또는 그 안에 있는 RNA 유전자에게 어떤 의도적인 목표$^{intentional\ goal}$는 없겠지만, 그저 단순히 계속 퍼지고 유지되는 걸 원하겠죠.

함준호 그래서 저는, 이 바이러스 하나하나에는 그런 능력이 없겠지만 집합적으로 모이면 거의 인공지능 수준으로 집단사고를 하는 게 아닌가 하는 생각이 들어요.

김대식 그러니까 중요한 건 바이러스 하나하나가 아니라, 그 안에 있는 유전자인 거예요. 이들에게 있어서는 유전자 풀$^{gene\ pool}$*만 계속 확장이 되면 돼요. 가장 오래 유지되면 가장 진화적으로 성공한 거죠, 결국은.

＊어떤 종속의 유전자 총체

감염병의 시각으로 역사를 보다

주경철 거꾸로 생각을 해보죠. 조류독감을 봅시다. 인간 사회에 들이닥치면 아주 치명률이 높은 병이 되는데, 이게 왜 그런가 하면 원래 청둥오리들을 숙주로 하여 생명의 순환을 하는 바이러스이거든요. 그 안에서는 새와 바이러스 사이의 안정적인 균형을 유지해서 새들이 몰살하는 사태가 일어나지 않도록 진화한 거죠. 숙주가 사라지면 자기들의 생존 기반도 없어지는 것이니까요. 그런데 낮은 확률이지만, 어쩌다가 인간 사회로 들어오게 되면 봐주고 말고 할 게 없는 거예요. 원래 자기네 거주 환경이 아니니까. 그러니까 이 바이러스는 인간 숙주를 거침없이 죽이면서 퍼지는 경향이 생겨나죠. 그렇지만 만일 계속 인간 집단 안에 자리를 잡고자 한다면 자기들도 살고 인간 숙주들도 생존하도록 균형을 유지하는 방향으로 변하게 되겠죠.

김동재 그런데 지금 얘기를 들었을 때는 정말 바이러스에게 그런 목적성이 있을까 하는 생각도 드네요. 과연 이게 정말 일어나는 일일까요?

주경철 설명을 하다 보니 마치 목적성이 있다는 듯 말하는 거지, 정말 바이러스가 깊은 사고를 해서 그런 방향으로 움직이는 건 물론 아닙니다. 결과적으로 그렇게 되었다는 거지요.

침팬지나 유인원들을 보면, 몸 안에 정말 온갖 종류의 병원균을 가지고 있어요. 그러고도 멀쩡하게 살아요. 오히려 더 건강하게 살아갑니다. 그만큼 체내의 어떤 균형점을 갖게 된 거지요. 요즘에는 아이들을 너무 위생적으로 키우다 보니 오히려 위험하다는 말이 있잖아요? 무균 상태에서 자라다가 갑자기 큰 위험에 빠진다는 거지요. 약간씩 더럽게, 면역력을 키워주는 게 장기적으로 보면 더 건강하다는 것도 일리가 있습니다.

바이러스에게도, 기업에게도 큰물에서의 경쟁이 필요하다

김대식 문명권이 서로 접할 때 이런 미지의 병원체, 감염원과의 접촉도 일어난다고 하셨는데, 혹시 몽골 제국이 확장해나갈 때 고려에 미친 영향은 어땠는지 연구된 게 있나요? 그러니까 흑사병 같은 게 고려나 초기 조선 때도 있었을까요?

주경철 고려시대에 흑사병이 퍼지지는 않은 것으로 알고 있습니다. 왜 그런지에 대해서는 아직 명료하게 밝혀지지 않았습니다만, 고려로 보면 행운이었던 거지요.

김대식 아주 재미있는 게, 여기 경제학과 경영학 전문가분들이 계셔서 잘 아시겠지만, 큰 시장에서 아주 심한 경쟁을 통해 살아남은 녀석들이 가장 강하잖아요? 온실같이 작은 곳에서 보호받으면서 살아남은 녀석들은 그 안에서는 강하지만 온실이 사라지만 얘기가 달라지죠. 우리나라 기업들도 우리나라 회사들끼리 경쟁하면 1등, 2등 하지만 실리콘밸리의 기업들이랑 맞붙으면 그냥 다 무너지는 것처럼이요. 개방에 의해서 잡아먹히는 건 병원균, 생태계도 마찬가지인 것 같아요.

김동재 결국은 잡종이 강한 것 같아요. 역시 많이 섞이고 다양성이 확보되니까. 유럽 같은 데서는 계속 상호작용이 일어나니까 거기서 아마 이미 면역체계가 상당히 발달해 있지 않았을까 하는 생각이 들어요.

주경철 여기서 퀴즈 하나. 지금 세계에서 야생 낙타가 제일 많은 나라가 어디라고 생각하세요?

김동재 야생 낙타? 중동 지역 아니에요?

주경철 호주예요. 호주에 백인들이 처음 들어갔을 때, 캐러밴들이 호주의 오지를 넘나들기 위해서 낙타를 들여온다는 아이디어를 냈어요. 그런데 그 사업이 실패하면서, 데려온 낙타들을 내버려둔 거죠. 그 후에 이 낙타들이 번식해서 지금 세계에서 제일 많아졌어요. 애리조나에서도 그 비슷한 일이 일어나긴 했습니다만.

김동재 거기가 사실은 대부분 사막이죠.

주경철 그런 데에서 살 수 있는 동물이 별로 없잖아요. 근데 낙타는 거기 최적화되어 있는 생물인데, 그런 낙타를 거기다 갔다가 놓으니까 낙타 입장에서는 만세인거죠. 병원균과 낙타는 크게 달라 보이지만 원리로는 같아요. 어떤 생태계에 갑자기 낯선 종이 들어왔을 때 그에 대한 준비, 즉 저항이 없을 때 걷잡을 수 없이 확산된다는 겁니다. 특히 소규모 생태계는 외래종에 취약하게 되기 십상이고, 거꾸로 보면 큰 생태계에서 살던 종이 다른 생태계로 가면 엄청나게 세를 불릴 수 있습니다.

김대식 저는 여기에 중요한 메시지가 들어 있는 것 같아요. 생태계도 그렇고 기업도 그렇고, 결국은 큰물에서 놀아야 한다는 것이지요.

"평등해졌다는 것은 문명이 붕괴되었다는 이야기"
인류 역사에서 불평등은 사라진 적이 없었다

김동재 결국은 개방을 해야 강해지는 것이지요. 어차피 궁극적으로 100% 막지 못한다면, 결국은 해결책은 그쪽에서 찾을 수밖에 없는 것 같아요. 사실 지금 방역 문제도 아까 얘기한 것처럼, 조금씩 조절해나가는 페이스로 갈 수밖에 없다는 거잖아요. 그래야 이것이 지속 가능한 것이고. 지금 이 상태로 계속 가면은 경제도 경제이지만, 생물학적으로도 설명이 안 될 것 같아요, 진짜로.

김대식 스탠퍼드대학교 역사학자 발터 샤이델Walter Scheidel 교수가 "인류 역사에서 불평등은 오로지 세 가지 방법만을 통해 해소된다"라고 얘기한 적이 있어요. 정확히는 질병, 전쟁 그리고 기후 변화라는 세 가지를 통해서이지요. 이분이 말하는 게 뭐냐면, 사회가 발달하면 효율성이 커지면서 불평등도 계속 커진다는 겁니다. 그런데 평화로운 합의를 통해서 불평등이 해소된 적은 단 한 번도 없었다는 거예요. 그게 좋다거나 나쁘다는 얘기가 아니고, 역사적 사실이 그랬다는 거죠. 우리는 지금 그걸, 합의를 통해서 불평등을 줄이려고 시도하고 있지만 역사적으로는 단 한 번도 성공하지 못했던 시도라는 거예요.

주경철 제가 항상 생각하고 있는 게 '문명=불평등'이에요. 좋다 나쁘다 하는 가치 판단이 아니라, 질서라고 하는 건 항상 불평등을 깔고 간다는 거예요. 문명이 발전하면서 평등을 유지하는 것은 사실상 불가능하거든요. 평등해졌다는 것은 문명이 붕괴되었

감염병의 시각으로 역사를 보다

다는 이야기예요.

김대식 교수님이 말씀하신 '가속화'라고 하는 게 상당히 중요한 포인트라고 생각하는데요. 말씀하신 게 팬데믹이든 혁명이든 어떠한 터닝 포인트에 우리가 도달했을 때 완전히 새로운 걸 만들어 낸다기보다, 그 전에 역치에 도달하지 못했을 뿐, 이미 벌어지고 있었던 것이 가속화되고, 현상으로 나타난다는 거잖아요. 이 가설을 받아들인다면 프랑스혁명 같은 경우에는 말씀하셨던 대로 전 국가적인 동원national mobilization에 이어 국가라는 개념이 만들어진 거고요. 그 이전에 어떻게 보면 민족은 있었지만 국가라는 게 제대로 없었는데 이걸 통해서 만들어졌다고 본다면, 저는 또 궁금한 게 생겨요. 코로나 팬데믹을 통해서 완전히 하늘에서 떨어지는 것처럼 생겨나는 건 없겠지만, 무언가가 가속화되겠죠. 그 가속화되는 무언가의 정체가 무엇인가? 결국은 그게 핵심일 것 같아요. 지금까지 벌어졌었던 많은 것들 중에서 무언가가 엄청나게 가속화될 것 같은데 누구는 그게 미국과 중국의 대립이라고 얘기를 하고, 누구는 세계화와 반세계화라고 얘기를 해요. 이런 식의 역사적인 큰 분기점에서, 가속화의 대부분이 한 가지로 집중될까요, 아니면 여러 방면에서 동시에 가속화가 일어날까요? 교수님 생각은 어떠신지요?

코로나 팬데믹이라고 하는 역사의 전환점, 세계는 어떤 방향으로 가속할까

주경철 거기서부터 좀 생각을 해봐야 돼요. 비유를 하자면 역사상 여러 가지 것들이 실험이 되어 서랍 속에 미리 준비되어 있다는 거지요. 그중 시대가 바뀌어 딱 맞는 것이 생기면 그것을 꺼내서 사용한다는 겁니다. 그러면 현재까지 준비된 것 중에서 지금 가장 맞아떨어지는 게 무엇인가가 문제인데, 글쎄요. 하여튼 현재 흐름을 관통하는 것들이 결국은 우리가 이야기했던 빅데이터, 온라인, 인공지능, 이런 것들이 아닌가 싶어요.

함준호 경제학적인 관점에서도 가속화 개념에 찬성해요. 그 근저에 있던 것들은, 말씀하신 대로 디지털화digitalization가 상당히 중요한 축을 형성하는 것 같고요. 아까 나온 이야기를 다시 꺼내보자면 전쟁과 팬데믹의 인과관계가 정확히 어떻게 될지는 모르겠지만, 서로 영향이 있겠죠. 팬데믹 이후에 국가주의, 국수주의가 강화되고 정치적으로 불안해지면서 전체주의가 대두되고 전쟁이 일어나고. 이런 이야기도 많이 있잖아요.

주경철 그건 아무래도 기계적인 이야기이기는 해요. 그리고 흑사병 때의 2억 명과 오늘날의 2억 명은 전혀 다르거든요. 너무 기계적인 비교일 수 있지만, 당시 2억 명이면 세계 인구의 3분의 1이에요. 그 정도면 정말 봉건제를 무너뜨리고 체제를 바꿀 만한 숫자죠. 홍콩독감 당시 100만 명이 죽었더라고요. 1968년에서 1972년까지의 기간, 그때 어떤 큰 변화가 있었느냐 하면은 의외로 그렇게 크진 않죠. 그러니까 이게 정말 정해진 법칙이나 패턴에 따라 흘러가는 건 또 아닌 것 같아요.

김대식 역사학자로서 교수님이 보시기에, 이번 팬데믹 이후에 사

감염병의 시각으로 역사를 보다

실 아무 변화가 없을 수도 있을까요? 역사적인 관점에서 보면 사실 이렇게 나서서 토론할 정도의 일은 아니라는 거. 이거는 1년 후, 2년 후면 다시 2019년으로 돌아갈 뿐이다. 그렇게 말씀하시는 분들도 요즘 있어요. 별거 아닌 거 가지고 너무 호들갑을 떤다는 거죠. 지금 우리는 코로나바이러스 안에 완전히 사로잡혀 있기 때문에 모든 걸 코로나바이러스라고 하는 렌즈를 통해 보고 있지만, 사실 말씀하신대로 역사 속의 팬데믹과 비교해봤을 때 피해규모가 그렇게 큰 건 아니거든요. 과거에 비하면 의료도 훨씬 발달했고. 그래서 우리가 생각하는 것보다 훨씬 변화가 적지 않을까 하는 거예요.

그런데 반대로 이야기해보자면 지금 21세기를 살아가는 우리는 주 교수님 말씀대로 전쟁을 모르는 세대잖아요? 중세 2억 명은 언제나 서로 싸우고 전쟁하고 그런 상황이었지만, 역사적으로 유례가 없을 정도로 평화로운 시대를 살아가는 우리가 보기에 지금의 팬데믹을 훨씬 큰 위험으로 느낄 수 있는 게 아닌가 하고 얘기해볼 수도 있겠죠. 절대적인 숫자가 중요한 게 아니라요.

김동재 저는 우리가 아무리 교훈을 얻는다고 해도 결국은 직접 경험이 필요한 게 아닌가 싶어요. 직접적인 경험이 아니고서야 와닿는 게 진짜 적어요. 역사상 이런 팬데믹이 처음 있는 일이 아니다, 더 심한 경우도 있었다고 아무리 말하더라도, 지금 세대에게 있어서는 이건 처음이 아니라고 해도 처음인 거예요. 지금 세대들이 역사를 몰라서 그러는 게 아니에요. 역사를 알아도 일이 이렇게 진행될 줄은 꿈에도 몰랐어요. 생각을 벗어나서 걷잡을 수 없이 휙휙 달라져요. 역사를 통해 배운 것과 실제의 경험에는 그만큼 차이가 있다는 거죠.

함준호 가속화 문제로 돌아가면, 디지털화는 이번 상태를 계기로 최소한 경제나 금융 분야에서는 상당히 가속화가 될 것 같아요. 양극화 추세도 그렇고요. 그간 금융이 주도하는 자본주의가 양극화를 심화시킨다는 주장이 있긴 했지만 글로벌 금융위기를 계기로 양극화 문제가 중요한 정치적 이슈로 부각되기 시작했죠. 더불어 각국의 경제 정책도 보호주의적으로 흘러가면서 미-중 무역 전쟁으로 가시화되었고요. 사실 양극화가 자유시장경제 때문에 초래된 현상인지는 논란이 많지만 어쨌든 이번 코로나 사태로 인해 신자유주의 시장경제시스템의 기반이 약화되는 추세도 가속화될 거라고 봅니다. 탈세계화도 마찬가지이고요.

김동재 저는 이렇게 생각했어요. 아까 차트를 보면서 이게 변화냐, 가속화냐 구분을 지어봤는데, 가속화에 해당하는 것들이 굉장히 많아요. 특히 IT, 디지털 쪽이요. 학교에서 온라인 강의를 이렇게 급속하게 하게 되리라고는 상상을 못 했지요. 저뿐만이 아니라, 많은 사람들에게 이런 가속화가 벌어진다는 게 상당히 많이 느껴져요. 그런데 잘 보면, 반대까지는 아니라고 하더라도 전혀 생각하지 못했던 것들이 있을 수도 있을 거 같아요. 예를 들어서 여행. 팬데믹 이전에 워렌 버핏Warren Edward Buffett이 항공주를 왕창 샀거든요. 장기적으로 여행, 항공 쪽의 수요를 굉장히 긍정적으로 평가했던 거예요. 그런데 이번에 손절매를 해버렸어요. 굉장히 예외적인 일이죠. 그러면서 하는 말이, "앞으로의 여행이 지금 어떻게 될지 모르겠다"라고 해요.

우리는 다시 여행을 떠날 수 있을까?
사람들의 접촉 방식과 경험 자체가 변화할 가능성

김대식 어떻게 보면 역사적으로도 중요한 이슈 같기는 해요. 분명히 올해 안으로 비즈니스 여행은 다시 시작될 거예요, 그건 해야 하니까. 절차상 면역성 여권을 보여주든, 바이러스 보균자가 아니라는 걸 증명하든, 가서 며칠 격리되어 있든 어떤 방법으로든. 다시 말해서 외교관, 사업가, 기자들같이 꼭 나갈 필요가 있는 사람들은 해외여행을 할 거예요. 그런데 인류 역사에서 일반인들이 아무 이유 없이 해외 나갔던 적이 없잖아요. 어떻게 보면 20세기에 처음으로 일어난 일이잖아요. 우리나라도 1980년도 이후에 여행 자유화가 이루어진 걸로 알고 있어요. 그러니깐 여행 자유화라는 게 갈 필요 없는 사람들이 가도 된다는 거잖아요. 호모사피엔스의 30만 년 역사에서 처음으로, 굳이 갈 필요가 없는데 일반인들이 다른 나라와 다른 문화를 경험할 수 있었던 이게 딱 30년간의 경험이었거든요. 그렇게 길지가 않아요.

주경철 관광이라는 말이 원래 동양에서 과거科擧 보러 가는 여행을 가리키는 말이에요. 원래 의미는 그랬는데 지금은 과거제가 없으니까 의미가 많이 달라졌죠. 현재 우리가 말하는 관광, 쉽게 말해 구경 가는 것은 정말 현대적인 현상입니다. 역사상에서 일어난 문명과 문명 간 접촉은 대개 전쟁·교역·전도의 세 가지입니다. 그런데 20세기 후반 여기에 더해진 게 바로 관광이에요. 서로가 서로를 구경하고 관찰하고 배운다는 것이죠. 그런데 이게 다시 사라지지 않을까 할 정도로 축소되고 있네요.

김대식 저는 뇌과학자이기 때문에 이게 제일 중요한 것 중 하나라고 보는데, 아까 주 교수님께서 인간이 세상을 여러 가지 창문을 통해서 본다고 그러셨잖아요. 사실 30년, 40년 전까지만 하더라도 인간이 세상을 볼 수 있는 창문이 정부 혹은 책, 이것뿐이었어요. 일반인 개개인이 세상을 바라볼 창문은 없었다는 거예요. 그 창문이 열린 게 딱 30년 동안의 일인데, 그게 적어도 앞으로 2년에서 4년은 끊어질 것 같아요. 워런 버핏도 그걸 예측하니까 항공주를 다 판 거고요. 대중관광^{mass tourism}은 한동안 어렵다는 거잖아요.

김동재 방금 뇌과학자 관점에서 말씀하셨잖아요. 제가 받아서 얘기를 하면, 인간의 욕구 체계가 있잖아요. 매슬로가 말한 것처럼. 이제는 문명화되고, 돈 많은 사람도 생겼잖아요? 전체적으로 안 해도 되는 걸 하는 시대가 됐잖아요. 말하자면 취미의 시대가 된 거죠. 먹고사는 건 다 해결됐고. 그런데 지금 이걸 거스르는 게 나온 거예요. 미국에 45~46년째 살고 있는 지인이 있는데, 동네 사람들이 동양인들한테서 약간 거리를 두더래요. 뉴욕 부근의 동네인데 손주를 데려가는 중에 귀엣말로 하는 게 살짝 들렸다는 거예요. 거리두기^{keep distance} 하라고. "어, 이건 뭐지?" 싶죠. 이제 사실은 제노포비아가 막 생기잖아요. 제가 여행을 예로 들었는데, 워렌 버핏이 항공주를 살 때도 앞으로의 세상에서 여행 수요가 증가할 거라고 보고 산 거예요. 그런데 지금 이건 완전히 반대로 가는 거예요. 그리고 아예 안 돌아올 수도 있다는 얘기까지 나오죠.

함준호 사실 글로벌 금융위기 이후에 무역이나 자본이동 측면에서는 이미 탈세계화^{de-globalization}의 흐름이 있었거든요? 그런데 이민이나 여행, 출장 등 사람의 이동 측면에서는 여전히 세계화 추세가 강화되고 있었어요. 이번 사태를 계기로 인적 이동의 세계화마저 그 추세가 꺾인 거죠. 저는 결국 다변화와 분산^{diversification}이 굉장히 중요해지지 않을까 싶어요. 극도로 집중화^{centralization}와 효율성만을 추구했던 문화에서 이제는 다변화와 위험 분산으로 가는 거죠. 여기저기에 공장도 만들고 공급망도 분산시키고. 사실 인류가 교류를 줄이고 전염병으로부터 살아남는 것도 하나의 다변화와 분산을 통한 생존 전략이라 볼 수도 있겠죠.

주경철 요즘 우리가 접하는 현상의 핵심은 "남과 접촉하면 위험하다"라는 거잖아요. 개인적으로도, 국가 간에도. 서로 거리를 둬야 하는데, 사실 현대 사회에서 계속 거리를 둘 수가 없어요. 1945년 이후에 세계 경제가 서로 긴밀한 연관성을 가지게 됐고, 극도로 효율적인 체제를 만들었는데 이걸 다 버릴 수도 없는 노릇이거든요.

김대식 정말 버릴 수 없을까요? 가령 아까 교수님도 그러셨잖아요. 악수 포기? 상상도 할 수 없었지만 또 이런 극한상황이 되어서 포기해야 된다고 하면 포기하거든요. 뇌과학적으로 인간은 굉장히 빨리 적응해요. 오늘 절대로 안 된다고 생각하는 것도 현실이 바뀌면 금방 받아들여요. 저희는 다들 20세기에 태어난, 세계화하고 같이 자란 사람들이잖아요. 어떻게 세계화를 포기할 수 있을까? 이게 우리한테는 거의 우리의 인생하고 연관이 된 문제인 거죠. 그런데 상황이 바뀌면 결국은 이걸 버릴 수 있지 않을까 하는 거예요. 물론 그러면 이제 어마어마하게 비효율적인 체제로 가야 하고, 어마어마하게 국가 주도적인 세상이 되겠죠. 가령 여행을 봅시다. 물론 저도 지금 올해 여행은 당연히 다 취소했어요. 그런데 만약에 이게 2년, 3년, 4년 가고 개인이 해외여행 가는 게 점점 어려워진다면? 이것이 초래할 결과 중 하나가, 세상에 대한 스토리텔링, 내러티브가 중앙집중화centralize된다는 것 아닌가요? 정부, 방송 또는 언론, 대리인을 통해서만 세상을 접하게 되겠죠. 우리가 직접 경험하는 게 점점 어려워지니깐. 근데 뭔가가 중앙집중화되는 순간, 당연히 오남용abuse될 수 있겠죠. 누군가의 이익을 위해서 그쪽으로 스토리텔링을 하고요.

주경철 저는 어떤 생각을 하냐면, 넓은 의미의 거리두기가 자꾸 확장되고, 이걸 그냥 방치할 수는 없고, 그러면 이제 직접적인 접촉을 온라인의 접촉이 대체하지 않을까 싶어요. 넷플릭스Netflix가 간단한 예가 되겠죠. 직접적인 경험을 포기하든지 혹은 금지당하

감염병의 시각으로 역사를 보다

든지 했을 때, 간접적인 경험·연결, 이런 게 훨씬 활성화되지 않을까요? 좀 더 상상력을 발휘해보자면, 직접적인 경험은 아주 고급의, 상류층의 전유물이 되고, 나머지 사람들은 여행 대신에 아주 잘 만든 여행 다큐를 보는 걸로 만족하게 되는 거죠.

김동재 EBS에서 어떤 사람이 아주 가기 힘든 오지 같은 곳을 찾아다니는 프로가 있어요. 그런데 굉장히 여행을 좋아하는 사람들도 그런 걸 보다 보면 "저기까지는 내가 정말 가기 싫다"라는 곳이 있어요. 그 정도로 험한 오지이고 힘든 경험인데, 그런 것도 간접으로 경험할 수 있다는 거예요. 그런 걸 보면 다큐멘터리 같은 걸 통해서 여행 같은 것도 일부 대체할 수 있을 것 같아요.

○ 미국과 중국 사이의 패권 다툼, 코로나 팬데믹이라고 하는 촉매

김대식 또 하나 질문이 있는데, 아까 말씀하셨을 때 1802년 노예 반란에서, 교수님 말씀은 그때 "프랑스 진압군이 대규모로 죽고 나서, 영국이냐 프랑스냐 어느 쪽으로도 갈 수 있었던 전 세계 제국주의의 패권이 영국 쪽으로 기울어졌다"라고 해석할 수 있는 거잖아요. 말하자면 티핑 포인트tipping point*에서 전염병이라는 게 어떠한 역할을 할 수 있다는 것이죠. 영국·프랑스와 비교하기는 좀 어려울 수 있겠지만 지금 세상은 미국과 중국의 패권 싸움 중이라고 보는데, 이런 전염병이 미국과 중국 사이의 어떤 길을 살

---

*작은 변화들이 어느 정도 기간을 두고 쌓여, 이제 작은 변화가 하나만 더 일어나도 갑자기 큰 영향을 초래할 수 있는 상태가 된 단계

짝 열어주도록 자극할 수 있을까요?

주경철 그럴 수도 있겠죠. 전염병이 그야말로 툭 건드려주는nudge 거예요. 그 전부터 그 성향이 있었던 거를 툭 한 번 건드려주는 것이 일종의 방아쇠가 되어 굉장히 큰 효과를 내는 수도 있겠죠.

김대식 역사적인 시점에서 이미 그런 것들이 벌어지고 있었다면, 전염병이라는 사건 하나가 툭 쳐줄 순 있다는 거죠?

주경철 전염병이 자극impetus을 주는 효과가 크지요. 다른 큰 흐름 속에 같이 있지만 특정 시기에 유독 더 큰 영향을 미칠 가능성은 있죠.

김대식 제가 사실 궁금한 건, 경제·경영 하시는 분들이 더 잘 아실 수 있겠지만, 어떻게 보면 2008년 금융위기 이후에 중국이 자신감이 생겼어요. 미국이나 다른 서구권 국가들이 볼 때도 중국을 그저 아웃소싱하는 국가로 보는 게 아니라 어젠다가 있는 나라로 보게 됐고요. 이런 이야기가 지난 10년 동안 계속 있었지만, 그래도 세계화와 분업의 이점이 분명 있었기 때문에 결국은 공생하는 쪽으로 가지 않을까 생각했고요. 그런데 지금에 와서는 많은 사람들이 훨씬 적대적인 관계를 생각하는 것 같아요. 이전에는 서로 비전이 다르더라도 공생하는 게 서로에게 좋은 거니까 그렇게 가자고 생각하는 쪽이 많았다면, 이제는 완벽한 대립 구도를 상정하곤 하더라고요. 최근에는 정말 미국의 인터뷰나 정치 잡지를 보면 대놓고 냉전이라는 단어를 쓰더군요.

김동재 서구권 국가들에서는 지금 집단적인 분노를 자꾸 표출해야 될 거잖아요. 사회가 가라앉을 때는 공동의 적이 나와줄 필요가 있고요. 참 안타깝긴 해요. 불가피하게 집단 간의 갈등을 야기하는 거지요.

함준호 이번 코로나 사태가 지금보다 더 이전에 터졌다면 훨씬 나을 수도 있었겠죠. 글로벌 금융위기 때만 해도 G20가 나오고, 일단은 각국이 협력해서 공조 체제를 만들었거든요.

김대식 근데 지금은 분위기가 그렇지 않잖아요. 미국에서는 WHO와 관계를 끊으려고 하고 있고요. 그런 면에서는 전형적인 가속화가 일어나고 있는 거죠. 정치가 양극화polarize되고요.

김동재 그래서 어떤 의미에서는 올해의 미국 대선이 상당히 중요한 분기점이 될 수도 있을 것 같아요.

김대식 제가 함 교수님하고 김 교수님한테 궁금한 건, 한번 시나리오를 그려봅시다. 정말 중국하고 미국하고 새로운 냉전 체제로 간다면? 예전에 구소련과 미국의 냉전은 군사 대립이었잖아요, 서로 경제적으로 얽혀 있는 게 아니라. 근데 지금 미국은 중국하고 경제적으로 어마무시하게 얽혀 있잖아요. 이 실을 풀 수 있나요? 첫 번째는 미국 제조업 기업들, 두 번째는 중국이 사주는 미국 채권, 이 두 개를 풀어야 되는 거잖아요.

함준호 만약 풀려고 든다면 국제 금융시장과 무역시스템에 엄청난 충격이 있겠죠. 인위적으로 한다면 그것 자체로 위기를 촉발할 가능성이 있어요.

김대식 근데 지금 분위기로 보면 풀어줘야 한다는 시각도 있더라고요. 너무 엉켜있기 때문에요.

김동재 그렇죠. 지금 너무 엉켜있는 게 문제라는 인식은 하고 있어요.

함준호 여러 가지 논의들이 나오는데 아무도 쉽게 예측할 수는 없지요. 한 가지 확실한 것은, 글로벌 금융위기 이후에 서로 덜 의존하는 쪽으로 가려는 힘이 있었고 당분간 그 방향의 힘이 가속화할 것이라는 점이죠. 일단 미국과 중국 간의 디커플링은 정보통신, 반도체 등 국가안보와 직결되는 기술 부문에서 가시화되고 있고, 국내 정치적 고려와 맞물려서 상품과 서비스의 교역 의존도를 낮추는 쪽으로 진행되고 있어요. 그러나 금융 분야의 상호 의존도를 보면 글로벌 금융위기 이후 이미 엄청난 유동성이 풀려 있었고, 미 달러화가 국제 통화로서 기능하면서 심지어 중국의 민간기업 부채도 달러화로 발행된 부분들이 많이 있기 때문에, 그걸 인위적으로 푼다는 것은 중국이 빚을 상당 수준 갚지 않고서야 쉽지 않은 일이죠. 달러화 자금이 대거 미국으로 다시 회수되지 않으면 풀기 어려운 문제인데, 만일 미국이 중국에 투자된 자금을 회수하는 가운데 중국을 국제결제시스템에서 배제시키고, 중국도 보유한 미 국채의 매각 등으로 대응한다면 국제 금융시장과 경제시스템에 상당한 충격이 오겠죠.

디지털 통화 체제의 성립과 기존 화폐 체제의 변화 가능성

김동재 디지털 통화 체제에 대해서는 어떻게 생각하세요?

감염병의 시각으로 역사를 보다

함준호 디지털 통화 체제로 가면 경제적 측면에서는 여러 가지 유리한 측면도 있어요. 지금의 통화제도나 결제시스템의 취약성을 보완하는 솔루션이 될 수도 있지요. 일단은 분명히 그것도 가속화될 거예요. 디지털 화폐가 민간에서 먼저 많이 나왔지만 사실 가치가 매우 불안정해서 화폐로서의 본질적 기능에는 한계가 있죠. 그래서 차라리 중앙은행이 디지털 통화를 만들자는 논의가 시작되었고, 중국, 프랑스, 스웨덴 중앙은행 등이 이미 실험을 진행하고 있어요. 이걸 계기로 다른 나라의 중앙은행들도 점차 도입 준비를 본격화하는 추세입니다. 그렇게 되면 통화정책 측면에서도 금리를 마이너스로 내릴 수도 있고, 재정정책 측면에서도 지하경제가 축소되고 탈루 세원을 확보할 수 있는 등, 정책 효율성도 높아질 수 있겠죠. 각국이 디지털 통화로 가게 되면 지금 미 달러화 중심의 국제 통화 체제가 흔들릴 가능성이 있고, 거기서 중국이 자국의 디지털 통화를 역내 거래에 사용토록 영향력을 행사하면서 주도권을 잡으려고 하는 전략적인 측면도 있는 것 같아요. 중국이 디지털 통화의 패권을 잡을 수 있을지는 모르겠지만, 장기적으로는 디지털 통화 쪽으로 흐름이 형성되고, 이게 달러화 중심의 국제금융 체제와 미국의 리더십에 균열을 가져오는 방향으로 작용할 수 있다는 생각은 듭니다.

김대식 어찌 보면 붕괴가 가속화될 수도 있겠죠. 2020년 5월에 독일 헌법재판소에서 어떤 판결이 나왔냐 하면, 미리 유럽중앙은행European Central Bank, ECB이 유로 회원국의 채권을 사는 것도 불법이라는 판결이 나왔어요. 그래서 난리가 난 게, 이미 그게 독일의 자치권을 침해하는 거라는 거예요.

함준호 그 논쟁의 이면에는 재정이전transfer 제약이 깔려 있습니다. 유로존은 통화만 통합됐고 사실 재정정책fiscal policy은 통합이 안 됐는데, ECB가 회원국 국채를 무한정으로 사들이게 되면 사실 회원국 재정 정책을 통합하는 거나 마찬가지인 효과가 나타나는 거예요. 그게 소위 말하는 헬리콥터 머니*로 이어질 수 있는데, 어떻게 보면 재정 정책은 국가 고유의 영역이고 세금을 베이스로 하는 거예요. ECB가 기준금리를 이미 0까지 내린 상태이기 때문에 만약 거기서 취약한 회원국의 국채를 불균등하게 무한정 사준다면 사실상 유럽 국가부채의 화폐화, 즉 중앙은행인 ECB의 통화정책이 준재정의 역할을 하게 되거든요. 한 나라의 세금, 세입revenue을 다른 나라로 이전하는, 즉 일종의 재정이전 제약을 회피할 수 있는 구멍loophole이 되는 셈이죠.

김대식 그러니까 그 얘기를 한 거예요. 그건 불법이고, 안 되는 거라고요.

함준호 지금 이탈리아를 비롯해서 엄청나게 어려움을 겪고 있는 나라의 국채는 이미 ECB가 사주고 있어요. 한도 내에서 사주고 있는데, 국채를 사주고 있음에도 불구하고 채권의 위험 프리미엄risk spread이 상당히 높거든요. 회원국 간에 재정을 통한 보전이 안 되면 이게 시장에서 올라가는 건 막을 수가 없고, 그렇게 되면 이

---

* 중앙은행의 발권력을 통해 직접 가계와 정부에 현금을 주입하는 정책

　감염병의 시각으로 역사를 보다

탈리아 같은 나라들에서는 다시 재정 위기가 발생할 수밖에 없어요. 국가 채무 위기가 터지는 거죠.

김대식 제가 만약에 이탈리아 정부라면 유럽 연합 때문에 독립적인 정책도 못 펴는 상황에서, 내가 이렇게 힘든데 나를 도와주는 건 불법이라고 한다면 내가 유럽 연합에 남아 있을 이유가 없을 것 같아요.

함준호 그러니까 한 가지 방법은 자국 통화를 독립시키고 나가는 거예요.

김대식 유럽에서 통화가 독립되면 지금 유럽 연합 다 깨진다고 그러던데요?

함준호 만일 그렇게 된다면 현 유로 체제에서 주변국의 이탈은 불가피하겠지만 중심국은 남을 수 있겠지요. 예를 들어 그리스가 극심한 재정위기를 겪을 때 크루그먼Paul Robin Krugman을 비롯한 많은 경제학자들이 충고했던 게, 유로화 통화 체제에서 나오라는 것이었어요. 엄청난 충격을 겪으면서 단기적으로는 경제가 큰 피해를 입겠지만, 결국 장기적으로는 자국통화 절하를 통한 외부조정이 그나마 실행 가능한 해결책이라는 얘기를 했었죠. 사실 경제학자들은 유로 체제가 출범할 때부터 재정통합 없는 통화통합의 문제점에 대한 지적을 많이 했습니다.

김대식 근데 그 일이 벌어지고 코로나 때문에 그게 가속화되는 거잖아요. 지금 그 남쪽 나라들이 보기에는 이런 거예요. 자기네들 금리도 마음대로 못하고, 나쁜 영향은 다 받았는데 정작 도움이 필요할 때는 독일과 네덜란드가 극구 반대해서 도움도 못 받는다는 거죠.

함준호 그러니까 유로화 체제가 근본적으로 불안정한 거죠. 그렇기 때문에 이번 기회에 재정이전이나 낮은 수준의 재정통합에 대한 합의가 어느 정도 이루어지지 못한다면 앞으로 충분히 깨질 가능성도 배제할 수 없겠지요.

김대식 저도 그게 궁금해요. 유럽 연합에서 가속화가 일어난다면 유럽 연합이 없어지는 쪽으로 일어나지 않을까요?

주경철 아까 제가 그 얘기를 했잖아요. 중국과 유럽이 크기가 비슷하다고. 이게 제일 비슷한 때가 로마와 한나라 때인데, 유럽에서는 제국 체제가 깨지고 나서 영영 하나의 제국으로 돌아가질 못했어요. 그런데 중국은 역사적으로 지금까지 유지가 되고 있고요. 유럽의 통합이라고 할 때 통화니, 문화적인 공동자산, 이런 얘기를 했지만 정말로 이게 틀을 완전히 갖추어서, 그야말로 로마와 같은 하나의 국가가 되지 않는 이상 어차피 언젠가는 이렇게 붕괴될 취약성을 안고 있었어요. 그럼 중국은 영원한가? 거꾸로 중국도 해체될 가능성을 갖고 있어요. 미래학자 중에 그런 예측을 하는 학자들도 있지요. 저 엄청난 단위를 함께 끌고 가려면 정치적인 힘이 굉장히 세야 하는 건데, 앞으로 빈부격차도 심해지고 하다 보면 과연 이 체제가 계속 유지될까, 하는 의문이 생기죠.

감염병의 시각으로 역사를 보다

**코로나 팬데믹이 두드려 깨우는,
우리 안에 내재되어 있던 가능성은?**

김대식　우리가 지금 팬데믹을 통해서 이미 존재하고 있던 조건들 pre-existing condition이 가속화된다고 보고 있는데, 그럼 대한민국은 어떤가요? 우리나라에서 벌어지는 어떤 트렌드가 가속화될 확률이 제일 높을까요? 교수님 말씀대로라면 서랍 안에 들어 있던 것 중에 뭔가가 나온다는 거잖아요. 갑자기 하늘에서 떨어지는 건 아니고. 대한민국이라는 서랍 안에도 분명 뭐가 많을 거예요. 그리고 코로나를 통해서 뭔가가 가속화될 텐데 그게 뭘까요? 저는 개인적으로 국가 위주 체제라고 생각해요.

함준호　아까도 말씀드렸지만 비슷한 맥락에서 저는 시장경제의 약화라고 생각해요. 분배정책의 강화는 물론이고 시장경제에 대한 국가의 개입도 강해질 거라 생각되고요. 반면에 상업적 동기에 따른 기업의 활력이라든지 이런 경제시스템의 역동성이 약화될 소지가 있다고 봅니다.

김대식　제가 봤을 때 역사적으로 우리나라의 국민 그리고 사회가 시장경제하고 형성한 관계가, 유럽에서 이탈리아와 동유럽 사이의 관계와 좀 비슷하지 않나 하는 생각이 들어요. 뭔가 자발적으로 한 것도 아니고 그냥 어떻게 들어가게 되어서 나쁜 것만 계속 경험하고 있는 거. 많은 분들이 생각할 때는 "국가가, 시장경제가 내 인생에 도움 된 게 뭐가 있나"라는 생각을 하게 되는 거죠. 기업가들이나 전문가들은 얼마나 많은 도움이 됐는지 알고 있지만, 대다수 사람들에게는 그게 와닿지 않는 거죠. 왜냐? 시장 경제의 혜택이 분배되는 과정에서 편향bias이 있었기 때문에요.

함준호 사실 소득 양극화라는 것도 기본 베이스가 같이 올라가면서 소득 양극화가 되는 게 있고, 베이스가 그대로 유지되거나 오히려 하락하면서 양극화가 되는 게 있잖아요. 경제사적으로 시장경제가 과거 수 세기 동안 이 소득의 하한선을 올려왔다는 점에 대해서는 아무도 부정하지 않거든요. 이게 양극화를 함께 가져왔다는 주장에 대해서는 논란의 여지는 있지만 충분히 수긍할 수 있는 이야기이지요. 하지만 베이스를 올리지 않았으면 아무리 분배가 균등하게 이루어진들, 올라간 복리후생welfare 수준을 쫓아갈 수 없었을 거예요. 그런데 그 얘기를 하는 사람은 거의 없어요. 그저 상대적으로 비교해봤을 때 양극화가 이루어졌다고 하는 결과만 보는 거죠.

김대식 이게 뇌과학적으로 비극인 게, 인간의 뇌는 베이스라인을 분석하도록 만들어지지 않았어요. 상대적 비교를 우선적으로 하게 만들어졌기 때문에, 베이스라인이 올라가도 나와 비교 그룹의 간극이 넓어지면 그걸 비극이라고 판단해요.

함준호 시장경제는 사실 생산의 특화가 가능하도록 하고 희소한 재원을 가장 필요한 곳에 효율적으로 배분해서 전체 파이를 늘려줄 뿐만 아니라 참여자 모두에게 이익이 돌아갈 수 있게 되는 시스템이죠. 단면만 보고 '시장경제는 실패했다, 금융위기가 그 증거이다' 이런 주장은 지나친 측면이 많고요. 마찬가지로 경

감염병의 시각으로 역사를 보다

쟁의 결과로 나타난 사후적인 상대적 성과만 비교한다면 비극일 수 있겠죠.

김대식 그런데 상대적인 정보, 상대와의 차이를 판단하는 이게, 공학적인 관점에서 보면 상당히 좋은 시스템이에요. 예를 들어서 우리 눈 안에 있는 망막 같은 게 광자의 절댓값을 계산하면 우리는 이런 그림을 볼 수가 없어요. 실내에 있을 때하고 실외에 있을 때, 절댓값이 워낙 다르기 때문에. 그런데 상대적인 값을 계산해서 실내에서의 빨간색이 실외에서의 빨간색이랑 같게 보이거든요. 사실 실외의 밝기가 훨씬 큰데도. 말하자면 다이내믹 레인지를 넓게 하고 일관성을 유지할 수 있게끔 만든 시스템인데, 이게 주관적인 행복지수나 소득 부문에서도 똑같이 적용되다 보니, 전반적으로 훨씬 상황이 좋아졌는데도, "그래서 내 주변에 있는 사람들은 어떻게 사는데?" 이렇게 나온다는 거예요. 그게 훨씬 중요한 거죠. 이건 아주 본능적인 감각이에요. 불평등에 대한 감각은 언제나 나와 비교 그룹 사이의 문제이지, 절대로 역사적인 평가 대상이 못 되는 거예요.

주경철 우리의 사고에서 물질적인 것, 입고 먹고 하는 이런 종류의 것들보다 심리적인psychological 요소가 중요해지는 것 같아요. 영화 보고, 게임하고, 놀고 하는 것들이죠. 기초적인 의식주가 이미 어느 정도 충족된 상황에서는 물질적인 부분을 좀 더 발전시켜서 정말 평등한 사회를 만드는 것보다, 그냥 어느 정도의 만족감, 심리적인 보상이 주어지는 게 더 중요하지 싶어요.

위기에 봉착한 사회는 기업에게 무엇을 요구할까

김동재 이게 한국에만 국한된 건 아닌 것 같은데. 기업들에 대한 역할에 대한 사회적 기대 같은 것들도 사실 가속화하는 것 같아요. 가령 모 기업에서는 회장이 나서서 사회적 가치를 주창하기 시작했는데, 처음에는 메시지가 다소 추상적으로 들렸어요. 그렇지만 이제는 더 이상 그렇지 않은 거지요. 가령 미국에서도 원래 다른 거 만드는 회사, 이를테면 GM에게 인공호흡기를 만들어라, 전시에 준하는 뭐 이런 걸 만들어라, 이래요. 저도 마스크를 구입하고 보니까 원래 소프트웨어 전문기업이던 곳에서 나온 마스크더라고요. 이런 것들을 종합해볼 때, 거창한 용어를 빌리자면 기업들의 강령^{mission statement}에 상당한 수정과 보완이 이루어질 것 같다는 생각이 들어요. 이게 진짜 럭셔리가 아니라 생존의 문제로 갈 수 있다는 거죠.

김대식 제 생각에, 역사하고 미래가 완전히 무작위적인^{random} 관계는 아닐 거잖아요. 인과관계가 명확하게 성립하지는 않더라도 패턴이란 게 있으니까요. 역사적으로 심한 감염병, 팬데믹이 있었을 때에는 이미 많은 사람들이 토론하고 생각했었던 것들이 툭 튀어나와서 가속화될 텐데. 미국에서는 당연히 미국의 위치나 미중관계에 대한 토론이 있을 거고, 유럽에서는 유럽이라는 공동체의 운명에 대한 토론이 있겠죠. 우리나라에서는 시장 위주냐 국가 위주냐 하는 게 가장 큰 문제로 대두될 것 같아요. 그리고 이런 관점에서 봤을 때 우리나라 기업들에게 주어질 가장 중요한 과제는, 기업이 왜 있어야 되는지를 사회에 정확하게 전달하는 것이라고 봐요. 지금까지 기업은 그냥 돈 버는 조직이었는데, 이걸로는 이제 부족하다는 거예요. 또, 도대체 기업이란 건 왜 있어야 될까 할 때, 기업은 일자리를 만든다? 국가가 나서서 자기네들이 다 해준다고 나설 수도 있어요. 그럼 기업의 존재 이유 raison d'être를 자기가 정하지 않으면 다른 사람이 정해버리거든요. 우리나라 기업들이 김동재 교수님 말씀대로 스스로 정체성을, 강령을 정하지 않으면 사회로부터, 국가로부터 부여받게 될 거예요. 아마 그건 원하지 않겠죠.

김동재 지금 투자에서도 그렇지만 ESG, 그러니까 Environmental, Social, Governance. 이게 기업의 사회적 책임의 연장선상에 있었는데, 이제는 생존의 문제가 되어가고 있습니다.

김대식 코로나바이러스 사태가 우선 당장 좀 진정되고 나면 우리나라 정부에서도 어마어마한 돈을 풀 거잖아요? 인플레이션이라는 어마어마한 위험을 감수하면서. 근데 이 세상에 공짜 점심free lunch이 어디 있겠어요. "그럼 정부에서 뭘 요구할까?"라고 했을 때 기업의 독립성이나 셰어가 아니라면 다른 거라도 줄 수 있어야 된다는 거예요. 저는 이걸 미리 준비해서 기업 위주로 빅딜을 해야 하지 않을까 생각해요. 그런 준비 없이 그저 기다리고 있으면 떠맡겨진 영수증에 뭔가 다른 게 적혀 있을 것만 같아요.

함준호 기업들도 이미 사회적 책임이나 지속 가능성에 화두를 두고 기업 미션을 새로 만들고 있죠.

김동재 그런데 이제는 그 단계를 넘어선 거죠. 사회적 맥락에서 또 다른 존재 이유를 어필해야 한다는 거예요.

함준호 기존의 주주 중심 자본주의에서 이해관계자 자본주의 stakeholder capitalism로 이행하고자 하는 흐름이 더욱 강해지겠죠.

김동재 작년에 미국의 비즈니스 라운드 테이블에서 얘기했던 것들이 다 일어나는 거예요. 경제를 재정의하고, 자본주의를 재정의하고. 상당한 변화가 예상됩니다. 이것도 마찬가지로 가속화되는 부분에 속할 거라고 봐요. 한국의 자본주의가 그 정도로 나이를 먹은 거예요.

김대식 근데 변화가 가속화된다는 거의 핵심은 뭐냐면, 가속화와 방향 전환이 동시에 일어나면 여기에 상당한 리스크가 있거든요. 가속화에도 리스크가 있고 방향을 바꾸는 것에도 리스크가 있어요. 우리 모두 운전해봐서 알잖아요. 가속하면서 동시에 방향을 바꾸면 대부분은 고꾸라지거든요. 특히 복잡하고 큰 사회일수록, 자동차라고 하면 큰 짐을 실은 트럭일수록. 그러니까 우리나라 같은 경우에는 지금 동시에 가속뿐만 아니고 방향 전환을 하려고 드는데, 여기 상당한 리스크가 있는 거 아닌가요? 그런데 그게 지금 자연적인 결과잖아요. 방향을 바꾸려고 하는 사회적 압력도 있었고, 가속화하려는 압력도 있었는데, 코로나 덕분에 지금 국가 지지율도 그렇고 국가가 왜 있어야 되는지가 정당화된 것 같아요. 상당히 오랜 기간 동안 그랬죠. 도대체 현대 사회에 국가가 왜 있어야 할까? 국가라는 게 인류 역사상 항상 있었던 것도 아니고

감염병의 시각으로 역사를 보다

요. 누구 말처럼 18세기 말에 생겼다고 한다면 200~300년 됐죠. 이제 국가의 기능은 끝났다. 유럽을 봐라. 국가들이 모여서 더 큰 걸 만들고 나머지 나라들도 세계화해서 이제는 국가 위주가 아니고 초국가 중심이 될 것이다. 기업도 초국적 기업들 위주가 될 것이다. 1990년 즈음부터 이런 그림을 그려오고 있었는데, 딱 코로나가 터지니까 결국 국민들한테 마스크 주고 코로나 진단 해주는 건 국가의 역할이더라는 거예요. 케케묵은 꼰대라고 여겼던 '국가'가 돌연 무척이나 패셔너블해졌다는 거죠.

위기 속에서 부각되는 국가의 존재 의의와 역할

김동재 말씀하시는데 갑자기 다른 얘기이지만, 아까 소위 문명권이라는 얘기를 하셨잖아요, 생활권, 문명권. 그런데 공동체의 기반이 국가가 되면, 아까 얘기한 것처럼 벽 딱딱 치면서 "야, 너네 나라로 가, 들어오지 마" 이럴 수 있는 거잖아요.

김대식 그러니까요. 지금도 코로나가 생기면서 제일 먼저 한 게 뭐냐면 외국인 내보내고 자기네 국민 데려온 거거든요, 전 세계에서.

김동재 그렇지요. 바로 그거거든요. 사실 정부 관료나 정치하는 사람들에게 있어서는 절호의 기회인 거죠. 그동안 국가의 역할에 의문을 제기하던 하던 사람들도 부인할 수 없을 정도로, 큰 목소리를 내면서 역할을 다하는 모습을 보여주고 있거든요. 사회적으로 엄청나게 비중이 커졌죠.

김대식 이번 코로나바이러스로 완전히 다른 세상이 된 것 같은데요. 갑자기 정부의 역할이 되게 매력적으로 보이고 기업들은 맥을 못 추고. 특히 그 초국적 기업들. 뭐, 중국에서 스프링 하나 수입을 못 한다고 자동차를 못 만들어? 그래서 내가 실업자가 돼? 진짜 너무나 무력하다는^{impotent} 인상을 받았어요, 사람들이. 그리고 또 다른 스토리이지만, 유럽처럼 토론과 합의를 통해서 접근하는 곳은 문제를 해결하지 못하는데 중국에서는 한 사람이 명령해서 도시 봉쇄하니까 문제가 해결되더란 거예요. 말하자면 독재자^{strongman}이지요. 사람이 되게 단순한 게, 뭐 이론적인 거 합리적인 거 다 좋은데 정작 위기에 처하면 던지는 질문이 이거예요. 뭐가 유효한가$^{what works}$? 복잡한 얘기 말고, 그래서 어떻게 하면 문제가 해결되는데? 지금 보면 분명히 위너는 국가, 독재자. 루저는 세계화, 민주적인 절차. 저는 개인적으로 이기면 안 되는 사람들이 이겼고, 져서는 안 되는 사람들이 져버린 거라고 봐요. 그래서 안타깝죠.

함준호 저도 동의하는데, 그래서 더욱 앞으로는 어떤 국가 시스템과 정부를 갖고 있느냐에 따라서 국가의 흥망성쇠가 결정될 것 같아요. 결국은 제대로 된, 진짜 장기적 안목에서 공익을 위하는, 사회적 후생$^{social welfare}$을 생각하는 정부와 시스템을 가진 나라들은 그래도 이 어려움을 헤쳐나갈 수 있을 것 같고, 그렇지 않고 대중영합적인^{populistic} 정치세력과 정책 요구들을 제대로 걸러낼 수 있는 시스템을 갖추지 못한 나라들은 결국 쇄락할 수밖에 없을 것 같아요.

김대식 주 교수님, 제가 항상 궁금했던 건데, 정말 국가라는 제도가 200년 정도밖에 안 된 건가요? 여러 역사학자들의 의견이 너무 다르더라고요.

주경철 국가의 이름은 있었지요. 예를 들면 15세기 정도로 올라가보면 프랑스라는 나라가 있고 프랑스 왕실이 있지요. 프랑스 왕실은 프랑스 전체에 대해 "이게 내 땅이다, 영토다" 이렇게 선언하지만 사실은 왕실이 실질적으로 통치하는 땅은 파리 근처의 영토뿐이에요. 거기서 나오는 걸로 먹고살죠. 샹파뉴, 노르망디 이쪽 가면 말로는 왕실에 충성을 다하지만 사실은 독자적인 세계를 구성하고 있는 거죠. 물론 그처럼 왕실에 충성해야 한다는 개념이 지극히 중요하고, 현실에서 작동하는 건 분명합니다.

김대식 정말 18세기 전에는 예를 들어서 "나는 독일 사람이다", "나는 프랑스 사람이다" 하는 관념이 없었다는 건가요?

주경철 이중적인 정체성을 갖죠. 근데 "나는 프랑스 사람이다"라고 하는 관념은 굉장히 약해요. 과거 사람들한테 "너는 누구냐?" 하고 물어보면 제일 강한 관념, 가장 잘 튀어나오는 대답은 "나는 어느 길드에서 맥주 만들어" 하는 거예요. 가장 중심적인 정체성은 생활의 기반에 밀착해 있고, 그 위에 지방의 영주, 그 위에 상위 지배자 하는 식의 위계가 만들어지죠. 그렇게 오르고 또 올라서 최대한 갈 수 있는 게 샹파뉴, 노르망디 같은 주^{province}입니다. 인간의 삶이 자연스럽게 확대되는 한계가 그 정도였어요. 그 이상으로 올라가서 국가라고 하는 관념이 강해지고 그게 모든 걸 위에서 지배하게 되는 것은 민족주의 국가 단계, 19세기에

접어들어서 완성되었습니다. 국가가 실질적으로 가장 중요한 단위가 되는 것은 근대사의 점프 과정입니다.

김동재 결국은 실질적으로 자기 삶에서 구심점이 생길 때 소속감을 느끼는 거잖아요. 예를 들면 아까 얘기하신 것처럼 길드에서 뭘 한다고 말하는 건, 자기 먹을 게 거기서 나오니까 거기서 정체성을 얻는 거고요. 결국은 국가가 명목적으로나 실질적으로 세금을 징수하고 거기에 상응하는 이득을 주고, 그렇게 경계^{boundary}가 정해질 때 국가가 발생한다고 볼 수 있지 않을까요?

주경철 그러니까 이제 19세기 지나고 나면, 점차 사람들이 "내가 알고 있는 구체적인 누군가가 쓰기 위해서 의자를 만든다"라는 게 아니라, 만든 의자를 가격을 보고 시장에다 내다 팔게 되잖아요. 사는 사람도 시장에서 가격 보고 사지, 누가 만들었는지 신경 쓰지 않잖아요. 그러니까 사람들의 기본 생활의 범위 자체가 지역이 아닌 전국적인 시장^{national market}으로 크게 점프해요. 그리고 이제 프랑스 혁명이 일어납니다. 전국적인 통제와 동원이 일어나지요. 이제 우리가 말하는 국가 중심, 즉 태어나면 주민등록번호 부여하고 스무 살 되면 군대 가라 그러고 세금 내라 하고 요구하는 그런 일들이 시작된 게 프랑스 혁명 이후죠. 그 제도나 그런 시장의 힘이 반영됐다고 해서 바로 받아들이게 되는 건 아니고 그걸 일상 차원에서 확인을 해줘야 해요. "내가 여기 사람이다, 내가 한국 사람이다"라고 하는 게 글, 문학, 특히 신문 등을 통해서 수용되는 거죠. 그렇게 자기 사고의 범위가 마을 사람, 장

감염병의 시각으로 역사를 보다

에 가서 누구 만났다 하는 수준에서 머무르는 게 아니라 전국적인 차원으로 넓혀지는 것을 일상적으로 받아들여요. 어, 어느 지방에 지진 났네, 우리나라 축구팀이 이겼네. 이걸 끊임없이 받아들이게 함으로써, 실제로는 내가 일상적으로 접하고 사는 건 가까운 지역이지만 "내가 프랑스에 속해 있구나" 하는 상상을 하게 만드는 거예요. 소위 말하는 '상상의 공동체'죠. 사실은 상상력이 있어야 프랑스 사람이 되는 거죠. 그게 없으면 그냥 동네 사람이고요. 그렇게 지속적, 제도적으로 상상력을 불어넣습니다. 요즘은 텔레비전이 중요한 역할을 하고 있을 테고요.

김대식 상상의 공동체라는 말이 중요한 이슈인 것 같은데, 어쨌든 지난 10년, 20년 동안 우리가 접한 시장은 더 이상 국가에 한정된 게 아니고 전 세계로 넓어졌잖아요. 여행도 다니고, 인터넷을 통해서 전 세계 소식도 듣고. 어떻게 보면 국가를 넘는 상상의 공동체가 지금 막 만들어지고 있었죠, 사실은. 이게 만들어진 지 얼마 안 됐어요. 이런 상상의 세계 공동체가 앞으로 20년, 30년만 더 유지됐어도 우리가 민족주의를 극복해낼 기회가 있지 않았을까 하는 생각이 들어요. 저는 그래서 이 코로나바이러스가 역사적으로 중요한 포인트이지 않을까 싶은 게, 이게 그대로만 갔으면 전 세계적인 공동체를 만들고 기후변화 같은 전 세계적인 문제들에 같이 대응할 수도 있었을 텐데. 이 글로벌 공동체가 만들어지기 전, 어정쩡할 때 코로나가 와버리고, 당장 전 세계 공동체는 완성되지 않았기 때문에 실행execution할 수도 없고, 할 수 있는 주체는 여전히 국가뿐이고. WHO가 뭘 할 수 있는 것도 없고. 사람들이 보면서 "야, UN이고 WHO고 한 게 뭔데? 결국 우리나라 정부가 해준 거잖아" 하는 생각을 하게 되면서, 그대로 고꾸라지지 않을까 하는 생각이 들어요. 상당히 안타깝죠.

주경철 어쩌면 100년 뒤에는 진짜 그렇게 될지 모르죠. "내가 여기서 태어나도 늙어서는 스페인에서 살아야지, 우리 애는 저기 중국 가서 초등학교 보내야지" 이럴 수 있을지도 몰라요.

김동재 그 비슷하게는 갔는데 항상 한계를 느끼긴 했죠. 생긴 거라든가 하는 여러 가지 면에서. 그래도 비슷하게는 가고 있었는데 이번에 이렇게 되었고요.

김대식 그러니까 역시 믿을 수 있는 건 우리 국가밖에 없다는 얘기잖아요.

국가주의가 답이다 VS 개인의 자유를 포기할 수 없다

함준호 저도 공감하고요. 근데 아까 말씀하신 것처럼 디지털화는 또 상당히 국경을 초월하는 측면이 있거든요? 그래서 결국은 이 디지털화가 진행되면서, 국가가 모든 개인의 정보를 컨트롤하는 것과의 마찰이 결국 올 수밖에 없지 않나 싶어요. 국가가 모든 걸 장악하기 위해서는 정보를 컨트롤하지 않고는 불가능하죠. 정보에 대한 개인의 권한, 이런 것들이 상당히 중요한 이슈가 될 것 같아요.

김대식 그렇죠. 생각해보면 당연히 100년 후는 아무도 상상할 수 없지만, 어쩌면 100년 후 교과서를 보면 "코로나바이러스 사태를 두고, 큰 흐름 속에서 없어질 것 같았던 국가가 부활했다"라고 실릴 수도 있을 것 같아요. 그런데 문제는 그거죠. 이 부활이 영원한 것인가, 아니면 다시 가라앉을 것인가. 교수님 말씀대로 정보의 힘이라는 것도 있고, 결국은 그래도 세계화로 나아가는 게 훨씬 더 효율적이기 때문에 몇 년 후에 다시 그 방향으로 나아갈 수도 있고요. 아니면 다시 죽음의 길을 가고 있었던 국가들이 다시 살아남아서 더 확실하게 장악할 수도 있겠죠.

김동재 제가 생각할 때는 당분간은 좀 경합competition이 있을 것 같아요. 예컨대 중국은 "거봐라, 국가주의가 답이다" 하고 나올 수 있는 거고, 얘기한 것처럼 미국 같은 데는 "우리는 죽어도 개인의 정보 프라이버시를 양보할 수 없다" 이럴 수 있고요. 이런 식으로 해서 스펙트럼이 생기겠죠.

김대식 제 생각에도 한동안은 밀고 당기기push and pull일 것 같아요. 하나는 국가 위주, 또 하나는 시장이나 세계화 위주. 그런데 이게 공평한 싸움은 아닌 거 같아요. 왜냐? '국가 위주' 진영에는 대사ambassador가 있어요. 국가라는 어마어마하게 강력한 이해관계를 가진 사람들이. 그리고 민족주의 진영 또는 문화공동체에 속한 시민들. 그러니까 엄청나게 많은 힘을 가지고 있는 거죠. 근데 거꾸로 세계화 또는 국제공동체는 지금 이 순간에 그걸 위해서 싸우는 독립주체는 하나도 없을 거라고 저는 생각해요. 가끔 WHO가 나서서 힘없는 얘기 하고. 그니까 지금 트렌드가 그 편을 들면 안 될 것 같은 분위기라는 거죠.

김동재 제가 드리고 싶은 말씀은 국가에서 약간 좀 대안적인 경쟁 모델competitive model이 나올 수 있다는 거고요. 이게 결국은 많은 나라에서 투표election를 통해서 지도자를 뽑는 과정에서 나올 거거든요. 근데 이게 완전히 일방적인 승리냐? 그게 아니더라도 차이를 벌리면서 이길 거냐? 이런 데서 또 갈릴 것 같아요. 예를 들어서 당장 올해 미국 어떻게 될지 모르잖아요. 모르는 거예요, 어떻게 될지. 결국은 절대 다수가 아닌 상대적인 표 차이에 의해서 국가의 운명이 바뀔 것 같아요.

○ 국가 시스템이 흔들리는 가운데 대한민국이 나아갈 방향은?

주경철 너무 '국뽕' 같긴 한데, 우리나라의 국가 모델이 이번에 굉장히 좋은 모델로 주목받을 것 같아요. 꼭 코로나 얘기가 아니라도요. 국가주의가 강화되더라도 중국과 같은 시스템은 오래 못 갈 것 같다는 느낌이 들고, 지금 유럽의 시스템은 잘 작동할 수 있는 시대가 지났구나, 저러면 작동 안 하네, 미국도 그렇고요. 난 일본 모델이 굉장히 좋아 보였는데 저기도 문제가 많다는 생각도 들고요. 역사학자로서 생각하면, 사회라고 해야 될지 시장이라고 해야 될지 뭐 자본이라고 해야 될지 이런 요소가 국가와 어떤 식으로 만나느냐, 이게 근대사를 읽는 가장 핵심 포인트라고 보거든요. 중국처럼 황제 체제가 너무 강력해서, 어디서 커다란 세력이 생겨날 것 같으면 쳐서 날려버리는 것도 문제이지요. 중국에서 자본

감염병의 시각으로 역사를 보다

주의 발달이 약한 걸 그렇게 해석하기도 합니다. 그렇다고 유태인처럼 국가가 아예 없는 것도 문제이고. 그런 점에서 제일 이상적인 건 역시 영국이었어요. 영국에서 발전시킨 의회 제도가 지금까지 통용되어온 모델이죠. 귀족적 가치를 가지는 부르주아 계층을 의회 제도를 통해 국가가 흡수하고 그걸 국가가 서포트해준 것이 영국이 세계의 패권을 잡는 데 핵심적인 역할을 했던 거잖아요? 그 외에 베니스나 네덜란드 같은 모델들을 연구해볼 수 있을 터인데, 우리가 잘하면 앞으로 그 반열에 들 것 같아요.

함준호 우리가 정말 경제사적으로 거의 유례가 없는 경제 발전의 역사를 가진 나라잖아요. 세계은행과 같은 국제경제기구들이나 해외의 유수한 경제학자들이 우리 경제개발 경험을 모범사례로 연구했죠. 국가가 주도한 발전전략이 제대로 작동한 나라가 우리나라 외에는 별로 없거든요. 하지만 모든 국가주도의 정책에는 명암이 있을 수밖에 없고, 그때 도입된 시스템의 유산과 부작용이 아직 공존하며 남아 있다고 봐야죠. 예컨대 사실 과거 경제발전 시기의 정부와 관료들은, 예외는 있겠지만 대체로 본인의 사적 이득보다는 그래도 나라와 사회 전체의 발전을 먼저 생각했다고 봐요. 이런 가부장적인 정부와 관료 시스템이 가져온 폐해도 있지만, 한편 개발시대에는 효과적으로 작동했던 측면도 있어요. 문제는 개발시대로부터 민주화를 거쳐 변모하고 성숙한 우리의 사회경제시스템에서 어떻게 하면 다시 국회와 정부, 관료들의 인센티브를 나라 전체의 이익과 부합시키느냐 하는 것이죠. 이제는 사회

구성원의 다양한 요구와 이해를 녹여내면서도 전문성과 방향성을 잃지 않도록 시스템과 인센티브 구조가 바뀌어야 하거든요. 국회와 정부가 대중영합적으로 흐르지 않고, 정말 긴 안목에서 전체 사회와 국민을 위하는 방향으로 정책이 수립되고 집행될 수 있도록 시스템이 갖추어지는 것, 이것이 앞으로 성공적인 국가 통치 governance의 핵심 요인이 아닐까 하는 생각도 들어요.

김대식 저는 교수님들 말씀 들으면서 저희가 이렇게 모이길 잘했다는 생각이 든 게, 어떻게 보면 팬데믹을 역사적으로 해석했을 때 제가 기대하지 않았던 결론이 오늘 나왔어요. 결국 앞으로 우리가 기업이 왜 있어야 되는지에 대해서 정의를 다시 내려야 되고 국가도 국가가 왜 있어야 되는지를 새로 정의를 내려야 해요. 시장도 마찬가지이죠. 저는 이런 통찰insight이 아주 중요하다고 생각해요. 이건 결국 풀어야 할 숙제인데, 이 정체성이라는 걸 내가 판단하지 않으면 누군가 나한테 그걸 투사projection 시켜버리잖아요. 우리가 기업과 국가와 시장의 정체성이 이런 쪽으로 가야된다, 하고 생각되면 남들보다 먼저 그거를 브랜딩을 해야 된다고 생각을 해요. 우리가 안 해도 누군가가 할 거거든요. 거봐, 정부가 모든 걸 다 하는 게 맞잖아. 아니, 다시 옛날같이 돌려줘. 넓은 범위에서 수많은 의견들이 나올 거예요. 기업의 역할도 그렇고 시장의 역할도 그렇고. 그래서 저는 이 세 가지의 정체성에 대한 질문은 앞으로 분명히 나올 테니 우리가 먼저 정의를 내릴 수 있는 기회를 먼저 잡는 데 의의가 있다고 생각해요.

감염병의 시각으로 역사를 보다

김동재 좋죠. 사실은 아까도 주 교수님 말씀을 들으면서 과연 정부는 어떤 역할을 해줘야 되나, 뭐를 가장 국민들이 좋아하나 하는 생각을 저도 했어요. 이런 생각들을 좀 더 적극적으로 한다면 정말 좋을 것 같아요. 분명히 존재 이유는 있어요. 그런데 지금 이 재정의의 맥락에서 구체적으로 합의가 이루어져야겠지요.

김대식 사실 많은 사람들이 롤 모델로 생각하는 스칸디나비아 국가들의 핵심이 그거잖아요. 국민들한테 물어보면 정부가 왜 있어야 되는지 너무나 확실하게 알고 있어요. 그 사람들은 소득세 70% 내라고 해도 내겠다고 해요. 왜냐? 왜 내는지 아니까. 내서 그걸 어디다가 쓰는지 아니까. 그런데 망가진 국가들, 가령 이탈리아 같은 데로 가면은 "내가 왜 세금을 내야 되는데?" 그럼 이제 세금 내는 사람이 바보가 되는 거죠. 그 돈 내봤자 어디로 가는지 아무도 몰라요.

함준호 국가의 역할이 확대되면서 지출도 늘고 그러면 세금을 더 거두는 게 불가피하겠죠. 하지만 아무리 조금 내더라도 모두가 나누어 내는 것이 중요하죠. 사실 실질적으로 면세점免稅點이 너무 높아져서 세금 내는 사람들이 적어지면 정부가 돈을 제대로 쓰는지 감시할 유인이 낮아지고, 또 세금을 내는 사람들도 자발적으로 내려는 의욕이 생길 수가 없죠.

김동재 사실 이번에 보면 불가피하게 재정 부담이 많아지잖아요. 그렇게 된다면 그런 파트에서 뭔가 구실이 있어야 하잖아요.

함준호 거둔 세금을 어디에 어떻게 써야 되는지, 그리고 정말 우리 경제와 사회의 발전을 위해 효율적이고 생산적으로 쓰이는 것인지 그런 것에 대한 합의와 관련 정보의 투명한 공개가 전제되어야 하겠죠.

주경철 오늘 제 발표는 '감염병의 시각으로 본 역사'라는 주제였습니다. 여러 사례들을 통해 역사적인 격변의 뒤에 질병이 큰 역할을 한다는 사실을 확인해보았습니다. 사실 지난날 역사학에서 질병의 역사라는 게 없지는 않았지만 일반적으로는 전쟁이나 혁명 같은 주제들에 주로 주목하지 병균이 역사의 전면에 등장하지는 않았지요. 그렇지만 최근 역사학은 기후 변동, 자원 고갈, 물 문제 같은 새로운 주제들에 눈을 돌리고 있습니다. 현대 사회에 새로운 문제들이 떠오름에 따라 역사가들의 문제의식도 바뀌고 새로운 주제를 천착하는 건 당연한 일이겠지요. 감염병이 그중 중요한 사례입니다.

앞에서 말씀드렸지만 감염병이 중요하다고 해서 이 요소만으로 완전히 새롭게 역사를 재해석한다는 건 아닙니다. 단지 새로운 창을 하나 열어 다른 각도로 역사를 본다고 표현해보았는데, 제 생각에 '감염병과 역사'라는 이 창은 정말로 시의적절한 창인 것 같네요. 감염병이라는 키워드로 역사를 살펴보니 정말로 많은 내용을 확인할 수 있었습니다. 무엇보다 질병이 큰 위기를 불러오고 이것이 역사 흐름을 가속화시킨다는 점이 중요한 의미를 띤다고 하겠습니다. 현재 세계를 뒤흔들고 있는 코로나19 역시 그런 역할을 하지 않을까 하는 예감이 듭니다. 여기에서 다시 강조

감염병의 시각으로 역사를 보다

하고 싶은 점은, 팬데믹이 단순히 충격을 주고 사태를 악화시키는 측면보다는 가속화, 혹은 더 강하게 표현하여 초가속화 요인으로 작용하리라는 점이지요. 그동안 알게 모르게 준비되었던 여러 요소들, 그렇지만 이러저러한 장애 때문에 주저하던 것들이 충격적인 상황에서 아주 빠르게 현실화할 수 있다는 거지요. 사회 전반의 급속한 디지털화가 한 사례입니다.

감염병의 측면으로 이야기를 시작했지만, 결국 정치와 경제, 사회와 문화 전반으로 논의가 확대되었는데, 이건 당연한 일입니다. 세상만사가 다 서로 연결되어 있기 때문입니다. 질병이 세계를 뒤흔들어놓는 상황에서 국가가 더 중요한 역할을 맡을 것 같다는 점, 기업은 자신의 존재 의의를 새롭게 규정하면서 변신을 해야 하리라는 점, 미국과 중국의 갈등을 비롯해 국제관계에 변화가 일어나리라는 점 등을 논의해보았습니다. 역사 속 질병에 대한 이야기가 어느덧 다양한 분야에서 신선한 통찰을 불러일으켰고, 정말로 흥미진진하게 대화가 이어졌습니다. 현재 진행 중인 이 사태에 대해 이 논의들이 결정적인 솔루션을 제공한다고 할 수는 없지만 솔루션을 찾아내기 위한 문제제기로서는 아주 좋은 기회였다고 자부합니다.

장시간 논의에 참여하여 좋은 의견을 제시해주신 교수님들께 감사드립니다.

코로나 위기,
경제 패러다임을
바꾼다

새로운 통합과 균형의 시대는 어떻게 가능한가

함준호

서울대학교 영어영문학과를 졸업하고 컬럼비아대학교 경영대학원에서
경영학 석사 및 금융경제학 박사학위를 받았다. UC 샌터바버라대학교 경제학과 교수와
KDI 연구위원을 거쳐 지금은 연세대학교 국제학대학원 교수로 있다. 최근에는 한국은행
금융통화위원으로서 통화신용정책 수립에 참여하였으며, 대통령직속 금융개혁위원회
전문위원, 예금보험공사 비상임이사, 세계은행 및 아시아개발은행 컨설턴트를 역임하는 등
국제경제·금융 부문에서 활발한 연구 및 저술 활동을 하고 있다.

포스트코로나 시대의 경제나 금융부문 변화에 대해서는 이미 많은 논의가 있는 상황이어서 제가 얼마나 차별화되는 이야기를 할 수 있을지 잘 모르겠습니다. 어쨌든 오늘 발제는 일단 이번 팬데믹 위기의 본질과 특성을 살펴본 후, 회복경로가 어떻게 될 것인지 두 가지 시나리오를 상정해보고, 향후 경제 패러다임의 변화 방향을 중장기적인 관점에서 조망해보도록 하겠습니다. 그리고 마지막으로는 이제 위기에 대응해서 한국이 어떻게 대응하는 것이 좋을지 얘기해보고자 합니다.

포스트코로나 시대, 위기의 특성 5가지

먼저 위기의 본질과 특성입니다. 저는 이번 코로나 충격의 특성을 다음 5가지 정도로 생각해보았습니다. 상충성, 불확실성, 복합성, 광역성, 정밀타격성이죠.

먼저 상충성이란, 감염을 차단하고 격리하는 조치가 오히려 경제위기를 초래하는 딜레마에서 오지요. 감염의 확산 속도, 즉 확진자 곡선을 평탄화flattening시키는 속도를 더 빠르게 하기 위해서는 방역의 거시경제적 비용을 훨씬 더 많이 들여야 합니다.

다음으로 불확실성입니다. 지금과 같은 감염병 사태로 인한 사회적 총비용은 질병으로 인한 사망 등으로 발생한 보건적 비용과 사회적 거리두기와 같이 감염의 확산을 억제하는 데 따른 거시경제적 비

코로나 위기, 경제 패러다임을 바꾼다

용의 합이라고 볼 수 있죠. 이 총비용을 최소화하기 위해서는 방역 강화의 경제적 한계비용과 공중보건 측면의 한계편익을 일치시키는 수준에서 방역과 봉쇄 강도 등 최적의 정책 조합과 경로를 선택해야 합니다. 이러한 최적화 문제를 풀기 위해서는 모형 추정에 필요한 모수parameter를 알아야 하죠. 감염률, 치명률, 잠복기간, 재생산지수 등의 모수를 알아야 최적의 정책을 찾아낼 수 있는데, 이번 신종 코로나의 경우에는 이 모든 것이 불확실합니다.

세 번째는 복합성입니다. 과거 우리가 겪은 금융위기는 수요 측면의 충격이라고 볼 수 있지요. 한편 석유파동과 같은 유가위기는 전형적인 공급 측면의 충격이고요. 그런데 이번 팬데믹의 경우에는 이러한 단일 충격이 아니라 수요와 공급의 동시적이고 복합적인 충격이라는 겁니다. 수요 측면에서 경제활동 제한으로 소비와 투자가 위축되고, 공급 측면에서는 생산망이 교란되고 생산성이 하락하면서 총수요와 총공급의 복합적인 충격이 되고 있습니다. 그리고 고조된 불확실성과 일종의 패닉 현상을 통해 또다시 총생산과 총수요 활동이 서로를 위축시키는 악순환의 고리가 발생합니다. 경제원론 교과서에 있는 총수요-총공급 곡선을 생각해보자면, 수요곡선과 공급곡선이 동시에 왼쪽으로 이동하기 때문에 물가에 미치는 영향은 현재로서는 잘 나타나지 않지만 균형 생산량 자체는 크게 축소될 수밖에 없겠죠. 이런 식으로 수요와 공급이 동시에 줄어들고 악순환을 일으키면서 맞물려 들어가는 경우는 흔치 않습니다. 역사적으로 과거 대공황Great Depression 같은 사례가 있었죠.

네 번째 특성은 광역성, 즉 이번 충격이 국지적인 것이 아니라 전 세계에 걸친 광역적 충격이라는 겁니다. 바이러스 자체가 전 세계에 퍼졌다는 측면도 있지만, 설령 바이러스의 전파가 중국에만 국한되었다고 하더라도 지금과 같이 글로벌 공급망이 촘촘히 연계되어 있는 상황에서 공급망의 일부만이 훼손되더라도 전 세계적으로는 생산과 공급이라는 측면에서 큰 충격일 수밖에 없겠지요. 과거 아시아 외환위기와 같은 신흥국 금융위기가 발발했을 때에는 선진국 경기가 좋았기 때문에 한국도 수출을 통해서 신속하게 위기를 극복할 수 있었습니다. 반면에 선진국에서 발생한 글로벌 금융위기 때는 중국과 같은 신흥국들이 세계경제 회복을 견인하는 역할을 할 수 있었고요. 하지만 이번 팬데믹에는 선진국과 신흥국을 막론하고 범세계적으로 동시에 충격을 받고 있어서 완충지대 역할을 해줄 곳이 없습니다.

마지막으로, 바이러스의 특성상 글로벌 인적·물적 교류의 허브, 경제 네트워크의 중심지일수록 위기에 더 치명적으로 노출될 수밖에 없습니다. 이건 말하자면 정밀타격성precision strike이라고 부를 수 있습니다. 세계적으로 코로나가 발생한 지역과 감염자들의 확산 경로를 보면 글로벌 생산 공급망의 핵심적 역할을 하는 독일·중국·한국·미국 등으로부터 초기에 코로나 사태가 확산되었음을 알 수 있습니다.

이전과 많이 다른 경제위기 양상과 대응 방식: 동시다발적 위기 파급, 경기부양책의 한계까지

사실 이번 감염사태에 대한 대응이 정말 어렵고 막대한 경제적 피해가 발생하는 이유는 감염병 자체가 본질적으로 갖는 전형적인 외부효과externality의 문제로 인해 사회구성원의 자발적 방역노력과 공조에 의존하는 분권화된 대응방식이 실패하고 있기 때문입니다.

기본적으로 정부가 개입할 때 중앙통제적인 방식, 즉 봉쇄조치 lockdown와 같은 강도 높은 국가의 개입을 통해서 대응하는 게 효과적 일까요? 아니면 어느 정도 자유로운 의사결정에 맡겨서 민간에서 분권화된 방식으로 충격을 흡수하게끔 하는 것이 효과적일까요? 이 문제에 대해서는 일치된 견해가 없습니다. 이번 코로나 사태의 경우 분권화된 방식은 실패할 가능성이 아주 높을 것으로 보입니다. 즉, 자유방임정책에 맡겨서 집단 면역까지 가기에는 치사율이 너무 높고, 메르스와 달리 무증상 감염이 가능한 기간이 있기 때문에 감염자를 조기에 파악하는 것이 어렵기 때문이죠. 그래서 격리를 하더라도 강도 높은 전면적 격리가 필요하기 때문에 개입 정책에 수반하는 경제적 비용이 클 수밖에 없습니다.

현재로서는 검사를 아주 광범위하게 많이 해서 감염자를 조기에 발견하고, 추적검사를 통해 감염경로를 철저히 관리하고, 발견 시에는 무증상자라도 격리를 엄격하게 해서 감염됐을 때 개인이 지불해야 할 기회비용과 비효용disutility을 높여주는 방식이 개입 강도를 낮추면서도 민간의 자발적 선별에 따른 경제활동을 일정 수준 보장할 수 있는 효과적인 방식인 것 같습니다. 조심할 유인incentive이 커지면서 본인이 자발적으로 불요불급한 활동은 자제하고 자신에게 꼭 필요한 효용이 높은 경제활동을 알아서 선별하도록 하는 거죠. 한국, 대만, 베트남 등 아시아 국가들이 이러한 방식을 통해 조기 방역에 일정 수준 성공을 거두고 있지요. 하지만 문제는 지금과 같이 개방된 경제의 경우, 한 나라만 방역에 성공해서는 소용이 없고 동시에 모든 나라에서 효과적인 정책 대응이 이루어져야 한다는 점이죠. 이러한 측면에서 미국, 유럽, 남미 등 대부분의 국가에서 이러한 조기 대응기회를 놓치면서, 결국 전면적 봉쇄와 같은 더욱 큰 경제적 비용을 지불할 수밖에 없게 된 점이 아쉽습니다.

어쨌든 이러한 감염병의 본질과 특성 때문에 이번 사태에 따른 경제위기에 대응하는 데서도 기존의 접근방식에는 상당한 한계가 있을 수밖에 없습니다. 우선 위기의 파급경로가 기존 경제위기와는 상당히 다르다는 점을 들 수 있어요. 보통 경제위기는 일부 국지적인 부실 부문이나 특정 시장의 충격으로부터 촉발되기 시작하는데, 이번 위기는 전 경제 부문에서 실물충격이 먼저 발생하고 있는 소득위기라는 점이 그 특징입니다. 경제 봉쇄로 인해 가계로부터 기업까지, 말단 경제 주체들의 소득이 증발해버리면서 광범위한 경제주체들의 지불능력 위기로 직접 이어지지요.

전통적인 경제위기의 해법은 통화나 재정 등 경기부양책을 활용해서 총수요를 다시 늘려주는 것이죠. 하지만 지금과 같이 경제활동

코로나 위기, 경제 패러다임을 바꾼다

이 제약된 상황에서는 돈을 풀든 금리를 낮추든 그게 투자 혹은 소비로 잘 이어지지 못한다는 점입니다. 즉, 총수요 정책의 파급경로가 상당히 마비되어 있다는 것이죠. 여기에 이미 글로벌 금융위기, 유럽의 재정위기로 금리가 실효 하한에 가깝게 내려가 있고 재정여력도 소진되어 있는 상황에서 이번 코로나 사태로 재차 충격이 발생했기 때문에, 주요국의 정책 여력이 크지 않다는 점도 문제입니다. 나아가 국가 간 교역이 확대되고 글로벌 공급망의 연계성이 그간 많이 긴밀해졌기 때문에 국가 간 연대와 협력적 대응이 매우 긴요한데, 트럼프 정부가 들어서면서 기존 국제공조체제에 균열이 커진 상황입니다. 글로벌 금융위기가 터졌을 때 미국의 리더십을 통해 G20 경제공조를 이끌어냈던 것과는 상당히 다른 국면이라는 거죠.

불확실성의 심화로 경제 회복에 상당한 시간이 필요할 듯: 두 가지 시나리오로 보는 세계경제의 회복경로 예측

그러면 앞으로 세계경제의 회복경로는 어떻게 될까요? 감염병 사태가 얼마나 오래갈지는 기본적으로 치료제나 백신 개발에 달려 있어서 이 시점에서 전망을 한다는 것이 무척 어렵습니다. 그래서 IMF나 OECD 등 국제 경제기구나 투자은행들도 대부분 시나리오별로 전망을 내놓고 있지요. 크게 두 가지 시나리오로 구분하여 생각해봅시다. 먼저 2020년 안에 대부분의 나라에서 확진자 곡선이 평탄해지고 감염사태가 진정되는 낙관적인 경우를 상정해보자면, 그래도 2021년부터는 세계경기가 안정적인 회복세로 들어설 수 있겠죠. 하지만 이러한 낙관적 시나리오하에서도 세계경제가 위기 이전의 성장경로로 돌아오는 것은 상당 기간 어려울 것 같습니다.

이번 코로나 사태로 세계경제의 마이너스 GDP 갭이 크게 확대되었습니다. GDP 갭이란 잠재성장률에 따른 성장경로와 실제 성장경로의 차이에 따른 격차 부분이라고 보시면 되는데요. IMF의 6월 전망에서 기본 시나리오가 올해 -4.9%로 위기 이전 경로 대비 -8.2%P(퍼센트포인트), 세계은행 전망은 올해 -5.2%로 기존 전망 대비 -7.7%P 하향 조정되었습니다. 즉, 위기 이전의 세계성장률이 잠재성장률과 가까웠다고 보면 이와 대비해서 올해에만 -7~8%P의 GDP 갭이 발생했다는 것이죠.

보통은 일시적인 충격이 발생하면 성장률이 V자로 회복되지요. 그런데 이번 위기처럼 크고 구조적인 충격이 발생하면 오랜 기간 과거의 성장경로로 다시 복귀하지 못한다는 게 일반적인 경험입니다. 물론 기저효과 때문에 2021년 성장률 자체는 양(+)으로 나오겠지만 GDP 수준의 변화, 즉 성장경로 면에서는 그렇습니다. 이걸 언론 등에서 완만한 나이키형 회복이라고 하는데 저는 기울어진 L자형에 가깝다고 봅니다. 참고로 미국 의회예산국^{CBO}에서는 이번 충격으로부터 미국 경제가 이전의 성장경로로 재진입하는 시기를 2029년 4분기경으로 보고 있습니다. 거의 10년 가까이 걸린다는 거지요. 지난 글로벌 금융위기 때도 미국의 1인당 실질 GDP가 위기 이전 수준으로 회복하는 데 6년이 걸렸고 위기 전의 전망경로로는 아직도 회복하지 못하고 있습니다. 즉, 성장경로 자체가 바뀌는 큰 충격이었다는 것이죠. 이번 충격도 그 크기와 강도로 볼 때 세계경제의 성장경로를 거의 준영구적으로 하방 이동시키는 충격이 될 가능성이 높습니다.

종합하면, 비교적 낙관적인 시나리오하에서도 세계경제는 잠재성장경로까지의 회복에 상당 기간이 소요되고 디플레이션 압력이 상존하게 될 것으로 생각됩니다. 이번 사태로 풀린 유동성 규모가 워낙 커서 향후 경기회복과 함께 인플레이션이 발생할 것이라는 일부 견해도 있지만 저는 세계경제의 수요가 빠르게 회복되기는 어렵다고 봐요. 그 이유는, 먼저 위기 기간 중 기업부채 증가와 그간의 손실 누적, 글로벌 공급망 위험, 감염사태 재확산 불확실성 등으로 민간 부문의 투자 둔화가 지속될 것이기 때문입니다. 지금 불확실성이 높고 감염이 재확산될 수도 있는 상황에서 어떤 기업이 쉽게 투자를 할 수 있겠습니까? 소비 또한 실업에 따른 소득 감소, 고용 불안 등에 따른 예비적 저축 증가, 집단 및 해외활동 위축 등으로 소비 성향과 패턴 자체가 구조적으로 바뀌고 회복도 완만할 것으로 생각됩니다.

그런데 2021년에도 바이러스가 통제되지 않고 감염 사태가 지속되면서 백신과 치료제의 개발이 예상보다 장기화할 가능성도 높습니다. 이런 비관적 시나리오에서 보자면, 국지적인 재정, 금융위기 등의 발생과 더불어 세계경제는 W형 더블딥^{double dip} 현상을 보이면서, 안정적인 회복세를 찾는 데 4~5년 이상 소요될 것으로 생각됩니다. 아시다시피 글로벌 금융위기 이후 양적 완화 등으로 막대한 부채가 누적되면서 지금 세계경제에는 취약한 부문이 많이 있습니다. 감염사태가 장기화하면서 주요국 경제의 동시 부진으로 국제교역과 자본흐름이 더욱 둔화되는 가운데, 그간 누적되어온 금융불균형 위험이 가시화하면서 주요 자산가격이 하락하고 산유국, 과다부채 신흥국, 재정 취약국 등을 중심으로 금융·경제 위기가 빈발하면서 세계경기는 회복과 재침체 국면을 반복하게 될 가능성이 있습니다.

디플레이션과 금융위기의 고리를 차단하라:
포스트코로나 시대, 장기 침체의 위험

제가 심각하게 보는 문제는 이러한 위험에 대응한 정책 여력도 점차 소진되고 있다는 점입니다. 통화정책을 예로 들자면, 미국 연방준비제도이사회(연준)가 다시 제로금리와 양적 완화를 재개하는 등 주요 중앙은행들이 전무후무한 유동성 공급을 통해 이번 위기의 확산을 막고 있는데요. 감염병 사태가 장기화한다면 앞으로 남은 정책 여력과 수단은 더욱 제한될 것으로 생각됩니다. 실제로 통화정책을 운영할 때 참고하는 준거지표로 실질 중립금리^{neutral real interest rate}라는 개념이 있습니다.* 경제활동을 하는 데는 명목금리보다 실질금리가 중요하죠. 실질금리는 명목금리에서 기대인플레이션을 뺀 것인데, 실질 정책금리가 중립 수준, 즉 중립금리보다 높으면 통화정책이 긴

축적이라고 하고, 실질 정책금리가 중립 수준보다 낮으면 통화정책이 완화적이라고 하지요. 그래서 실제로 통화정책을 운영할 때 지금 실질 중립금리가 어느 정도인지를 가늠하는 것이 매우 중요한 준거 benchmark가 됩니다.

저도 한국은행 금융통화위원으로 있을 당시 한국의 실질 중립금리 수준을 가늠해보기 위해 고민을 많이 했는데요, 문제는 이미 글로벌 금융위기 이후 주요 선진국의 실질 중립금리가 많이 낮아진 상황이고, 실질 중립금리가 마이너스 영역까지 하락하면 명목금리는 0 이하로 낮추기 어렵기 때문에 통화정책을 완화적으로 운용하기가 매우 힘들어진다는 점입니다.

미국의 경우 글로벌 금융위기 당시 적극적인 통화정책을 통해 기대인플레이션을 양(+)의 수준에서 유지함으로써 실질금리를 마이너스로 내릴 수 있었습니다. 명목금리를 빠르게 0으로 내리고, 양적 완화와 선제적 지침forward guidance 등을 통해서 인플레이션 기대를 목표인 2%에 가깝게 유지하는 거죠. 디플레이션 기대를 차단한다고 하는 편이 더 정확할 수 있겠습니다. 미국의 재무장관과 하버드대학교 총장을 역임한 섬머스Summers 교수는 글로벌 금융위기 이후 선진국의 저성장과 투자부진에 따른 글로벌 저축과 투자 간 불균형으로 실질 중립금리가 크게 하락했고, 통화정책이 명목금리 제로 하한 등

---

*중립금리란 거시경제의 경제활동이 잠재 수준에서 이루어져 추가적인 인플레이션 변화 압력을 초래하지 않는 상태의 실질금리로 정의되며, 균형금리 또는 자연이자율로 지칭되기도 한다(Wicksell, 1936; Laubach and Williams, 2003)

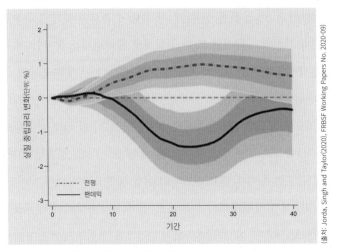

(출처: Jorda, Singh and Taylor(2020), FRBSF Working Papers No. 2020-09)

팬데믹과 전쟁이 실질 중립금리에 미치는 영향

으로 충분히 완화적이지 못한 상황이 지속되면서 유효수요의 부족 등으로 세계경제가 구조적 장기침체secular stagnation에 직면하고 있다고 주장하기도 했지요.*

최근에 미국 샌프란시코 연준에서 흥미로운 논문이 하나 나왔는데요.** 14세기 이후 유럽에서 발생한 15차례의 팬데믹 자료를 토대로 역사상 팬데믹이 발생하면 실질 중립금리가 어떻게 영향을 받았는지 분석한 겁니다. 결론은 그림에서 보시는 바와 같이 전 세계적인 감염병 사태가 발생하면 투자 등 수요가 둔화되는 반면에 사람들이 저축을 많이 하면서 실질 중립금리가 정상적인 상황에 비해 최대

*Summers(2014)
**Jorda, Singh and Taylor(2020)

코로나 위기, 경제 패러다임을 바꾼다

2% 정도 하락하고, 이러한 영향이 길게는 40년 가까이 갈 수도 있다는 겁니다.

흥미로운 점은 그림에도 나타나듯이 팬데믹은 중립금리에 전쟁과는 정반대의 영향을 준다는 겁니다. 전쟁이나 지진 같은 재난이 오면 고정자본이 파괴되지요. 그러면 이후에 아이러니하게도 성장은 양(+)의 영향을 받습니다. 파괴된 시설 등 고정자본을 복구하는 과정에서 투자가 크게 확대되거든요. 그래서 똑같은 음(-)의 충격이 있더라도 공장을 다시 짓고 하는 과정에서 투자수요가 발생하면서 실질 중립금리는 오히려 올라갑니다. 그런데 팬데믹은 생산시설 측면에서 영향을 크게 받지 않아요. 노동력, 사람만이 죽어나가는 거죠. 결과적으로 고정자본 대비 인적 자본에 타격이 집중되면서 자본의 상대적 가치인 실질금리가 낮아지게 됩니다.

물론 의료시스템의 발전 등을 고려하면 이번 코로나 사태가 과거 팬데믹 사태와 같이 노동력에 치명적인 손상을 주지는 않겠지만, 어쨌든 세계경제의 실질 중립금리는 추가적인 하락 압력을 받게 되겠죠. 지금 선진국의 실질 중립금리가 글로벌 위기 이후에 잠재성장률 하락과 함께 낮아져서 이미 코로나 발생 전에 0%에 가깝게 하락한 것으로 추정되는데, 이번 팬데믹 충격으로 다시 마이너스 수준으로 떨어진다면 그보다 더 아래로 실질금리를 내려주지 못할 경우 통화정책이 완화적으로 될 수 없어요. 즉, 돈을 아무리 풀어도 통화정책이 실물경제를 부양하는 효과는 별로 없어진다는 이야기이지요. 결과적으로 총수요 부진이 지속되면서 세계경제가 장기침체 국면으로 진입할 위험이 있습니다.

극단적으로는 위기가 장기화하면서 과거 대공황 같은 경제위기로 진입할 가능성도 완전히 배제할 수는 없겠지요. 하지만 저는 개인적으로 이번 사태가 거기까지 가는 일은 없을 거라 생각합니다. 왜냐하면 과거 대공황의 경험으로부터 우리는 많은 것을 배웠거든요. 제 생각으로는 이번 코로나 위기가 대공황과 같은 극심한 경제위기로 파급되는 데 두 가지 핵심적인 고리가 있는데, 하나는 디플레이션의 발생이고 다른 하나는 금융위기의 발생입니다. 지금 주요 중앙은행들이 혹시 모를 디플레이션 위험을 방지하기 위해, 그리고 신용경색*과 은행 위기를 막기 위해 엄청나게 돈을 풀면서 가보지 않은 길을 가고 있습니다. 그 이유가 바로 이 고리를 차단하기 위한 겁니다.

아울러 위기 대응에는 통화정책과 더불어 재정정책도 있지요. 비록 주요국의 재정여력이 크지는 않은 상황이지만 지금과 같이 금리 경로가 차단된 실물위기 상황에서는 재정정책이 더 유효한 정책이 될 수 있거든요. 벨기에 브뤼겔 연구소의 집계에 따르면 올해 6월 중순까지 주요국에서 코로나 사태와 관련해서 투입된 재량적 재정지출 규모는 GDP 대비 미국 11.7%, 영국 10.3%, 독일 20.5%, 이탈리아 16.6% 등으로 역시 막대한 규모입니다.** 물론 이미 국가부채

---

* 금융기관에서 자금이 제대로 공급되지 않아 기업들이 어려움을 겪는 현상
** 재량적 재정지출은 직접적인 재정자금 투입분과 세금 등의 유예분을 합한 규모이며 기타 유동성 및 보증을 통한 지원은 제외되었다(Bruegel Datasets: July 2020 참조)

　　　　　　　　　　　　코로나 위기, 경제 패러다임을 바꾼다

수준이 높은 주요국들이 추가적인 재정적자를 통해 얼마나 더 지출을 늘릴 수 있을지는 앞으로의 성장경로, 금리 등 다양한 변수에 따라 달라지겠지만요.

경제 글로벌화의 쇠퇴, 안정성과 복원성을 중시하는 성향 대두: 포스트코로나 시대 경제 패러다임 변화 ①

지금부터는 주제를 바꿔, 포스트코로나 시대의 경제 패러다임이 어떻게 변화할 것인가에 대해 논의해보겠습니다. 이와 관련해서는 이미 많은 이야기가 나오고 있어서 기존의 여러 의견을 종합하고 거기에 제 생각을 얹어서 정리를 해보았습니다.

이번 코로나 바이러스 충격이 본질적으로 검은 백조black swan*였는지 회색 코뿔소gray rhino**였는지는 말하는 사람마다 의견이 분분하지만, 저는 앞으로 세계 경제와 사회에 회색 코뿔소와 같은 충격이 오리라 생각해요. 이번 사태는 계층 간, 산업 간, 국가 간, 지역 간 분절과 다극화를 심화시키면서, 글로벌 금융위기 이후 이미 진행되고 있던 신자유주의적 경제 세계화와 금융주도 자본주의의 퇴조 현상을 더욱 가속화하는 기제로 작동할 것으로 예상됩니다. 그리고 경제 디지털화 추세도 더욱 가속화하겠지요.

---

*전혀 예상할 수 없었던 일이 실제로 나타나 엄청난 변화를 초래하는 것을 말한다
**갑자기 발생한 것이 아니라 계속해서 경고음을 내면서 빠르게 다가오는 위험

코로나 사태 이후의 글로벌 경제환경 변화와 관련하여 예상되는 몇 가지 조류를 정리해보자면 다음과 같습니다. 첫 번째로, 효율성의 극대화를 위한 경제 글로벌화가 과거의 추세였다면 이런 세계화 추세가 국제교역과 생산공급망을 중심으로 동력을 잃는 가운데 경제활동의 안정성과 복원력을 중시하는 성향이 높아질 것으로 생각됩니다. 즉, 자원·생산·유통의 국경 간 최적배분을 통해 경제 효율성을 극대화하던 추세가 약화되고 생산 네트워크의 취약성 극복을 위한 위험관리와 복원력의 중요성이 부각되면서, 이를 반영하여 글로벌 생산공급망의 재구축과 재배치가 이루어질 것입니다.

더불어 주요국의 보호무역주의 성향이 높아지는 가운데, IT, 정보, 에너지, 의료 등 국가 기간산업 및 혁신 부문의 국경 간 M&A 규제도 강화되면서 전반적으로 국가 간 상품·서비스·인력·자본·기술의 이동흐름이 둔화될 것으로 예상됩니다. 이러한 조류가 확산되면 아무래도 무역이나 관광, 해외자본 의존도가 높은 국가들이 상대적으로 큰 타격을 입겠지요. 그리고 개발도상국은 자유로운 자본이동과 국제투자를 통해 발전의 기회가 생기는 것인데 이러한 기회가 축소되면서 국가 간의 격차도 심화될 수 있겠죠.

코로나 위기, 경제 패러다임을 바꾼다

금융주도형 자본주의의 쇠퇴, 기술주도형 자본주의로의 전환: 포스트코로나 시대 경제 패러다임 변화 ②

두 번째, 경제 디지털화가 가속화되면서 기존의 금융주도형 자본주의에서 기술주도형 자본주의로 전환될 것으로 보입니다. 아울러 기업을 둘러싼 이해관계자들의 관점이 부각되면서 사회적 계약을 이끌어내기 위한 정부의 역할도 확대될 겁니다. 글로벌 금융위기 이후 신자유주의적 자본주의가 금융자본의 팽창과 더불어 자산소득자와 근로소득자 간의 양극화 문제를 심화시킨다는 비판이 많이 있었지요. 이러한 주장의 진위 여부를 떠나, 이번 코로나 사태로 인해 글로벌 유동성이 더욱 늘어나고 실물경제와 자산시장 간의 괴리가 확대되면서 이러한 비판적 견해가 더 확산되고 있습니다. 만일 글로벌 금융위기가 다시 발생한다면 금융주도형 자본주의의 입지는 더욱 약화되겠죠. 사실 4차 산업혁명의 진전으로 인해 이미 금융산업은 디지털 IT산업에 주도권을 내어주던 상황이고요.

기존에는 기업 경쟁력의 원천이 대규모 생산시설 투자를 통한 규모의 경제 확보에 있었다면, 이제는 점차 브랜드·고객충성도·특허·R&D·소프트웨어 같은 무형자산으로 경쟁력의 원천이 바뀌고 있습니다. 디지털 경제의 생산물인 정보재는 과거 전통적인 제조업 중심의 시대와는 달리 한 번 제조되면 추가 생산에 소요되는 한계비용이 0에 수렴할 정도로 무제한 복제가 가능하다는 점을 특징으로 합니다. 컴퓨터 소프트웨어나 구글, 아마존과 같은 플랫폼 기반 경제를 생각해보시면 쉽게 이해가 되지요. 즉, 적은 인력과 자본투입으로 일단 시장을 선점하면 규모와 범위의 경제가 무한대에 가깝기 때문에 거래 규모를 늘려 생산성을 극대화시키는 것이 가능하지요. 이러한 특성으로 인해 핵심 경쟁력인 데이터·기술·전문인력 등을 확보한 소수 테크tech 기업에 경제력이 집중될 수밖에 없고, 여타 후발 기업이나 기존 오프라인 산업과의 격차는 더욱 확대될 수밖에 없을 겁니다. 이러한 조류에 대응해서 이들 소수 테크기업에 대한 독과점 등 경제력 집중과 공정거래 이슈 등 정부의 규제 또한 강화될 수밖에 없겠지요.

이러한 변화와 더불어 주주의 이익만을 중요시했던 기존의 주주 자본주의shareholder capitalism가 점차 퇴조하고, 다양한 이해관계자와의 안정적 관계를 통한 기업의 지속 가능성과 사회적 책임을 중시하는 이해관계자 자본주의stakeholder capitalism가 더욱 부각될 겁니다. 이는 보다 긴 안목에서 불확실성에 대응하고 생존하기 위한 기업의 선택이라고도 볼 수 있습니다. 예기치 못한 꼬리 위험으로부터 오는 손실을 이해관계자들이 잘 나누어 흡수할 수 있도록 하려면 사회적인 합의가 더욱 중요해질 테고, 이를 중재하기 위한 정부의 역할도 커지겠지요. 이미 유럽 국가들은 이런 합의를 이끌어내기 위한 노력들을 많이 하고 있습니다.

나아가 개인정보 보호, 환경, 안전 등 규제 강화를 통한 정부의 개입도 더욱 확대될 것입니다. 금융 부문에서는 전자결제, 전자화폐 등 핀테크 금융의 가속화와 더불어 신용심사, 위험인수, 상품개발,

코로나 위기, 경제 패러다임을 바꾼다

유통 등 비대면 금융시스템이 확산되고, ICT 산업과의 융합을 통해 혁신적인 복합 금융서비스 기업이 출현하는 등, 금융산업의 모습이 크게 바뀔 것입니다. 중장기적으로는 중앙은행의 디지털 화폐 도입 등 신용통화제도 자체의 변화도 예견해볼 수 있습니다.

공급자 중심 양적 경제의 쇠퇴, 수요자 중심 질적 경제로의 전환: 포스트코로나 시대 경제 패러다임 변화 ③

세 번째 조류는 공급자 중심의 팽창지향적 양적 경제에서 수요자 중심의 가치지향적 질적 경제로의 전환입니다. 이전의 경제시스템이 글로벌 공급망을 통한 효율적 생산과 저렴한 재화의 풍부한 공급이 중시되는 생산자 중심의 양적 경제였다면, 이제는 물리적으로 주변 시장에 국한될 수밖에 없는 오프라인 경제활동이 둔화되고, 개별 소비자의 다양한 소비취향과 패턴이 광범위한 정보 네트워크와 온라인망을 통해 충족되는 수요자 중심의 질적 경제로 진화할 것입니다.

과거에는 생산자가 디자인한 제품을 주로 가격 경쟁력에 의존해서 소비자의 구매 동기를 유발하던 패턴이었다면, 이제는 제품개발부터 소비자의 다양한 욕구와 기호에 맞추어 디자인하지 않으면 생존이 불가능하게 되었지요. 소비자들이 물리적 거리와 관계없이 온라인 플랫폼에서 수많은 제품을 쉽게 비교·선택할 수 있게 되었으니까요. 반면에 아주 특성화되고 차별화된 제품일지라도 온라인을 통해 일정 수준의 소비자를 확보할 수 있기 때문에 생산과 공급이 가능하게 되었죠. 다시 말해 빅데이터, IoT, AI 등을 활용해서 개별 소비자의 선호와 니즈 충족을 우선시하는 수요자 중심의 맞춤형 상품과 비즈니스 모델, 또 유통시스템이 확산되면서 소비자 중심으로 시장구조가 많이 바뀔 것 같습니다.

예를 들어 과거에 개별 소비자가 따로따로 구매해야 했던 운송, 문화, 보건, 통신 서비스 등이 자동차라는 하나의 공간 안에 융합되면서 개별 소비자의 취향과 니즈에 최적화되어 한 번에 공급되는 식이죠. 나아가 온라인 시장에서는 글로벌화가 더욱 진전되면서 상품 및 서비스 간 질적 차이에 따라 가격 차별화가 심화되고, 실제 경험을 할 수 있는 오프라인 문화, 여행 등 서비스 상품의 가치는 더욱 높아질 것입니다.

국가의 개입주의 경향과 국가주의·민족주의 확대 가능성: 포스트코로나 시대 경제 패러다임 변화 ④

네 번째, 이번 사태로 계층 간 분배구조가 악화되면서 신자유주의 기반 시장경제시스템이 약화되고 국가의 개입주의 경향이 확산될 위험이 있습니다. 디지털 경제로의 전환으로 재택근무, 스마트 팩토리, 비대면 유통채널 등 비대면 경제활동이 확산되면서 기술이 인력을 대체하는 현상도 가속화될 겁니다. 소비자 입장에서는 다양한 선호의 충족 등 광범위한 혜택을 누릴 수 있겠지만 생산자와 근로자 입장에서는 불균등이 심화되겠지요. 자본재 가격이 계속 하락하면서 자본의 노동대체 현상이 지속되며 거시경제의 노동소득분배율이 하락할 겁니다. 제가 박사과정 학생이었을 때 그때 처음 나온 386 컴퓨터를 IMB 정품이 아닌 조립 제품이었는데도 3,400달러나 주고 샀던 기억이 납니다. 당시 제 중고차 값보다 비쌌지요. 지금 컴퓨터 가격이 향상된 성능에 비해 얼마나 떨어졌는지 생각해보면 이해가 되실 겁니다.

반면 전통 제조업이나 저부가가치 서비스업 부문에는 유휴 생산력, 유휴 노동력 문제가 상존하면서 광범위한 구조조정 압력이 발생하겠지요. 비숙련 저임금 노동에 기반한 전통 제조업과 낙후 서비스업의 구조조정이 불가피할 것으로 예상되는데, 문제는 이런 쪽의 고용 비중이 훨씬 높다는 점이죠. 결과적으로 소득 양극화는 확대되지만 계층 간의 이동성은 더욱 제약되겠지요. 경제 전반의 분배구조가 악화되면서 소득 재분배 요구가 높아지고 정부의 역할도 증대될 겁니다. 만일 사후적 분배 강화와 더불어 사전적인 규제와 개입이 늘어나게 되면 시장경제의 가격기능이 약화될 소지가 있고 이 때문에 경제의 활력과 생산성은 더욱 낮아지겠지요. 나아가 포퓰리즘이나 급진적인 정치성향도 점증하면서 정치적 불안정성도 높아질 위험이 있습니다.

또한 국제관계에서는 그간의 다자 국제주의가 쇠퇴하고 국가주의, 민족주의가 득세할 위험이 커 보입니다. 미국, 중국 등 주요국 간의 패권 경쟁이 가속화되면서, 다자간 국제공조체제의 균열이 지속될 것입니다. 미국의 세계무역기구(WTO) 탈퇴에서 보듯이 미국의 국제적인 리더십이 약화되면서, 킨들버거의 함정*이 현실화될 가능성이 있습니다. 자유무역 기조와 국경 간 경제활동 보장, 그리고 효율적인 위기대응을 위한 다자간 국제 공조체제가 온전히 작동하지 못할 위험이 있는 것이지요.

결과적으로 이러한 다자간 국제통상, 국제금융 체제에 기반하던 국경 간 경제흐름도 위축되면서 한국, 싱가포르, 홍콩 등과 같이 무역이나 금융 의존도가 높은 국가들은 경쟁기반이 약화될 수 있겠죠. 아울러 국제적 위기에 대응한 협력 공조체제가 약화되면서 취약국의 위기가 빈발하고 세계경제의 불안정성이 높아질 것으로 생각됩니다. 나아가 IT, 교역 부문을 중심으로 나타나던 미·중 갈등이 군사, 이념 등 전면적으로 확산되면서 소위 신냉전 기류하에 한국을 비롯한 주변국들은 진영 선택을 강요받게 될 소지가 높고요. 반면 북미의 USMCA라든지 아시아 RCEP 등 지역별 경제블록과 진영 내 공조체제는 오히려 긴밀해질 가능성도 있지요.

특히 미국과 중국 간 소프트웨어 등 핵심기술과 관련한 무역분쟁이 심화되고 있는데요. 이러한 미·중 간 분쟁 심화가 국제교역을 중심으로 탈세계화를 부추기면서 세계경제 회복을 지연시킬 위험이 있어요. 미국과 중국의 신냉전 기류 확산은 양국 경제는 물론 세계경제의 성장경로에 하방 위험 요인으로 작용할 것입니다.

---

*강대국이 고립주의에 빠져 글로벌 리더 역할을 하지 못할 때 세계적인 혼란과 비극이 일어난다는 것으로, 1930년대의 대공황을 비롯한 극심한 혼란기가 영국에 이어 세계의 패권을 장악한 미국이 안보나 금융질서와 같은 국제 공공재를 제공하는 데 실패함으로써 초래되었다는 찰스 킨들버거Charles Kindleberger MIT 교수의 주장에서 유래했다

　　　　　　　　　　　코로나 위기, 경제 패러다임을 바꾼다

국제경제와 금융시스템의 불안정성 증가: 포스트코로나 시대 경제 패러다임 변화 ⑤

마지막으로 국제경제와 금융시스템의 불안정성이 크게 높아질 겁니다. 포스트코로나 시대에는 통화정책의 준재정화와 더불어 글로벌 유동성과 부채 의존도가 크게 확대된 가운데 주요 금융시장과 국제자본 흐름에 불안정성이 상존하게 될 것입니다. 이번 사태의 후유증이 장기화하면서 주요국의 제로금리 탈피가 앞으로 상당 기간 어려울 것으로 예상되고, 중앙은행의 유동성 공급에 지나치게 의존하던 금융시장의 위험선호 성향도 불안정해지면서, 실물경제와 괴리된 주식이나 부동산 등 자산의 가격 조정 가능성이 높아질 겁니다. 이번에는 주요국뿐만 아니라 폴란드, 필리핀, 터키, 태국, 인도, 인도네시아 등 신흥국에서도 일부 국채매입 등 비전통적인 통화정책이 도입되고 있는데요. 재정 여력이 소진된 국가들을 중심으로 통화정책의 재정화fiscal dominance 위험이 높아지면서 중앙은행의 독립성은 약화되고, 국가채무의 화폐화monetization, 헬리콥터 머니와 같은 중앙은행 통화의 정부 이전 압력이 높아질 것입니다.

통화정책의 재정화에 대해 조금 더 말씀드리자면, 평소에도 중앙은행이 정부가 발행한 국채를 유통시장에서 사고파는데 이게 통상적인 공개시장 조작open market operations입니다. 주로 단기국채 매매를 통해서 초단기 시장금리를 조절하게 되는데, 거기서 더 나아가 양적 완화란 기준금리를 0에 가깝게 내린 이후에, 또는 은행들이 중앙은행에 맡긴 지불준비금에 기준금리에 해당하는 이자를 지급하면서 중앙은행이 장기국채나 기타 공공채권을 정기적으로 매입하는 것입니다. 여기까지는 물가목표 달성과 같은 통화정책의 목적을 달성하기 위해 중앙은행이 자발적으로 하는 거지요. 그런데 거기서 한 단계 더 나아간 게 통화정책의 재정화, 국가채무의 화폐화입니다. 즉, 통화정책적 목적을 위해서 통화를 공급하기보다는 재정적자를 충당할 목적으로 통화정책을 이용하는 것이 통화정책의 재정화이지요.

금리를 0 수준까지 내리게 되면 사실 중앙은행이 발행한 화폐와 정부가 발행한 국채가 완전 대체제가 되면서 개인 입장에서는 국채를 들고 있으나 화폐를 들고 있으나 별 차이가 없지요. 극단적으로 통화는 재정수요에 의해 창출되며 주권국에서 재정적자와 국가부채는 부도위험 없이 통화발행을 통해 충당할 수 있다는 MMT^Modern Monetary Theory와 같은 주장이 나타나기 시작했습니다. 완전 고용이 되기까지는 인플레이션 압력이 나타나지 않기 때문에 얼마든지 통화 발행으로 재정적자를 메울 수 있다는 거지요. 이와 비슷한 개념이 '헬리콥터 머니'인데, 이것은 중앙은행이 통화를 찍어서 재정당국을 거치지 않고 직접 민간에게 배분하거나 아니면 정부가 다시 상환할 필요가 없도록 중앙은행이 정부에게 직접 영구히 이전하자는 겁니다. 말하자면 재정적자의 영구적인 화폐화이지요.

MMT 이론은 널리 받아지는 경제학 이론은 전혀 아니고 저 개인적으로도 상당히 수용하기 어려운 이론인 것 같습니다. 주권국이 언제든지 통화 발행으로 재정 제약을 극복할 수 있다면 과거 남미에서 방만한 재정운용으로 왜 경제위기가 빈발했겠습니까? "인플레이션이 일어나면 그때 가서 세금을 올리거나 국채를 발행해서 통화를 환수하면 된다"라고 얘기하는데, 개방경제의 경우 쉽게 적용되기 어렵고요. 특히 자국통화가 아닌 해외자본에 의존해 경상수지 적자를 보전해야 하는 신흥국의 경우에는 이러한 논리는 더더욱 성립하기 어렵겠지요.

헬리콥터 머니의 경우에는 지금 심각한 위기를 겪고 있는 유럽 국가를 중심으로 일부 주류 경제학자들도 한시적인 도입을 전제로 비슷한 제안을 하고 있습니다. 위기 대응을 위한 한시적 재정지출을 충당하기 위해서 증세나 국채발행 없이 중앙은행의 정부 앞 자금이전을 허용하자는 겁니다. 실제로 유럽은 유로화 체제의 균열을 막기 위해 회원국 국채의 ECB 인수를 통해 회원국 간 재정이전 제약을 회피하면서 위기비용 분담을 시도하고 있고요. 최근에 대출과 보조금을 혼합한 방식의 경제회복 기금에 합의했지만, 위기 상황이 장기화한다면 궁극적으로는 재정통합으로 갈 거냐 아니면 유로존 체제를 해체할 거냐의 기로에 직면할 수도 있어요.

또 한 가지 문제는 각국 중앙은행의 적극적인 통화완화 정책으로 글로벌 유동성이 다시 급속히 늘어나고 있는데 실물경제는 계속 안 좋은 상황에서 이러한 유동성이 과연 어디로 흘러가겠느냐 하는 거죠. 디플레이션 압력에 대응해서 유동성 공급은 늘어날 수밖에 없는 상황인데, 이미 말씀드린 대로 중립금리의 하락 등으로 인해 통화정책의 효과는 반감되고 이에 수반해서 자산 가격 상승 등 부작용은 커지고 있지요. 앞으로 미국 연준의 무제한 양적 완화로 달러화의 기축통화 지위가 흔들릴 소지도 있고, 글로벌 달러 부채 확대에 따른 취약국 위기 빈발 등으로 국제금융시장 및 국제통화 시스템의 불안정성은 더욱 높아질 전망입니다. 더욱이 막대한 유동성을 바탕으로 형성된 부동산, 주식시장 등 자산가격 버블이 실물경제 기초여건과의 괴리 확대로 결국 붕괴된다면 세계 금융시장에 미치는 여파는 지난 글로벌 금융위기를 넘어서는 충격이 될 수도 있지요.

생산성 증가율의 하락, '일본화 현상'이 가속화한다: 포스트코로나 시대의 한국 경제 ①

그렇다면 이번 코로나19 감염사태로 인해 한국에서는 어떠한 경제적 변화가 발생할까요? 앞서 살펴본 글로벌 경제의 변화 추세는 한국에서도 비슷하게 전개될 것으로 예상됩니다. 이러한 변화는 이번 위기를 상대적으로 잘 극복하고 있는 우리 경제에 기회 요인이 되기도 하겠지만, 이와 더불어 특별히 우려되는 몇 가지 위험요인에 대해 말씀드리도록 하겠습니다.

우선 이번 충격으로 인해 우리 경제의 잠재성장률 하락세가 더 가팔라지고, 저성장 국면이 지속되면서 소위 말하는 일본화Japanification 현상에 빠질 위험이 있습니다. 이미 저출산과 고령화로 인해 생산가능인구는 2017년을 정점으로 감소하고 있고, 어쩌면 올해가 사망자

코로나 위기, 경제 패러다임을 바꾼다

가 출생자보다 많아 인구가 자연감소하는 첫해가 될 거라는 이야기도 있습니다. 앞으로 생산가능인구가 계속 줄어드는 마당에 투자도 이미 상당 부분 성숙 단계에 와 있어서, 경제 전반의 구조개혁을 통해 생산성을 높이지 않으면 잠재성장률을 지탱할 방법이 없는 상황이지요. 그런데 이 와중에 다시 엄청난 마이너스(-) 충격이 온 겁니다. 이번 충격으로 노동시장에서 경제활동참가율이 하락하고 구조적 실업이 발생하면 노동투입도 더 낮아질 것이고, 국제무역 둔화로 투자 회복이 지연되면서 자본투입도 저조할 가능성이 큰데, 구조개혁과 4차 산업으로의 전환이 지연되면 생산성 증가마저 기대하기 어렵겠죠. 이번 사태 자체가 그간 오랫동안 미루어온 구조개혁을 촉발하는 계기가 될 수도 있겠지만, 부정적으로 보자면 우리 경제가 구조개혁을 이루어내기 위해 허용된 남은 기간 자체가 이번 사태로 확 줄어버린 것이죠.

아시다시피 한국은 수출주도의 산업구조로, 제조업 의존도가 높고 내수기반이 취약한 경제구조를 가지고 있습니다. 이는 관광, 여행, 숙박 등 서비스 중심의 산업구조를 보유한 나라들에 비해 우리가 상대적으로 충격을 덜 받는 긍정적 요인이 되기도 했지요. 하지만 어려움은 이제부터입니다. 벌써 국제교역과 수출의 감소가 제조업 생산, 설비투자 등에 본격적인 영향을 미치면서 1분기 -1.3% 하락했던 성장률이 2분기에는 -3.3%까지 하락했습니다.

그런데 해외의 신규 확진자 증가 추세가 지속되면서 당분간 국제교역이 회복될 기미를 보이지 않아요. 수출의 성장 기여도는 앞으로 상당 기간 낮은 상황이 지속될 겁니다. 문제는 우리 수출의 주력 산업인 제조업 부문의 생산성도 이미 이번 사태 이전부터 그리 높은 상황이 아니었다는 겁니다. 한국은행의 분석에 따르면 아래의 표에서 보시듯 우리 제조업의 총요소생산성total factor productivity 증가율이 글로벌 위기 이전인 2001~2007년 동안 연 4.6% 수준에서 위기 이후 2011~2015년 동안에는 0.1%로 하락했어요.* 더구나 수출 주력산업인 반도체, 휴대폰 등 고위기술 업종과, 화학, 기계, 자동차, 선박 등과 같은 중고위 기술 산업의 총요소생산성 하락 폭이 현저하다는 점은 정말 걱정되는 부분입니다.

물론 제약, 바이오, 문화콘텐츠 등 전통 제조업 외에 새로 생겨나는 혁신 부문도 있고 서비스업도 있지만, 만일 우리 경제의 총요소생산성 증가율이 0%에 그친다면 자본투자와 노동투입으로 달성 가능한 잠재성장률은 아마 지금 1% 중반 수준밖에 안 될 거예요. 제조업

한국 제조업의 기술수준별 총요소생산성 증가율

(자료: 한국은행 조사통계월보 2019.3.)

	2001~2015			
		2001~2007(A)	2011~2015(B)	증감(B - A)
제조업	2.7	4.6	0.1	- 4.5
고위	6.4	9.0	3.3	- 5.7
중고위	1.9	3.4	- 1.3	- 4.7
중저위	0.8	3.3	- 0.4	- 3.7
저위	2.2	3.5	- 0.3	- 3.8

(연평균, %, %P)

*한국은행 조사통계월보 2019.3 참조

코로나 위기, 경제 패러다임을 바꾼다

평균가동률을 보면 제가 금융통화위원회에 있을 때 가동률이 75% 수준에 머물러서 걱정을 많이 했습니다만, 2020년 5월 현재 63%까지 떨어졌어요. 물론 이번 충격의 일시적 여파가 크겠지만 이미 이번 사태 이전부터 우리 제조업이 구조적인 유휴생산력 문제에 직면하고 있었다는 것이죠. 이러한 상황에서 얼마나 투자가 더 일어나겠습니까? 결국 유휴생산력 문제가 해결되려면 원하든 원하지 않든 한계기업의 퇴출과 구조조정이 일어날 수밖에 없지요. 만일 구조조정이 계속 지연되면서 임시방편적인 수요확대 정책만 남발하게 될 경우에는 일본과 같이 저성장, 저투자, 초저금리, 고실업, 저물가, 이런 현상들이 우리 경제에 고착화될 위험을 배제하기 어렵다는 겁니다.

부채 비율 증가의 위험성:
포스트코로나 시대의 한국 경제 ②

두 번째 위험요소로는 한국도 앞으로 비전통적인 통화정책이 도입되면서 경제 전반에 부채 위험이 한층 더 높아질 것을 들 수 있습니다. 이번 위기 대응과정에서 한국은행이 RP거래 대상을 비은행 금융회사로 확대하고, 저신용등급 회사채 매입을 위한 특수목적기구SPV에 대출하는 등 한국에서도 일종의 질적 완화qualitative easing 정책이 도입되었어요. 앞으로 저성장, 저물가 국면이 지속된다면, 혹은 부실기업의 도산 등으로 금융시장 불안이 증폭된다면 한 차례 더 추가적인 금리 인하와 더불어 국내에서도 본격적인 양적 완화^{quantitative} easing와 같은 비전통적인 통화정책이 도입될 가능성이 큽니다. 그런데 BIS 통계를 보면 한국의 거시 부채수준이 이미 높은 수준에 달하고 있어요. 작년 말 기준으로 금융 부문을 제외하고 가계와 기업, 정부 부문의 부채를 합한 한국의 매크로 레버리지 규모는 총 4,540조 원으로 GDP 대비 237%에 달합니다. 유럽 평균이 262%, 중국이 259%로 한국과 큰 차이가 없어요. 아직까지 은행 등 금융기관의 자본적정성은 양호한 편이지만 앞으로 부채 과다기업과 취약가계의 부채 문제가 가시화되거나, 부동산 관련 부문에 신용공여가 상당 부분 집중되어 있는 상황에서 주택, 상업용 부동산 등의 가격조정이 발생하는 경우 금융시스템이 타격받을 가능성을 배제하기 어려운 상황입니다.

특히 정부부채는 2020년 수차례 추진된 추경과 2021년부터 본격화되는 한국판 뉴딜 정책으로 인해 앞으로 가파르게 늘어날 겁니다. 이미 코로나 사태 이전에도 IMF에서는 앞으로 고령화에 따른 노인복지, 의료비 등 경직적인 지출이 계속 늘면서 한국의 정부부채 비율이 2040년 60%, 2050년 100%까지 늘어날 것으로 보고 있었는데, 이번 펜데믹 사태를 계기로 더 빠르게 늘 가능성이 있게 된 거죠. 건강보험, 고용보험, 연기금 등의 고갈로 지출 소요는 늘 것인 반면 불황이 지속되면서 세수는 줄어들 수밖에 없지요. 그러면 증세가 어려운 상황에서 재정적자를 부채로 충당해야 하고요.

최근 정부가 발표한 장기 재정전망을 보면 국가부채 비율이

코로나 위기, 경제 패러다임을 바꾼다

GDP 대비 100%에 달하는 시점이 2045년으로 앞당겨졌어요. 그렇다면 가계부채와 기업부채가 각각 현 수준인 100% 정도를 유지한다고 해도 한국 거시 레버리지 비율이 총 300%에 달하게 되는데 이 비율이 300%를 넘는 나라들은 일본, 스페인, 프랑스 등 몇몇 국가를 제외하고는 그리 많지 않아요. 특히 신흥국에서 부채비율이 이렇게 높아지면 외환위기 등 경제위기 가능성이 높아지지요.

경제의 비효율성 심화를 막아라: 포스트코로나 시대의 한국 경제 ③

마지막으로 한국에서도 이번 충격으로 인해 분배구조 악화와 더불어 사회주의적인 경제관이 확산되면서 시장경제의 활력이 저하되고 경제의 비효율성이 심화될 위험이 있습니다. 만일 이번 사태가 2021년에도 지속된다면 지금까지 정부 지원과 금융기관의 대출만기 연장 등으로 연명해오던 잠재 부실기업들의 퇴출 압력이 높아질 수밖에 없어요. 한국은행의 분석에 따르면 영업이익으로 이자도 갚지 못하는 이자보상배율 1 미만 기업의 비중이 2019년 33% 정도인데, 코로나 사태의 해결이 지연되면 이들 기업의 영업 악화로 이 비중이 48~50%까지 늘어나는 것으로 추정됩니다.* 부실기업 정리과

* 한국은행.금융안정보고서 2020. 6

정에서 일부 기간산업에 대한 정부지원과 일시적 국영화가 불가피해 보이고요. 하청 중소기업 등의 도산으로 실업문제가 만연하는 가운데 개인 간, 기업 간, 계층 간 양극화가 심화될 전망인 반면, 이를 완충할 포용과 신뢰의 결핍 등으로 사회적 갈등이 지속될 것으로 우려됩니다. 정부개입에 의한 분배 강화에 대한 요구가 높아지면서, 재산권 침해 문제라든지 시장원리 왜곡 논란 등으로 경제 활력이 저하되고 재원배분의 비효율성도 심화될 소지가 크겠지요.

그렇다면 우리는 당면한 위기를 어떻게 헤쳐나가야 할까요. 단기적인 정책목표는 잠재성장 기반의 훼손을 최소화하는 데 집중할 필요가 있겠죠. 생산과 소비의 복원력을 유지하기 위해서는 회생 가능 기업에 대한 지원을 통해 생산적 자본과 고용을 유지하는 것이 긴요합니다. 하지만 이미 오래전부터 경쟁력을 상실한 부실, 좀비기업은 이참에 정리하는 것이 맞다고 봅니다. 아무리 고통스러워도 지금 정리하고 나가지 않으면, 생산성을 높이는 쪽으로의 경제구조 전환을 가져올 수 없으니까요. 그래도 구조조정과 부실정리는 금융위기와 디플레이션의 위험을 높이는 만큼 이에 철저히 대비해야 합니다.

그렇지만 우리 경제의 중장기적인 성장 동력은 역시 신기술 부문에 대한 투자와 경제 전 부문의 생산성 제고에서 찾을 수밖에 없겠지요. 정부도 이번에 한국판 뉴딜 정책을 통해 이런 노력을 하고 있지만 이러한 산업구조 개혁과 혁신경제 전환이 제대로 이루어지려면 시장원리와 상업적 동기에 따른 민간의 자발적 참여가 필수적이라고 봅니다. 그러려면 획기적인 규제완화와 더불어 교육, 노동,

자본시장의 개혁도 뒷받침되어야 하겠지요. 기업의 R&D 투자 확대, 첨단기술과 제조업의 융합을 통한 생산성 제고 등이 원활히 이루어질 수 있도록 시장원리에 부합하는 유인체계를 마련하고 반기업 정서도 완화해서 외국인 직접투자와 해외 전문인력의 유입을 활성화하기 위한 노력도 병행되어야 합니다. 나아가 디지털 경제에 합당한 교육 및 인력 양성시스템, 기존 노동력의 재훈련, 재배치 등도 적극적으로 지원할 필요가 있겠습니다. 혁신기업의 창업과 M&A가 활성화될 수 있도록 모험 자본시장을 육성하는 노력도 지속해야 할 것이고요.

마지막으로 한 가지 첨언을 하자면, 저는 생산적 복지와 생산적 재분배 시스템은 강화하되 시장경제에 대한 사전적 개입은 최소화해서, 근로의욕과 수익창출 인센티브 등 시장원리에 기초한 경제 활력과 복원력을 높이는 것이 무척 중요하다는 생각입니다. 양극화 완화를 위해 사후적인 분배기능은 강화하되, 자본과 인력이 고생산성 부문으로 자연스럽게 이동하고 기업의 상시적인 진입, 퇴출이 원활히 일어날 수 있도록 시장경쟁과 규제 환경을 정비하는 정공법이 어느 때보다 필요한 국면이라고 봅니다.

위기의 시대에서 새로운 통합과 균형의 시대로:
코로나 위기가 '위기를 가장한 축복'이 되기를

경제발전 과정에서는 장기적으로 부정적인 영향을 가져올 것임을 알면서도 단기적인 이익만을 선호하게 되는 시간불일치time inconsistency 문제와 시장에서 가격화되지 않는 부정적 외부효과negative externality 문제가 어쩔 수 없이 수반되지요. 이러한 문제들을 기존의 제도와 시장시스템 내부에 적절히 내재화시켜 조절하지 못한 채 급속한 경제발전이 이루어져왔습니다. 저는 이번 코로나19 감염 사태가 그동안 누적된 부정적 문제들의 개선 비용을 사후적으로 지불하는 과정, 즉 지속 가능한 발전을 위해 자연이 인간의 경제활동에 부과하는 일종의 세금tax일 수도 있겠다는 생각이 듭니다.

어쨌든 이번 사태로 개인과 집단, 채무자와 자산가, 부유층과 빈곤층, 혁신기업과 낙후기업, 온라인과 오프라인, 미국과 중국 등 모든 부문에서 분절과 괴리가 심화되는 초디커플링great decoupling의 시대가 도래하고 있습니다. 문제는 디커플링이라는 단어 자체가 시사하는 것처럼 이러한 현상은 본질적으로 이질성의 발현, 양극화에 따른 갈등과 시스템적 불안정성을 내포한다는 점입니다. 4차 산업혁명의 가속화 과정에서 공급 과잉에 직면한 기존 낙후산업의 구조조정 문제, 생산양식과 체제 변화에 따른 생산요소 소유자 간 지대rent의 재조정 문제 등, 새로운 통합과 균형을 찾기까지는 어쩔 수 없이 장기간에 걸친 갈등조정과 비용이 수반될 것입니다.

코로나 위기, 경제 패러다임을 바꾼다

과거에는 불행하게도 대공황과 세계대전 등이 이러한 새로운 균형 정립을 앞당기는 촉매 역할을 했지요. 과연 이번에는 다를 수 있을까요? 이렇게 불확실성이 높은 상황에서 우리가 예기치 못한 충격과 불안정성에 효과적으로 대응할 수 있기 위해서는, 구조개혁을 서둘러 보다 유연한 경제시스템, 충격 흡수력과 복원력을 키울 수밖에 없다고 생각합니다. 아울러 사회 구성원 간 신뢰와 연대 회복 그리고 포용과 통합의 리더십 등이 정말 긴요하겠지요. 이번 감염사태가 우리 경제의 앞날에 '위기를 가장한 축복blessing in disguise'이 될 수 있기를 바라면서 이만 마치도록 하겠습니다.

김대식　여러 내용이 있었지만 제가 가장 흥미로웠던 내용은 팬데믹과 전쟁이 서로 경제에 미치는 영향이 어떤 점에서 보면 반대로 나타난다는 점이네요.

함준호　이후의 성장 경로와 실질금리라는 측면에서는 그렇다고 볼 수 있습니다.

코로나 팬데믹이 경제에 입힌 상처, 회복할 수 있을까?

김대식　사실 우리가 지난 수십 년 동안 전 세계적인 전쟁은 아니더라도 지역적으로는 전쟁을 경험했잖아요. 우리나라도 그렇겠지만 어디나 전쟁 이후에는 크게 성장하고, 경제가 회복하고 그런 과정이 있었죠. 그 이미지 때문에 지금 사람들이 다들 막연하게 V자형 그래프를 생각하게 되는 것 같습니다. 지금 떨어지는 만큼 다시 회복이 된다. 그래서 포스트팬데믹을 생각할 때도 그런 맥락에서 생각하는 경우가 많은 것 같아요. 그런데 말씀을 들으니 그렇게 접근해서는 안 되겠네요.

함준호　재미있는 사실이, 지진같이 재난이 일어나서 생산설비가 파괴된 다음 해에는 성장률이 크게 올라갑니다. 발전소 같은 무너진 생산시설을 복구하는 비용이 투자로 잡히거든요. 당연히 거기에 따른 총수요가 증가하죠. 그런데 팬데믹의 경우에는 다릅니다. 새로운 생산이나 투자가 별로 필요 없어요. 설비가 셧다운

shutdown 돼서 멈췄다가 다시 가동하는 것뿐이기 때문에 새로운 투자가 발생할 일이 별로 없습니다. 일어난 것은 인적 손실뿐이죠. 의료 기술의 발전 등을 감안하면, 이번 사태에서 발생하는 인적 자본의 손실이 과거 팬데믹의 사례보다 덜할 수는 있어요. 그렇다고 하더라도 확실한 것은 상대적으로 인적 자본의 손실이 고정자본의 손실보다 크다는 거예요. 죽지는 않았지만 이번에 실업자가 되면서 고용시장을 반영구적으로 떠난 사람들도 포함해서요. 그러면 팬데믹 이후에는 아까 말씀드린 연구결과가 보여주는 것처럼 노동 대비 자본 공급이 과다한 상태가 될 수 있습니다.

김동재 사실 조금 더 와닿는 질문을 해보자면, 돈을 푼다고 할 때 전문 투자자들도 굉장히 헷갈려 해요. 누구는 "현금cash은 쓰레기trash다"라고 하면서 큰일 났다고 하는데, 또 누구는 "아니다, 현금이 최고다" 이런 상반된 주장을 하죠. 일전에 트럼프가 달러 강세強勢를 선호한다는 얘기를 했어요. 왜냐하면 더 이상 이자율 같은 무기가 없는 상황이거든요. 불확실성이 큰 상황이에요. 이런 불확실한 상황 속에서 가령 자산 가치를 좌지우지할 핵심적인 요소가 어떤 걸까요?

함준호 주식으로 얘기하자면 자산가치를 판단할 때 많이 보는 것들은 주가수익률price-earnings ratio 같은 것들이죠. 그렇게 기업이 벌어들이는 수익에 비해서 가격이 얼마나 평가를 받고 있는지를 보는 건데, 미국 주식을 대상으로 한 CAPEcyclically adjusted price-to-earnings ratio라는 평가 지표를 보면 지금은 2000년 IT버블 때만큼은 아니지만 1929년 대공황 직전보다 높은 수준까지 주가가 올라간 상황입니다.

김대식 그럼 현재 미국의 주식 시장 같은 경우는 확실히 버블이라고 볼 수 있을까요?

함준호 그렇게 단정 지어서 말하기는 어렵지요. 앨런 그린스펀 Alan Greenspan 전 연준 의장도 '사후적으로 주가가 40% 이상 하락하면 버블이다'라는 농담을 즐겨 했죠. 미리 버블이라는 것을 알 수 없다는 의미로. 그래서 금리를 올려서 버블을 꺼뜨리는 것이 위험하다고 했죠.

○ 주가는 기업의 가치를 반영한다?
마이너스 GDP 갭과 디플레이션 위험

김대식 오늘 들은 걸로 봐서는 가장 긍정적인 시나리오로 가더라도 2020년 말에서 2021년 초 정도까지 2019년 말의 GDP 수준을 회복하기 어려울 것이고, 항상 GDP 갭은 있을 거라는 말씀인 것 같아요. 성장이 상당히 어렵다는 얘기잖아요. 그런데 저는 요즘 들어 월가에서는 주가가 오르고 있다는 사실이 이해가 안 가더라고요. 주식시장이 기업의 가치를 반영한다고 생각하면 지금 이해가 안 되는 상황인 거예요.

함준호 주식의 본질적 가치를 결정하는 요소가 두 가지 있어요. 하나는 그 기업이 앞으로 얼마나 수익을 내서 주주들에게 배당을 줄 것인지, 또 하나는 이러한 배당흐름을 할인하는 금리거든

코로나 위기, 경제 패러다임을 바꾼다

요? 그런데 앞으로 통화정책이 상당 기간 저금리로 간다고 하면 기업 수익성이 그대로라 해도 주식의 가치가 올라갈 수 있는 거죠. 지금은 실물 경제가 상당히 좋지 않은 상황인데, 제로 금리와 더불어 유동성이 바이오나 테크 기업 등 소수 기업에 몰리면서 주가가 올라간 측면이 있어요. 아무도 지금 상태를 버블이라고 확언할 수는 없지만 시장에 있는 사람들의 분위기는 분명 걱정이 많지요. 저는 가격조정 위험은 분명히 있다고 봅니다. 이러한 조정 위험을 고려했을 때 현금이 비교적 안전할 수도 있겠지요. 하지만 그런데 현금은 언제까지 안전하겠느냐, 그건 앞으로 물가 상승 위험에 달려 있겠죠.

김동재 그럼 이제 근본적으로 가장 걱정할 것은 디플레이션이겠지요?

함준호 거시경제 측면에서 볼 때, 지금 부채가 크게 확대되어 있는 상황이기 때문에 디플레이션이 제일 무서운 거죠. 디플레이션이 오면 빚을 진 사람들의 실질적인 부wealth가 줄어들고 채권자들에게 이전이 됩니다. 가령 예전에는 기업이 빵을 100개 생산하면 빚을 갚을 수 있었다고 한다면, 디플레이션이 와서 빵 값이 떨어지면 100개가 아니라 150개 생산해야 겨우 빚을 갚을 수 있습니다. 명목부채는 고정되어 있는데, 물가가 하락하면 부채를 진 사람들의 실질적인 부담은 늘어나는 거지요. 결국 기업이나 채무자들의 투자, 소비 등 수요가 축소될 수밖에 없고 그렇게 되면 다시 기업도산 위험이 커지는 등 악순환에 빠지죠. 경제가 위축될 수밖에 없는 거예요. 그럼 이게 바로 경제공황으로 가는 길이거든요.

김동재 그걸 막으려고 돈을 살포하는 건데, GDP 갭이 너무 크다, 터질 것 같다는 얘기죠?

함준호 마이너스 GDP 갭이 너무 크면 물가하락 압력을 통화정책으로만 막기는 어렵죠. 돈을 너무 풀다가 부동산과 같은 자산 버블이 생기고 나중에 터지면 또 자산 가격 하락이 디플레이션을 촉발할 수 있고요.

김동재 팬데믹의 핵심 중 하나가, 공급은 어떻게 해서라도 인위적으로 늘릴 수 있는데 수요는 늘기가 상당히 어렵다는 거잖아요? 사람들이 이제 인플레이션보다 디플레이션을 기대하고 있어요. 심리학적이나 사회학적으로 보더라도 경제가 앞으로 더 성장하고, 세상이 더 좋아지고, 수요가 더 늘어날 거라는 기대를 하는 사람보다는 그 반대가 훨씬 많아요. 어떻게 보면 이게 자기실현적 예언self-fulfilling prophecy이 될 수도 있겠죠. 다들 그걸 기대하니까 지금 현금을 안 쓰고 쌓아두려고 하겠죠. 그렇다고 지금 상황에 과거와 같이 금리를 내린다고 수요가 그만큼 늘어나는 건 아닌 것 같고, 명목상 기업 가치는 올라가더라도 실물경제의 수요는 늘 것 같지가 않거든요. 이 갭이 점차 문제가 될 것 같은데, 그렇다면 수요를 어떻게 늘릴 수 있을까요? 수요가 늘어나려면 미래에 대한 믿음이 있어야 하잖아요. 미래를 기대해야 집을 짓고, 차를 사고 할 테니까요. 그런 믿음이 없는 현 상황에서 저희에게 어떤 방법이 있을까요?

함준호 총수요를 확대하는 전통적인 정책이 이미 한계에 도달하고 있죠. 지금과 같이 금리가 제로 수준에 가까운 상황에서는 통화정책보다 재정정책이 더 효과적이라는 건 주지의 사실이에요. 그래서 파월Jerome Powell 연준 의장도 자꾸 재정의 역할이 커져야 한다고 강조하는 거고요. 재정정책은 통화정책에 비해 효과 발생에 시차가 짧고 필요한 사람에게 바로 집행할 수 있기 때문에 지금 상황에 더 효과적이죠.

그런데 문제는 지금 재정 여력이 있느냐 하는 겁니다. 무리하게 증세를 하는 것도 어렵고 국가부채가 늘어나는 데에도 한계가 있으니까요. 아까 말씀드렸다시피, 국가부채의 제약을 완화시켜주려면 금리를 제로금리까지 내리고 통화정책으로 화폐화 시켜주는 방안이 있지요. 그러면 이론적으로는 재정 여력이 한시적이나마 확보될 수 있겠죠.

김동재 사실 그게 미국같이 자기들 통화의 힘이 센 나라들은 할 수 있는 일이지만, 한국 같은 입장에서는 자칫 그랬다가 환율 변동으로 큰 위험부담을 질 수도 있지요. 그게 두려운 거고요.

어떻게 시장의 수요를 촉진할까? 언제나 답은 혁신이다

김대식 그러면 우리나라를 기준으로, 기업 관점에서 수요를 촉진할 수 있는 방법은 뭐가 있을까요?

김동재 사실 우리가 찾을 수 있는 답은 언제나 혁신이죠. 제가 이런 예를 하나 들어볼게요. 제가 사석에서 CEO들이랑 얘기하면서 "학교에서 줌으로 강의해보니 좋더라" 하고 얘기하면서 "이제까지 하던 방식을 이번 기회에 한번 혁신적으로 바꾸어보라, 말로만 하지 말고 실제로 해보라"라고 말을 해요. 그런데도 못해요. 왜냐하면 책임 소재 때문이에요. 혁신을 하려면 누군가는 위험을 감수해야 하거든요. 지금 경제가 빙하기로 들어갔는데, 이걸 주먹구구식으로 버티려고 해도 근본적인 해결이 안 되거든요. 그런데 근본적, 구조적으로 바꾸려는 노력을 하는 게 힘들어요. 언제나 그렇지만 혁신이 일어나야 희망이 생기는데, 그런 것들이 보이질 않아요.

김대식 보이지 않다 뿐일까요? 제가 최근에 젊은 학생들과 얘기를 해봤어요. 요즘 취업 걱정 다들 하잖아요. 그런데 다들 창업을 하겠다고 해서 "요즘 대학생들 역시 혁신가구나" 했는데, 그게 아닌 거예요. 지금은 창업이 안전책이라고 해요. 왜냐? 정부에서 청년 창업자들 대상으로 주는 지원금이 워낙에 많다 보니까, 창업을 하는 게 당장 몇 년간은 훨씬 안정적이라는 거예요.

보통 우리는 스타트업 같은 게 혁신을 가속화하는 역할을 한다고 생각하죠. 뛰어든 사람 중에 70~80%가 걸러지고 알짜배기 혁신이 남는다고요. 그런데 지금은 그게 아닌 거예요. 곳곳에서 워낙 지원을 잘해주니까 그냥 창업해서 스타트업으로 등록하는 것만으로 몇 년은 먹고살 수 있다는 거죠.

김동재 그런데 제가 말씀드린 건 기존 플레이어들의 혁신이에요. 예컨대 대기업, 아니면 학교. 가령 학교에서도 그냥 상황에 대응하는 게 아니라, "이 새로운 방식의 학습learning이 엄청나게 재미있다, 유용하다" 하는 식으로 선제적으로 혁신하려고 한 적이 없잖아요. 이런 상황에서 앞으로 지금 상황이 계속, 내년까지 이어진다고 하면 소극적 대응만 계속해나갈 수는 없어요.

기업도 마찬가지예요. 그래도 몇몇 대기업들은 시작하고 있어요. 겉으로 보기에 비대면으로 전환하고 있어요. 저는 이게 그냥 "지나가는 바람이겠지" 하고 기다릴 수 없을 것 같아요. 다시 얘기하면은 스타트업도 스타트업이지만, 기존의 플레이어들 중에서도 아주 혁신적인 방식을 도입하는 기업이 나와야 한다고 생각해요. 한국에서는 이런 케이스가 너무 안 나와요. 한국이야말로 바뀌어야 하거든요. 제조업 비중 28%, 이건 괜찮은데 그 속을 다 뜯어보면 사실 경쟁력이 점차 떨어지는 제조업 분야들이거든요? 조선, 자동차 등등. 이런 기존 업계에서야말로 혁신이 나오고, 솔루션을 찾아야 한다고 봐요.

김대식 지금은 우리가 전부 무기력 상태에 빠져 있는 것 같기는 해요. 나름대로 허우적거린다고 허우적거리는데, 그럴수록 더 깊은 늪에 빠져버리고요. 그래서 아무것도 안 하면서 그냥 지나가길 바라죠. 다시 2차, 3차 유행이 오면 그럴 수 없다는 걸 다들 알게 되겠지만 지금으로서는 나중 일인 거고요. 그러니까 우리나라는 지역적으로 안정을 찾았기 때문에 그냥 이대로 있어도 되지 않을까 싶기도 해요. 그런데 지금 경제학 쪽에서 이야기하는 게, 인플레이션의 기대치를 만들어야 하는데 통화정책으로는 그게 어렵다는 거잖아요? 그러면 어떤 방법이 있을까요?

김동재 사실 전 그런 생각이 들어요. 우리나라는 지금 상대적으로 굉장히 안정된 편이에요. 일상생활을 거의 지장 없이 영위하고 있는데, 세계적으로 아주 드문 나라 중 하나죠. 이게 정말 축복일까, 하는 생각이 들어요. 혁신을 유발하지 못한다는 측면에서는 축복이 아닐 수도 있겠다는 생각이 드는 거예요. 만약에 우리가 좀 더 어려운 상황이었다면 뭔가 해냈을 수도 있는데 그냥 쉽게 넘어가버리는 게 아닌가 하는 불안도 있고요.

김대식 분명한 건, 면역학적으로 봤을 때는 절대 축복이 아니에요. 아마 지난번에도 얘기했던 것 같은데, 우리나라는 1차 감염을 비교적 가볍게 넘어갔기 때문에 집단 면역성이 생기지 않았거든요? 그러면 2차 감염은 훨씬 더 심하게 닥칠 수 있다는 게 면역학계의 전통적인 예측인 거죠. 반면에 스웨덴 같은 경우에는 지금 치사율이 어마어마하게 높아요. 그렇지만 아마 2차 감염은 훨씬 정도가 덜할 거라고 예측하는 거죠. 물론 결과는 아직 아무도 모르지만요. 자, 이런 상황에서 무료함을 깨고 사람들에게 활기와 희망을 줄 수 있는 방법이 우리에게 있을까요?

장덕진 제가 5월 19일 자 《경향신문》에 〈과학기반 복지국가로 나가자〉라는 제목의 칼럼을 하나 썼어요. 혁신 이야기를 하신 것과도 맥락이 통하는 것 같은데, 기존의 복지국가는 제조업 기반 복지국가잖아요. 그런데 이 형태는 제조업의 황금기에 만들어진 거예요. 그런데 지금은 탈산업 시대이지요. 남들은 다 시대에 맞춰 복지국가를 축소하는데 그 물살을 거꾸로 헤엄쳐서 거슬러 올라가 복지국가를 만들려고 하니까 너무 힘든 거예요. 복지국가를 만든다는 건 기본적으로 사회적인 합의와 협약이 만들어진다는 것을 의미하는데, 우리는 지금 그걸 만들기가 너무 어렵거든요? 사회 협약이 만들어지려면 협약의 당사자가 필요해요. 예를 들어서 제 역할을 하는 노총과 경총이, 시민 계급이 있어야 하는 거죠. 그런데 우리는 그런 역사가 전혀 없어요. 협약의 당사자도 없지, 산업도 없지, 결과적으로 아무것도 안 되지. 사회적 연대를 만든다는 게 굉장히 어려운 일이예요. 그래서 우리가 맨 땅에서 복지국가를 만드는 데 굉장히 어려움을 겪고 있었던 건데, 저는 예전부터 이 해법이 테크놀로지 쪽에서 나올 가능성이 있다고 생각을 해왔어요. 이번 사태를 보면서도 그런 생각이 강하게 들었죠. 우리나라 사람들이 협약, 연대 이런 과목은 잘 못해요. 그런데 과학은 우리가 잘하는 과목이잖아요. 말하자면 양궁이나 골프처럼요. 그래서 어쩌면 이 방향으로 접근할 수 있겠다고 생각했어요.

방금 하신 질문에 대해 제가 왜 이 얘기를 꺼냈냐 하면은, 미래에 대해 어떤 기대를 가지게 한다는 것은 무슨 듣기 좋은 얘기 해주면 되는 게 아니에요. 그런 것보다 훨씬 강력한 건 "너만 기여contribute하는 게 아니라, 남들도 다 제 역할을 해. 그래서 네가 기여하는 건 실제로 뭘 만들어낼 가능성이 높아"라는 걸 보여주는 거예요. 기존의 공식으로는 이걸 가능하게 하려면 이 참여자들 사이에 연대가 있어야 한다고 봤어요. 우리가 잘 못하는 거죠. 그런데 과학 기반으로, 테크놀로지 기반으로 가면 이걸 아주 투명하게, 실시간으로 알 수 있거든요. 나만 하고 있는 게 아니구나 하고. 실제로 이번에 사회적 거리두기social distancing 같은 경우에도 사실은 사회적 거리두기로 인한 효과가 얼마다 하는 걸 매일 평가할 수 있었거든요. 오늘까지 사회적 거리두기로 확진자가 몇 명 발생했다, 안 했다. 몇 명이 완치됐고 몇 명이 격리에서 해제됐다. 이런 걸 평가 및 확인하면서 사회적 거리두기에 참여할 인센티브가 된 거죠. 사람들이 최소한의 협동을 위한 문턱을 과학·테크놀로지로 넘게끔 한 거예요. 이 방향으로 접근하면 효과가 있지 않을까 하는 기대가 좀 있어요.

중국을 통해 미래를 내다볼 수 있을까?
탈중국화의 기로에 선 세계와 한국

김대식 상세한 전개 과정에 차이는 있겠지만, 어쨌든 중국에서는 코로나 바이러스가 우리보다 두세 달 먼저 시작했지요. 어떻게 보면 오늘의 중국이 우리나라의 두 달 후의 모습이라고 가정할 수도 있겠는데, 지금 중국의 상황은 어떤가요? 수요가 다시 좀 늘어났나요?

정종호 먼저 코로나19 사태에 대응하고 있는 중국을 보면, 학자들은 지금 "역사는 반복된다"라고 평가하고 있습니다. 사스SARS 때와 유사한 패턴이 나타나고 있죠. 초기 대응 실패, 그리고 최종적인 통제관리 성공. 서울대 국제대학원 조영남 교수의 최근 연구가 이를 잘 보여주고 있습니다. 사스 당시 발생했던 문제도 유사하게 나타났어요. 사스 때도 2002년 11월에 발병이 시작되었는데, 3개월 이상을 미적거렸어요. 여기저기서 관료주의가 나타나면서 지금이랑 똑같이 헤매며 초기 대응에 실패했고, 사스가 전 세계로 확산되었죠. 그러다가 2003년 4월에 중앙정부가 전면관리를 결정하면서 통제에 성공하기 시작하여, 공식적으로는 그해 7월에 사스가 종식됐거든요.

그런데 이 과정이 이번 코로나19 사태에도 유사하게 나타나요. 이번에도 우한에서 12월에 코로나가 시작됐는데 미적거리다가 팬데믹으로 발전했습니다. 중난산鍾南山 등 중국내 감염병 관련 최고 권위자들이 포함된 중앙조사단이 1월 19일에 우한에 파견되고, 이들의 건의를 받아들여 1월 23일에 우한을 봉쇄하면서, 전면적 통제를 통해 현 상황이 되었죠. 마르크스가 얘기했던 것처럼 역사가 두 번 반복되는 거예요. 한 번은 비극이고, 다음은 희극이죠. 왜냐하면 사스 이후 중국정부는 향후 이러한 문제를 방지하고자 수많은 노력을 경주하였거든요. 관련 법률을 개정하고, 질병 관련 조직을 정비하고, 많은 예산을 투입하여 보고 및 경보체제도 구축했습니다. 그럼에도 불구하고 같은 잘못이 반복된 거예요. 권위주의의 한계인 것 같아요. 지금 외부의 시선으로 봤을 때는 중국의 대응방식이 권위주의의 장점인 것처럼 알려져 있지만, 사실 내부적으로 봤을 때는 논란이 있어요.

경제 상황 진단에 대한 함 교수님 말씀에는 저도 전적으로 동의해요. 그런데 하나의 중요한 변수가 결국 코로나19 사태 이후의 국제 관계에 있어서의 변화가 될 것 같고요. 특히 세계화와 관련하여 여러 가지 시나리오가 제기되고 있습니다. 개별 국가의 주권과 보호주의가 강화되고 국제교류와 협력이 줄어드는 탈세계화De-globalization를 예측하는 사람들도 있고, 재세계화Re-globalization를 예측하는 사람들도 있습니다. 어떤 방향으로 가든 중국에게는 큰 도전이 될 것이라고 생각합니다. 오늘날 체제·민족·국가의 경계를 넘어 이루어지고 있는 초세계화Hyper-globalizaion를 건설한 것은 서구였지만, 지난 몇십 년간 이를 가장 효과적으로 이용한 것은 사실 중국이죠.

세계화 연구의 세계적인 권위자인 아파두라이Arjun Appadurai는 글로벌 시대에 이루어지는 초국가적인 상호작용을 다섯 가지 중요한 흐름으로 이야기했는데요, 사람ethnoscapes, 기술technoscapes, 자본financescapes, 미디어mediascapes 그리고 마지막으로 이념ideoscapes입니다. 이 다섯 가지는 지난 수십 년 동안 중국이 다 잠식해온 것들이에요. 오늘날 중국인, 중국기술, 중국자본, 중국문화, 중국모델 등을 제외하고 앞서 얘기한 다섯 흐름을 논할 수가 없지요. 인류 역사상 가장 짧은 시기에, 가장 폭넓고 강하게 초세계화의 고속도로를 달린 게 바로 중국이에요. 그런데 코로나19 사태는 지금 이 세계화의 방향에 일정 정도 제동을 걸 수밖에 없어요. 특히 중국을 견제하는 방향으로 재세계화가 이루어진다면 가장 큰 타격을 입게

코로나 위기, 경제 패러다임을 바꾼다

되는 것은 당연히 중국이라고 볼 수밖에 없죠.

여기에 더하여 코로나19 사태가 어느 정도 해결되면 최소한 미국과 유럽에서는 코로나19 사태에 대한 중국책임론이 대두되고 이것이 반중국정서로 연결될 가능성이 있습니다. 예를 들면, 2020년 10월에 발표한 퓨 리서치 센터Pew Research Center의 국가 간 상호 인식perception 평가를 보면, 우리나라와 미국·일본을 포함한 14개국에서 중국에 대한 부정적 인식이 73%로, 역대 최고치라고 발표했습니다. 특히 미국과 유럽에서 중국에 대한 비호감이 급상승한 것으로 나왔습니다. 코로나19 사태의 근원지로서 중국, 더 직접적으로는 중국의 공산당과 권위주의에 대한 부정 여론과 관계가 있다고 봅니다.

물론 중국 역시 이를 의식하고 중국이 코로나19를 성공적으로 통제하여 인류운명공동체에 대한 위협을 선제적으로 그리고 희생적이자 모범적으로 극복하였다고 강조합니다. 환구시보环球时报가 대표적이죠. 그러나 이와 같은 담론 형성을 포함한 적극적인 외교적인 노력에도 불구하고, 근본적으로 한계가 있을 것입니다. 따라서 팬데믹에 대한 중국책임론과 함께 그에 대한 원인으로서 중국의 권위주의 정치체제에 대한 비판이 작용하여, 미국과 서구 사회의 주도하에 중국을 견제하는 방식으로 세계화가 재구성될 가능성이 있습니다. 경제적으로는 미국 중심의 글로벌 가치사슬 재편과 함께 탈중국화가 가속화될 가능성이 있겠지요.

김대식 매우 흥미로운 지점이고, 저도 많은 부분 동의해요. 그런데 탈중국화가 실제로 가능할까요? 혹은 가능하다면 어떤 비용을 짊어져야 할까요? 왜냐면 머리로 탈중국화를 원한다고 해도 실제로 탈중국화를 하려면 거기 따르는 비용이 너무 크고, 그래서 주저앉을 수 있거든요. 저도 미국에서 머물 때 월마트 가서 생필품들, 값싸고 좋은 물건들 보면 다 중국제였어요. 미국은 지금 삶의 기준 자체가 경제 수준보다 훨씬 높아져 있어요. 물론 레드넥^{Redneck}들은 중국 싫어하죠. 그렇지만 바이러스가 해결이 되고 내년, 내후년이 왔을 때 마트에 갔더니 과거에 1달러 2달러 하던 물건이 10달러씩 한다면? 그러면 다시 중국제를 찾게 되지 않을까 생각을 해요.

함준호 그런 면에서 미국이 완전히 탈중국화할 수 있을지는 판단하기가 어렵지요. 일단 우리나라의 경우를 보면 경제 구조상 훨씬 더 어렵기는 해요. 왜냐하면 우리는 소비뿐만 아니라 생산 문제도 복잡하게 얽혀 있거든요. 중국이 초세계화를 통해 세계의 공장 역할을 할 때, 거기의 부품을 공급하면서 먹고사는 나라가 바로 우리나라예요. 우리가 수출하는 제품의 4분의 1 이상이 중국으로 가고 있고, 그중 중간재 비중이 80%에 달해요. 그렇기 때문에 중국이 미국 경제나 다른 소비 시장에서 배제된다면 그 타격이 고스란히 우리나라에까지 오게 될 위험이 있는 거죠.

김대식 더군다나 서구가 탈중국화를 시도하거나 혹은 성공적으로 해내서 전 세계의 편 가르기가 진행된다고 가정했을 때, 우리나라는 동아시아에 속해 있기도 하고, 상대적으로 중국에 대한

혐오가 서구 사회보다는 덜할 거라고 생각하거든요. 또 말씀하신대로 구조적으로 중국에 의존적이라고 하다면 우리가 아무것도 안 하려고 해도 중국 쪽으로 기울 수밖에 없죠. 다른 나라들이 다 중국의 그늘에서 벗어나려고 하는데 도저히 그럴 수가 없다면, 그건 그냥 가만히 있는 게 아니라 중국 편이 되는 거나 다름이 없잖아요.

함준호 우리나라는 전통적으로 경제 측면은 중국 쪽에 의존하고, 또 국제정치나 안보 쪽은 미국에 상당히 의존하는 전략을 구사해왔어요. 그런데 이러한 '안미경중安美經中'의 분리적 접근이 어렵게 된다면 제 생각에는 경제적인 타격뿐만 아니라 군사, 외교와 같은 부문에서도 불안정성이 상당히 높아질 수 있다고 봐요. 미국이 우리에게 선택을 강요하는 상황에서 우리가 중국 쪽으로 간다면 상당히 어려워질 거라는 게 자명하고요. 또 한 가지 더 걱정이 되는 게, 우리나라 내부에서도 방향성이 통일된 게 아니라, 미국과 중국 양쪽으로 확연히 갈라져 있는 것 같아요. 우리 사회 또한 여기에 영향을 받아 내부적으로 상당히 불안정해질 수밖에 없겠죠.

정종호 그 말씀에 전적으로 동의하는데, 지금 사실 우리가 경제적으로 탈중국화하는 것은 매우 어려운 일입니다. 우리나라는 경제에서 수출·무역이 차지하는 비중이 클뿐더러, 수출·무역에서 중국이 차지하는 비중이 너무 크죠. 그러다 보니 당연히 경제적으로 탈중국화가 쉽지 않아요. 그런데 아까도 말씀드렸듯이, 코로나19 사태 이후에 미국과 유럽의 주도하에 중국을 견제하는 방향으로 세계화가 재구성된다면, 탈중국화는 중국에 대한 경제적 의존에서 벗어나는 단순한 문제를 넘어 미국 중심의 글로벌 가치사슬을 선택하는 복잡한 문제가 됩니다.

주경철 일부 기업은 이미 탈중국화의 흐름을 타고 있죠. 다들 베트남으로 기업을 이전하고, 삼성도 중국에서 빠지고 있고요. 이미 시작된 게 아닌가 하는 생각이 드네요.

⦿ 철학, 경제, 문화, 인종…, 탈중국화를 둘러싼 갈등의 복잡성

김대식 국가든 개인이든 큰 문제가 없을 때는 경제학적인 혹은 정치적인 합리성을 가지고 계산을 하는데, 어찌 됐든 우리 인간은 결국 동물이잖아요? 그러다 보니 위험에 처했을 때는 공격하든지 혹은 도망가는, 이런 양자택일을 하게 되잖아요. 중간의 회색 지대gray zone는 싹 사라지고요. 그리고 어떻게 보면 인류 역사상 오래된 것들을 잡기 시작해요. 개인 차원에서도 그렇죠. 예를 들어서 아무 문제가 없을 때는 사회에서 새로운 사람들을 만나고 하는데, 문제가 있을 때는 친구, 가족 이렇게 오래된 관계에 집착하기 시작하죠. 제가 최근 서구 사회를 볼 때 느끼는 건, 중국과의 관계가 국가적인 것이라기보다는 민족, 문화, 더 나아가 인종 차원에서 편 가르기를 하는 쪽으로 가고 있는 것 같아요. 이게 좋다 나쁘다 하는 평가를 내리기 이전에, 그 수준으로 가게 되면 다른 수식equation들이 개입되거든요. 탈중국화했을 때 경제에

코로나 위기, 경제 패러다임을 바꾼다

도움이 되냐 아니냐를 따지기보다는 저쪽은 우리랑 다른 문명이다, 다른 문화다, 그런 방향으로 사고하기 시작하는 거죠.

어떻게 보면 포스트코로나 시대의 포퓰리즘이라고 볼 수 있겠는데, 국가의 정책 결정이 그 차원에서 이루어져버리는 거죠. 우리가 아는 학술적이고 이론적인 차원에서 합리적인 결정을 내리는 게 아니고요. 과거에 미국과 소련 사이의 냉전 체제에서는 그 수준까지 간 적이 없죠. 거기에서는 항상 끝까지 이데올로기에 기반한, 그러니까 철학과 경제의 싸움이었죠. 공산주의도 어떻게 보면 계몽주의라는 뿌리에서 자본주의와 함께 갈라져 나온 가지였고요. 민족적으로도 사상적으로도 같은 뿌리에서 나온 세력들 간의 싸움이었어요. 그런데 중국은 거기에 더해, 다른 문화, 다른 인종이라는 점이 섞여 있어서 이 공식이 과거의 냉전보다 훨씬 더 복잡해질 것 같아요. 말하자면 x축의 갈등에 y축의 갈등이 더해지는 건데, 이 y축의 갈등은 공공연하게 드러나진 않을 거예요. 그게 사실 상당히 원시적인 싸움이라는 걸 다들 알고 있으니까요.

저도 최근에 모 인터넷 방송에서 "왜 유럽 사람들은 마스크를 안 할까"라는 얘기가 나와서 한번 던져봤어요. 마스크가 부족해서도 그럴 수 있고, 그 외에 다른 이유도 있을 수 있지만 중요한 원인 중 하나는 마스크 착용이라는 대책 자체가 동양에서 제안한 방법이기 때문에 거부감을 가지는 게 아니냐는 거예요. 지난 200~300년 동안 세계질서는 서양이 가르치고 동양이 배우는 식으로 이루어져왔어요. 그런데 거꾸로 동양에게서 서양이 배운다는 사실에 거부감을 가진다는 거죠. 저는 중국도 비슷하다고 봐요. 세계화라고는 했지만 이 과정이 대등한 게 아니라 어느 정도 갑을 관계가 있다고 기존에 생각해왔던 것 같아요. 서양이 리드하고 동양, 중국은 쫓아오는 입장이라는 거죠.

그런데 코로나 사태를 보니까 이게 명확한 갑을 관계가 아닐 수 있겠다 싶은 거예요. 비슷하거나 혹은 서양이 을이 될 수도 있겠다는 위협을 느낀 거예요. 그러다 보니 어마어마하게 민감하게 반응을 하더라고요. 여기서 비롯한 흐름 중 하나가 탈중국화인 거죠. 여기에는 경제적인 논점이 표면에 나오겠지만 그 뒤에 숨은 깊은 차원에서는 보다 민족적인, 인류학적으로 오래된 원인이 있을 것 같아요. 그렇게 되면 정말 얘기가 복잡해지죠.

함준호 경제학자들이 제일 걱정하는 것 중 하나는 중국의 부채로 인한 경제 위기예요. 탈중국화가 중국의 경제 위기가 현실화되는 계기 중 하나가 될 수도 있겠다는 생각이 드네요. 그리고 또 한 가지, 그렇게 일어나는 탈중국화에 대해서 중국이 군사력, 물리력을 행사할 가능성이 있지 않을까 하는 생각도 들어요. 이 두 가지 측면이 우리 경제에게 있어서는 큰 하방 위험downside risk이 될 것 같거든요.

헤게모니를 넘어 기술권으로 재편되는 세계

장덕진 지금 탈중국화에 관해서 문화적인 측면, 헤게모니적인 측면에서 많은 이야기를 하고 있잖아요? 그런데 아까부터 궁금한 것 중 하나는, 코로나와 더불어서 사람들이 기술적 디커플링 technology decoupling을 걱정하기 시작했잖아요? 그리고 이미 현실화되고 있는 것 같기도 하고요. 당장 트럼프가 화웨이를 막고 있고요. 그런데 아까 말씀하신 것처럼 우리는 사실 미국의 기준을 토대로 중국과 무역을 하고 있는 거죠. 그렇다면 우리 입장에서는 앞으로 굉장히 어려워질 것이고, 궁극적으로는 미국이냐 중국이냐, 어느 쪽의 기준을 따를 건지에 대한 선택을 강요받게 되겠죠. 대공황 때 무역권貿易圈, trading bloc이 만들어진 것처럼 기술권技術圈, technology bloc이 만들어질 가능성이 있는 것 같아요. 그러면 탈중국화가 반드시 문화적이고 헤게모니적인 측면만 있는 것인지, 혹은 기술권 때문에 중국 기술을 쓰지 않는 식의 측면이 같이 작동할 것인지. 어느 정도 현실성이 있는 시나리오일까요?

김동재 사실 기업의 관점에서 보면 꽤나 명백해요. 그런데 정치적 편향이 개입되면 복잡해지겠지요. 이를테면, 머리와 가슴이 따로 노는 거죠. 정서적으로는 다들 공감할 수 있는데, 현실적으로는 아닌 것이죠.

김대식 현실적으로 한번 봅시다. 자, TSMC 같은 경우에 대만 회사인데 화웨이랑 거래하지 말라는 거잖아요. 굉장히 큰 고객이에요. 만약에 삼성에도 이런 얘기를 한다고 생각해볼까요? 삼성이 쓰고 있는 반도체에도 인텔 기술이 엄청나게 많이 들어갔어요. 그러면 인텔 기술을 쓰고 있는 삼성 제품을 중국에 팔지 말라고 요구한다? 그게 가능한 옵션일까요?

함준호 기술적으로는 당연히 미국 쪽에 많이 의존하고 있죠.

장덕진 한국뿐만 아니라 다른 국가들도 기술권으로 나뉠 가능성도 어느 정도 있다고 보여요.

김동재 그렇죠. 그게 궁극적으로는 군사 문제와 연관이 되는 거라서 어쩔 수가 없거든요.

김대식 확실히 냉전시대 이후 NATO와 같은 무역권으로 세계가 재편된 것처럼, 이제는 기술권이 생길 것 같아요. 이미 그런 제안들을 하더라고요. 미국의 기술을 공유할 국가 단위의 팀을 만들자. 중국도 비슷하게 나서겠죠.

장덕진 이번 코로나 사태에서 방역에 대처하고 성공하는 과정에서 중국의 전자 감시 측면이 굉장히 강하게 드러났는데, 저는 중국 정부가 이 점에서 속으로 아주 쾌재를 부르고 있지 않을까 생각해요. 이 시스템이 진짜 먹힌다는 것을 직접 정부 단위로 체험을 해봤으니까요. 이걸 당이 직접 한 것은 아니니까 이들은 이걸 민주주의라고 부를 것이고요.

장덕진 세계가 기술권으로 나뉘게 되면 권역 대 권역이 과거의 냉전시대처럼 기술을 매개로 해서 안보적으로 충돌하는 사태가 발생하고, 가까운 권역 내에서는 디지털 주권침해를 하는 게 당연한 일이 되어버릴 수 있어요. 특히 중국이 주도하는 경우에는 더더욱 그러겠죠. 그런데 그걸 우리는 자유무역이라고 부르게 될 거에요. 이런 시나리오로 가면 굉장히 문제가 되겠죠.

정종호 어쨌든 제가 하나 명확하게 하고 싶은 건, 트럼프는 미국이 가지고 있었던 엄청난 자산인 동맹과 자유주의 국제질서에 기반한 다자체제를 무시하고 일방주의적인 대외정책을 펼쳐왔다는 것입니다. 그러나 만일 바이든이 최종적으로 당선된다면, 트럼프와는 달리 동맹과 다자체제를 강조하는 전통적인 미국의 대외정책에 기반하여 중국을 더욱 체계적으로 압박하리라고 봅니다.

김대식 함 교수님, 지금 상황에서 중국이 가지고 있는 조 단위의 미국 채권은 아무 변수가 될 수 없을까요?

함준호 중국의 외환보유고가 3조 달러인데 그중 1.1조 달러가량을 미 국채로 갖고 있어요. 그런 측면에서 보면 미 국채 투매 가능성을 생각해볼 수 있겠죠. 그런데 만약 중국이 미 국채를 투매한다면 그것은 그냥 경제전쟁을 하자는 거고, 중국경제의 미 달러 의존도 등을 생각해볼 때 섣불리 선택할 수 있는 선택지는 아니에요. 일본에서 미국 달러 채권을 대신 사줄 수도 있고 미 연준도 국채를 엄청난 규모로 사고 있고. 또, 중국과 미국 자체도 경제적으로 굉장히 얽혀 있어요. 중국에 투자되어 있는 미국 자본도 많고, 중국 기업이 상당히 많은 달러 부채를 갖고 있고. 사실 어떻게 보면 국제금융 쪽에서는 서로 의존도가 높아서 그렇게 무 자르듯이 쉽게 자를 수 있는 게 아니죠.

세계 구조의 재편과 대리전쟁의 발발 가능성

김대식 또 하나 우리가 걱정해볼 수 있는 시나리오를 그려보자면,

역사상 비교적 최근에 있었던 미국과 소련의 냉전에서 눈여겨볼 점이 있는 것 같아요. 양쪽 다 완전한 전면전이나 대립을 한다는 건 자살 행위라는 걸 서로 알았기 때문에 몇십 년 동안 대리proxy전 쟁을 벌였죠. 우선 각자 편 가르기를 한 다음에, 하위 차원에서 싸움을 한 거죠. 그렇다면 만약에 이번에 탈중국화가 되고, 기술권으로 전 세계가 재편된다면, 이 전쟁에서도 미국과 중국의 전면전보다는 이 대리들 간의 싸움이 될 수 있지 않을까 하는 생각이 들어요. 본인들의 영역은 지켜나가면서 다른 국가들을 전선에 내보내서 대리전을 벌이는 거죠. 그런 가능성도 있지 않을까요? 그런데 우리는 또 누구의 대리가 될지 모르기 때문에 어려운 거죠.

주경철 예컨대 기독교권과 이슬람권을 보면 이념적으로 가장 극단적으로 대립하고 있고, 원칙적으로는 무조건 상대방을 죽여야 할 것 같지만 실제로는 서로 소통하는 채널이 있어서 교류를 하고 있거든요. 지중해 북부의 기독교 유럽과 지중해 남부의 이슬람 아프리카가 그런 경우이지요. 서로 필요로 하는 부분이 있으니, 안전하게 배가 드나드는 루트를 만들어두고 이용하고 있었습니다. 아프리카 상품과 유럽 상품이 이 루트를 통해 교환되고 있었던 거지요. 또 한 가지 우리에게 시사점을 주는 사례로는 베네치아를 들 수 있겠지요. 베네치아는 서방 세계에 속해 있으면서도 오스만투르크 제국과 긴밀히 연결되어 거래를 지속했습니다. 자, 정말로 김대식 교수님 말씀처럼 전개된다고 하면 전쟁이 일어나겠지요. 이 경우는 제3차 세계대전이 될 테고 곧 핵전쟁이

　코로나 위기, 경제 패러다임을 바꾼다

일어난다는 얘기인데, 그렇게 엄청난 사태로 번지는 것은 무조건 막아야 하고 또 실제로 세계대전까지 가지는 않겠지요. 그러니까 미국과 중국이 충돌은 하지만 수면 아래에서 채널을 열어두어야 하고, 그것을 유지해야 할 테지요. 아주 이상적으로, 낙관적으로 생각하면 우리가 그 채널 중 하나를 담당할 수도 있는 거지요.

김대식 그게 희망사항이 될 수도 있겠네요. 제가 최근에 17세기 유럽의 '30년 전쟁'에 관한 책을 몇 권 읽고 있는데, 여기서도 계속 편 가르기가 일어났잖아요. 로마 가톨릭교와 루터교 사이에서 계속 분쟁이 있었고, 그러다가 어느 한 순간 유럽 국가들에게 편 가르기를 시작했잖아요. 그런데 재미있는 게, 이 국가들 사이에서도 낮은 차원의 세계화가 진행된 상태였거든요. 같은 라틴어로 소통하고, 왕래도 하고. 그런데 같은 문화를 공유하던 관계에서 편 가르기를 하고 나니까 더 잔인하게 싸우더라는 거예요. 30년 전쟁의 사례처럼 우리도 이미 세계화를 진행해서 지난 수십 년 동안 완전히 적응해버린 상태잖아요? 지금 편 가르기를 하고 싸우기 시작한다면 그렇게 역효과, 반향이 있지 않을까 하는 그런 생각이 드네요.

주경철 대부분 사람들은 30년 전쟁이라고 하면 잘 모를 거예요. 1618년에서 1648년에 걸쳐 일어난 전쟁이라서 30년 전쟁이라고 하는데, 그 피해의 규모가 20세기의 제1차 세계대전과 제2차 세계대전을 합한 것보다 더 큰 것으로 평가합니다. 특히 전쟁의 주 무대였던 독일은 완전히 황폐화됐죠. 처음에 이 전쟁은 신교와 구교 사이의 종교전쟁으로 시작했어요. 종교 문제로 전쟁을 벌이면 화해가 쉽지 않은데, 전쟁이 진행되면서 형성 중인 초기 근대국가들 간의 알력 다툼까지 더해지죠. 국가 간 갈등에 종교 갈등 혹은 이데올로기 갈등이 더해지면 최악이죠. 지금 세계가 혹시 이 비슷한 양태로 들어가는 건 아닐까 우려가 큽니다.

김대식 지금 물리적으로 전쟁이 일어나는 건 아니지만, 무역이나 기술 면에서의 전쟁은 그런 복잡한 대립 구도로 전개될 가능성도 완전히 배제할 순 없을 것 같아요.

함준호 확실히 우리나라는 세계화 과정에서 중국 다음으로 많은 수혜를 받아온 나라이거든요. 생산과 무역을 통해 세계화 덕분에 먹고살았다고 해도 과언이 아니에요. 그만큼 지금 권역화가 진행되고 대립이 생기면 가장 큰 피해를 받을 수도 있어요.

최악의 시나리오에 대한 상상: 국가부채의 확대와 정부의 붕괴

김대식 저는 발표 들으면서 놀랐던 게, 우리나라 국가부채 비율이 한 40% 정도라고 생각했거든요. 그래서 유럽보다 낮으니까 돈 좀 써도 되겠구나 하고 항상 막연하게 생각했어요, 사실은.

김동재 정부 부채만 따지면 그런데, 민간 부채를 더하면 굉장히 부채 비율이 커요.

김대식 그럼 전체 세 개를 합치면 우리가 일본보다 높나요?

함준호 그렇지는 않아요. 일본은 국가부채만 따져도 230%가 넘죠.

주경철 왜 정부부채를 그렇게 크게 늘린 거예요? 정치적으로 표

코로나 위기, 경제 패러다임을 바꾼다

를 얻기 위한 토목 사업, 지방 복지 그런 지출 때문인가요?

함준호 정치적인 동기라고만 생각하기는 어려울 것 같고요. 1980년대 말 부동산 시장의 거품이 꺼지면서 경기침체가 계속되는 상황에서 통화정책이 무력화되고 있었죠. 결국 기댈 건 재정밖에 없었던 거고요. 정부가 공공투자 등의 지출을 크게 늘린 가운데 빠른 고령화로 사회복지 지출 증가가 겹치면서 정부부채가 계속 쌓인 거죠.

주경철 아까도 교수님 발제 들으면서, 이런 시나리오의 끝은 뭘까 생각하게 됐는데, 어쩌면 총체적 붕괴 가능성도 있지 않을까요. 최악의 상황이 닥치면 정부가 파산하게 되는 경우까지도 나오지 않을까요? 역사적으로도 정부가 파산한 사례가 종종 있었어요.

함준호 파산하는 국가도 이제 분명히 생길 거라고 봐요. 벌써 이번 코로나 사태로 국제신용평가사들이 국가 신용등급을 줄줄이 내리고 있고요.

주경철 원래 경제 규모가 작고 상황이 어렵던 베네수엘라 같은 국가만 아니라 경제 규모가 큰 선진국에서도 일어날 수 있을까요? 만약 상당히 큰 국가가 파산한다고 하면 그 나라만 망하는 게 아니라, 거기에 엮여 있는 다른 나라도 함께 무너지겠죠. 그런 일들이 연쇄적으로 일어난다면 완전히 혼돈으로 빠질 테고요.

함준호 글로벌 경기침체 depression가 오는 거죠.

어디에 재정을 투자해야 할까?
재정 적자의 위험과 외환 위기의 그림자

장덕진 그런 면에서 저는 굉장히 궁금한 게, 아까 미국 정책 얘기 하셨지만 코로나 사태로 미국이 여태까지 승인한 예산만 보더라 도 한국 돈으로 거의 3,700조 원 가까이 되더라고요. 그런데 아 까 말씀하신 걸 보면 올해 안에 거의 7,000조 원 수준까지 올라 간다는 거잖아요. 미국뿐만 아니라 영국도 전 국민 급여의 80% 를 정부가 푼다고 하고, 우리나라도 그렇지만 대부분의 주요 국 가들이 다 그렇게 재정을 풀고 있죠. 그러면 이제 작은 정부는 날 아가는 거고요. 좋건 싫건 간에 작은 정부는 날아가고 큰 정부의 시대가 돌아왔는데, 이 큰 정부가 과거의 큰 정부와 같은 큰 정부 라면 망하는 걸 피할 길이 없을 것 같습니다.

그럼 새롭게 돌아오고 있는 이 큰 정부는 과거의 큰 정부와 어떤 차이가 있을까요? 저는 이게 지금 핵심적인 과제라고 봐요. 고령 화 시대에 복지 지출을 할 수밖에 없고, 이런 팬데믹 상황에서는 일자리를 지키고 하려면 당연히 지출을 할 수밖에 없는데 어떤 방식으로 지출을 할 것이냐. 예를 들어서 이제는 복지의 대상이 '개인'이 아니라 '상황'이 되어야 될 것 같다는 거죠. 한 사람에게 복지를 해주기 시작하면 그 사람에게 계속 주는 게 아니라, 누가 되었든 간에 특정한 상황에 처해 있을 때 주고, 그 상황을 벗어나 면 중단하고. 또 국가, 정부의 조직과 예산을 무턱대고 늘리는 게 아니라 정부의 기능function을 늘린다든가, 아니면 역량capacity을 늘린다든가. 이런 식의 변화를 우리가 빨리 시작하지 않으면 정말 많이 힘들어질 거예요.

함준호 말씀하신 대로예요. 저는 그게 대부분 생산적 복지와 연결이 되는 부분이라고 생각하는데, 결국은 앞으로 정부지출 소요를 생각해 볼 때 복지가 생산성을 높이는 지출로 연결이 되어야지, 단순히 써서 없애버리고 무차별적으로 주면서 낭비할 수 있는 상황이 아니라고 보거든요. 일각에서는 금리가 거의 제로까지 떨어졌으니까 정부가 빚을 아무리 많이 내더라도 이자를 안 내니 그렇게 가면 되는 게 아니냐, 이런 얘기를 많이 하는데, 기축통화국이 아닌 이상 무한정 빚을 낼 수는 없거든요.

기본적으로 재정이 망가지면 외환 위기가 터질 수밖에 없어요. 그럼 환율이 알아서 조정되면서 외채 부담은 크게 늘어나겠죠. 첫 번째로 환율 문제가 있고, 두 번째로 실질금리 문제가 있어요. 아까 말씀드렸던 것처럼, 명목금리가 0에서 유지된다고 해도 경제위기로 디플레이션이 발생하면 실질금리는 얼마든지 올라갈 수 있거든요. 실질 성장률이 실질금리보다 낮으면 언젠가는 부채 문제가 터질 수밖에 없어요. 재정규율fiscal discipline이 작동하지 않을 거라는 건 환상인 거예요. 어느 나라도, 심지어 미국이라고 해도 부채를 무한정 찍어내면서 계속 안정을 유지할 수는 없어요.

김대식 그게 제 질문이에요. 우리나라 같은 경우에는 당연히 환율 문제가 있으니 그게 불가능할 것 같아요. 그런데 제가 최근에 크루그먼의 블로그를 보니까 이렇게 썼더라고요. 미국이 부채를 안 갚을 거라고, 영원히 쌓아놓고 경제 규모를 계속 불려나갈 거라고요. 결국에 안 갚아도 된다고 얘기하던데, 7,000조 원이라는 돈은 정말 상상을 초월하는 액수잖아요. 그런데 계속 상환하지 않고 계속해나갈 수 있을까요? 아까 교수님 말씀대로 그렇게 하다 하다 안 되면 전자 화폐로 바꿔버리면 큰 문제 없이 계속 늘릴 수 있다. 그런 가설을 제안하는 사람들이 있다고 말씀하셨는데, 이게 정말 가능한 일인가요?

함준호 일각에서 이야기하는 방법은 영원히 금리를 제로로 묶어두는 거죠. 하지만 경제가 회복되고 다시 금리를 올릴 상황이 되면 모든 문제가 한꺼번에 터져 나오겠지요. 금리를 언제까지나 제로로 묶어두는 게 가능하다면 역설적으로 결국 경제가 영원히 회복하지 못한다는 얘기이고요. 만약 경제가 회복되고 인플레이션 조짐이 나타난다면 제로금리를 유지하고 싶어도 못 하죠. 그런데도 재정부담 때문에 기준금리를 제로 수준에서 유지하면서 돈을 계속 풀면 잘못하면 하이퍼인플레이션이 올 수도 있고, 시장금리가 올라가면 결국 재정 부담은 엄청나게 늘어나겠죠.

주경철 유사한 역사적 사례로 17세기 말에 일어난 영국의 재정 혁명을 생각해볼 수 있습니다. 당시 나온 아주 혁신적인 아이디어가 영구채라는 개념입니다. 단기 상환도 아니고 장기 상환도 아니고 이론상 영원히 상환을 하지 않고 지속적으로 이자 지불만 한다는 것이죠. 만일 국가가 연 3% 이자로 100억짜리 채권을 발행했다고 합시다. 그러면 이 거액을 갚는 게 아니라 매년 3억

씩 이자를 내면서 버티겠다는 거지요. 3억 정도는 확실하게 보장된 세금으로 지불할 수 있으니까 큰 문제는 안 됩니다.

다만 이 상태로 그냥 두는 게 아니라 적절히 통제하기는 합니다. 예컨대 전쟁 때문에 국채를 발행했다고 하면, 전쟁이 끝나고 나서 재정적으로 여력이 생겼을 때 정부가 채권시장에 들어가서 국채 일부를 사서 소각하는 겁니다. 올해 20억 소각, 내년 10억 소각하는 식으로 조절을 했어요. 이렇게 하면 큰 부담 없이 안전하게, 국민들의 지지를 받으며 거액을 사용할 수 있게 되는 겁니다.

이런 식으로 정부가 재정 문제를 해결한 것이 18세기부터 영국이 세계의 패권을 장악한 핵심적인 요소 중 하나였거든요. 정부 부채 문제를 이성적으로 해결한 최초의 사례예요. 나머지 나라들은 형편없었죠. 스페인 같은 경우는 거부들에게 무작정 돈을 빌려가지고 급전으로 쓴 다음에 갚지 못하는 상태가 되면 정부 파산 신고를 해버렸습니다. 요즘 일부 국가들 상태가 이런 방향으로 치닫는 건 아닐까요?

함준호 그런데 트리핀Triffin의 딜레마라고 해서, 달러가 기축통화 역할을 제대로 하기 위해서는 미국이 어느 정도 경상수지 적자를 감내할 수 있어야 하거든요. 그러다 보면 외채가 쌓이고. 미국이 아무리 기축통화국이라고 해도, 계속 정부나 민간의 지출 규모를 확대하면서 경상수지 적자를 지탱해나가지 못하게 되면 결국 기축통화국의 지위가 깨지는 거죠. 과거의 영국도 그랬고요. 기축통화국이 궁극적으로 그 지위를 잃게 되는 게 국민경제의 소득에 비해 지출을 충분히 컨트롤하지 못했던 까닭이에요. 미국도 거기서 예외가 될 수는 없겠죠.

주경철 이미 10여 년 전 일입니다만, 어느 경제학자에게 미국의 쌍둥이 적자가 언제까지 갈 건지 물어본 기억이 나요. 지금까지도 이 문제가 근본적으로 해결된 건 아니지요?

함준호 미국의 경상수지와 재정수지 적자는 GDP대비로 보면 글로벌 금융위기를 전후해서 최대치에 달했고, 이번 코로나 위기 이전에는 조금 상황이 개선되긴 했었죠.

K-방역이 벌어준 찰나의 시간
위기를 기회로 만들 수 있을까?

김대식 저희가 이야기를 나눠볼수록 우리나라 코가 석 자라는 생각이 드네요. 긍정적으로 보자면 우리나라가 그나마 코로나 문제를 다른 나라보다 좀 빠르게, 혹은 낮은 위기 수준에서 해결할 수 있었잖아요. 지금 전 세계에서 그나마 준수하게 경제 활동을 지속할 수 있는 나라가 몇 안 되는데 그중 하나인 것 같고요. 어쨌든 계속 이야기되는 것처럼 포스트코로나 시대는 올 것인데, 그러면 우리가 이야기하는 경제, 사회, 정치, 국제의 헤게모니 문제가 생길 거고요.

지금 우리가 시나리오를 그리기로는 항상 우리나라 상황이 안 좋다는 걸로 끝나지만, 전략적으로 보면 그걸 우리가 미리 알고 대비한다면 그게 경쟁력이 될 수 있을 거라고 생각해요. 다른 국가들이 아직까지 코로나 사태로 아무것도 못 하고 있을 때, 우리는 이런 시나리오라도 그려볼 수 있잖아요. 이런 상황이 6개월일까요, 1년일까요, 2년일까요? 아무튼 우리가 앞서나갈 수 있는 수 개월을 어떻게 쓰느냐가 정말 중요한 것 같아요. 어차피 일어날 문제를 미리 그려보고 조금이라고 먼저 대비할 수 있지 않을까요?

함준호 말씀하신 대로 그런 면에서는 상당히 유리한 입장이라고 봐요. 외부로부터의 위기를 사회적 포용의 계기로 삼고, 시스템도 새로 만들고, 어렵다고 말씀하셨지만 사회적인 연대와 합의도 이끌어내고, 시장경제에 활력도 살리고, 기업도 끌어안고. 어떻게 보면 지금의 상황이 위기를 진짜 기회로 삼을 수 있는 좋은 터닝 포인트라고 생각해요.

장덕진 우리가 위기를 기회로 삼을 수 있는 기간이 앞으로 6개월 정도는 있지 않을까 싶은데, 정치인들을 떠나서 국민들은 준비가 되어 있을까 생각해보면, 어떤 모드로 가느냐에 따라 굉장히 달라지는 것 같아요. 저는 곧잘 쓰는 표현으로 이런 게 있어요. 영어 시간에는 영어 공부하고, 수학 시간에는 수학 공부를 해야 한다는 거예요. 영어 시간에 다 못 푼 문제가 있다고 해도 수학 시험 시간이 됐으면 수학 문제를 들여다봐야지, 아까 못 푼 영어 문제 붙들고 있어봐야 아무 의미가 없는 거거든요. 함 교수님 말씀하신 것처럼 "적폐청산 이제 그만하고, 포스트코로나를 준비하는 방향으로 나가자" 하면 한국 사람들 취향에 아주 잘 맞아요.

한국인의 가치관에서 아주 두드러지는 특징이 물질주의거든요? "연대하자" 하고 기존의 탈물질적인 방식으로 이야기하는 건 한국 사람들과 잘 안 맞아요. 돈이 된다고 얘길 해야 해요. 가령 같은 정책이라고 해도 "북한 주민을 돕자"라고 하면 대부분이 반대해요. 그런데 "북한 주민을 지금 도와야 나중에 우리가 치를 통일 비용이 줄어든다. 통일 비용을 줄이자"라고 하면 반대로 한 80%가 찬성을 하죠.

김동재 저는 한국 사람들은 속마음이 그럴지 몰라도, 겉으로는 좀 다르게 얘기하는 면이 있지 않나 생각을 했거든요. 돈 얘기를 하면 안 된다고요. 그건 또 다른 얘기인가요?

장덕진 실제로 돈이라는 표현을 쓰고 안 쓰고 하는 것과는 좀 달라요. 이게 아주 재미있는 얘기인데, 나라가 가난할 때는 일단 살아남아야 하니까 아주 물질주의적인 가치관을 가지게 돼요. 그런데 경제 규모가 커지는 것에 따라서 아주 체계적으로 주도적인 가치관이 변하거든요? 사회과학자들이 100개 국가에서 30년 넘게 이를 추적해왔어요. 경제가 성장하면서 점점 탈물질주의적 가치관의 비중이 늘어나죠.

그런데 유일한 예외가 한국이에요. 한국은 GDP 4만 달러가 되어도 계속 물질, 물질이에요. 한국이랑 비슷한 경제 규모를 가진 나라들은 대개 탈물질주의 가치관의 비중이 45~48% 정도 나와요. 한국은 15%예요. 이제 언제적 수준이냐 하면 88올림픽 열릴 때 수준인데, 한국은 여기에서 멈추어 있어요. 우리가 만약 "포

코로나 위기, 경제 패러다임을 바꾼다

스트코로나 시대를 준비하자"라고 말하는 것은 우리가 이 기회를 틈타 성장할 수 있다는 물질주의 담론이잖아요? 이렇게 말하면 합의가 쉽습니다. 그런데 적폐청산을 하자고 하면 서초동이냐, 광화문이냐 이렇게 갈라지죠. 그렇게 되면 상당히 어려워지는 거죠.

김대식 그러면 전략적인 차원에서 지금 상황하에서의 리스크나 기회적 측면을 물질주의적인 언어로 번역해 전달할 필요가 있겠군요. 우리가 오늘 얘기한 것처럼요. 이게 뭐 거창한 헤게모니 싸움이다 하는 게 아니라, 결국 우리는 미국과도 중국과도 다 무역을 하니까, 그 틈바구니에서 경제적인 혜택을 얻어야 한다는 거죠. 그걸 전략적으로 번역해서 전달해야겠군요.

○ 시련 속의 세계 경제에 대한 전망:
어떤 상황도 불가능하지 않은 불확실성의 틈바구니

장덕진 남유럽 얘기가 나와서 하는 말인데, 함 교수님 발제 들으면서 자료에서 얼핏 봤지만 지금 남유럽 국가들은 유로존 위기에서 완전히 벗어나지 못하고 있잖아요. 그런데 정부 지출 government expenditure을 갑자기 확 늘려야 하는 상황에서 이들이 어떻게 대응할 수 있을까요?

함준호 다행히 그리스는 아직까지 그렇게 피해가 크지 않은 것 같지만 스페인과 이탈리아 같은 경우는 경제적 타격이 크지요. 그동안 부채냐, 보조금이냐, 지원 형태를 놓고 북유럽과 남유럽 사이에서 첨예한 이견을 보이던 유럽 경제회복기금이 진통 끝에 결국 타결되었죠. 7,500억 유로 규모인데 보조금 3,900억 유로, 대출금 3,600억 유로로요. 현실적으로는 독일과 같은 중심국들이 유로존 주변국에 양보하면서 타협이 된 것이지요. 원래 통화 통합으로 더 이득을 본 곳은 제조업 생산에 비교우위를 가지고 있는 독일과 같은 중심국들이거든요. 주변국은 통화 통합으로 인해 이제 환율 절하를 통한 상대가격 조정이나 재정 적자의 화폐화를 할 수 없기 때문에 이번과 같은 대규모 충격을 혼자 극복하기 어렵죠. 결국 유로존을 이탈해 나가려는 유인이 점점 강해질 거고, 그렇다면 중심국은 자신들의 이익을 지키기 위해서라도 주변국에 대한 보조금과 같은 양보가 필요한 거죠.

김대식 제가 봤을 때는 EU에서 기존에 했던 것처럼 적당한 수준에서 마무리할 것 같아요. 계속 그런 식으로 당장 눈앞의 증상만 해결해가면서 계속해왔거든요. 유럽이 가진 진짜 구조적인 문제를 해결하지는 못하고. 계속 그러다 보니까 유럽이 가진 잠재력을 활용 못 하는 거잖아요. 전체 규모나 잠재력은 훨씬 더 큰데도요. 말한 대로 스페인과 이탈리아가 지금 제일 문제가 심각한데, 그 나라들 GDP에서 관광이 차지하는 비중이 거의 15% 정도 되거든요. 언제까지 지금 상태로 멈춰 있을 수는 없으니, 요즘 별 얘기가 다 나오더라고요. 유럽 안에서는 관광이 가능하지 않을까 하는 생각도 드는데, 이 관련해서도 별 얘기가 다 나오고 있습니다. 가령 관광 블록을 만들어서 현재 치사율이 비슷한 나라들끼

코로나 위기, 경제 패러다임을 바꾼다

리만 서로 왕래하자는 얘기도 있어요. 그 수치는 일주일 단위로 갱신하고요. 그런 식이면 여행 갔다가 자기 나라 귀국 못할 수도 있는 거예요. 그렇게 불확실한 상황에서 위험을 감수하고 정말 관광 갈 수 있는 사람이 누가 있겠어요? 누가 봐도 조잡한 정책이죠.

함준호 간단한 문제는 아닐 것 같아요. 근데 이게 또 재미있는 게, 관광 같은 것들은 효과적인 치료제나 백신이 나오면 이전 수준은 아니더라도 상당부분 해결이 될 거란 거죠.

김대식 맞아요. 저희가 이렇게 이야기하는 것도 어차피 포스트코로나 시대를 대비한 거니까, 코로나가 해결되더라도 그 이후에 만들어질 프레임을 내다보고 이야기해보는 거죠. 중요한 것은 코로나의 의학적인 문제가 끝나면 그다음의 문제들이 기다리고 있다는 거고요. 제일 먼저 경제, 정치 그리고 글로벌 패권. 그런데 계속 걸리는 건 대한민국이 항상 문제라는 거죠.

김동재 그렇죠. 우리나라는 늘 가장 어려운 상황에 봉착하죠. 그런데 우리나라도 우리나라이지만 중국 내부에서도 논란이 있다는 얘기를 아까 잠깐 했었거든요. 그런데 정말 중국 내부에서 공론이 다양하게 전개되고 있나요?

정종호 네, 있죠. 예를 들면, 관료주의에 대한 비판이 있죠. 사스 때와 마찬가지로 이번 코로나19 사태 역시 초기에 효과적인 대응을 하지 못하고 전 세계로 확산된 데에는, 중국 권위주의 정치체제의 관료주의가 자리하고 있어요. 공산당과 정부기관의 무사

안일, 안정제일주의, 정부 내 소통의 부재 및 갈등과 같은 것들이 이번 코로나19 사태에서 나타난 정보의 은폐 및 축소의 원인이기도 하지요. 다만 지방정부가 주로 비판의 대상입니다. 구체적으로 말하면 우한이요. 그런데 그 안에 공산당에 있었던 관료주의적인 문제들이 녹아 있다는 거예요.

김동재 그런 식으로 자성적인 토론이 이루어지고 있다는 거군요. 시진핑의 집권에 대한 문제 제기까지는 가지 않더라도, 최소한 비판적 분위기가 조성된다는 점이 새삼스럽네요.

김대식 그렇지만 어쨌든 시스템 자체, 정권을 뒤집자 그런 비판은 아니고 시스템을 좀 더 효율적으로 바꾸자는 이야기인 거군요.

함준호 밖에서 보는 것과 달리 안에서는 당 체제와 국가 관료 체제에 대한 비판적인 시각, 자성적인 흐름이 있군요. 굉장히 흥미로운 일인데, 어쨌든 지금 우리나라 상황에서 중국을 이해하는 게 과히 사치인 것 같지는 않아요. 우리에게는 이게 생존의 문제이니까요. 우리나라가 생존하기 위해서 누구보다 더 중국을, 그리고 미국을 이해해야 하지 않나 싶어요.

어느새 저희가 이야기를 시작한지도 많은 시간이 흘렀네요. 이번 코로나 사태가 앞으로 세계경제의 성장경로에 어떤 영향을 미칠지는 전망하는 기관마다 크게 다른 것 같습니다. V자형, L자형, W자형, I자형, 심지어 양극화 심화에 따른 K자형까지 모든 알파벳형이 다 가능하다는 농담도 있지요. 그만큼 세계경제의 앞날에 불확실성이 높다는 반증이 아닐까요. 오늘 여러분께서 좋은 코멘

트를 해주셔서 저도 많이 배웠습니다. 부디 우리 경제가 이 엄중한 시련을 잘 극복해낼 수 있기를 빌면서 이만 마치도록 하겠습니다. 감사합니다.

04 경영

포스트코로나 시대, 변하는 기업이 살아남는다

기업 전략과 조직의 변화 추이

김동재

연세대학교 국제학대학원 교수이자 한국블루오션연구회장으로 활동하고 있다.
서울대학교 경영학과를 졸업하고, 미국 펜실베이니아대학교 와튼스쿨에서 전략경영으로
경영학 박사학위를 취득했다. 맥킨지 서울사무소의 창립멤버이자 일리노이대학교(어바나-
샴페인) 경영학과 조교수로 활동했으며 (주)코리아인터넷홀딩스 대표이사/사장,
한국자산관리공사 비상임이사, 한국전략경영학회 회장을 역임했다.

코로나19 팬데믹의 시대, 경영의 변화 문제를 바라보아야 하는데요. 먼저 전체적인 흐름으로 환경적 변화를 이야기하고, 그다음에 주로 전략과 조직 측면에서의 기업 경영의 변화를 이야기하면서 사례를 몇 가지 살펴보려고 합니다. 그리고 한국 기업과 산업의 미래를 이야기하면서 마무리를 짓겠습니다.

공정성 문제, 자산 버블 시대의 사회불안요소로 더욱 커질 듯: 사회문화 측면 환경 변화

먼저 환경적 변화입니다. 제가 코로나19의 확산에 따라 기업에서 어떠한 일들이 벌어지고 있는지 정리해보니까, 결론적으로 새로운 것이 생겨난 건 아니었습니다. 현재 새로운 게 생겼다기보다는 기존에 있던 변화의 움직임이 가속화·본격화한다는 것이지요. 기존의 변화를 따를까 말까 하던 주체들도 이제는 기존의 이러한 변화에 편승하게 되거나, 오히려 선제적으로 나서게 되고 있습니다.

환경 분석을 소위 S.T.E.E.P. 프레임으로 살펴보겠습니다. 이 다섯 개의 알파벳은 사회문화socio-cultural, 기술Technological, 경제Economic, 환경Environmental, 정치·법규Political-legal의 머리글자입니다. 이 다섯 가지 측면에서 기존의 것들이 어떻게 가속화되는지를 살펴보겠습니다.

먼저 사회문화적인 측면을 보지요. 뒤에 이야기할 경제·환경 분석에서도 자세히 나올 것 같습니다만, 지금 전 세계적으로 돈을 많

포스트코로나 시대, 변하는 기업이 살아남는다

이 풀고 있지 않습니까? 사실 2008년 세계금융위기 때 대대적인 양적 완화를 해서 풀린 자금조차 지금 제대로 거둬들이지 못한 상황입니다. 조금씩 거둬보려고 했는데 코로나 사태가 터지면서 오히려 추가로 자금을 풀어야 하게 된 겁니다. 그런데 대개 이렇게 되면 자산 버블이 일어나고, 가진 사람이 더 부자가 되죠. 이렇게 가다 보면 상황의 심각성을 느끼는 사람들이 늘어나면서 결국 사회 불안으로 귀결될 수밖에 없습니다. 현재 나타나는 대표적인 사례가 미국의 조지 플로이드George Floyd 사태 같은 건데, 이것도 새롭게 무언가가 촉발된 것이라기보다는 쌓여왔던 것이 폭발해버리는 양상입니다. 빈부격차가 위험할 정도로 커지는 상황이 이런 형태로 가시화되는 것인데, 이런 점 때문에 공정성에 대한 논의도 있을 수밖에 없습니다.

보편적으로 사람에게는 무시당하지 않으려는 정서적인 반응이 있습니다. 이제까지 잘나가던 것들을 뒤엎어보고 싶고, 이전에 쭉 있어왔던 권위를 무너뜨리고 싶고. 이런 생각들은 늘 있어왔습니다. 이야기할 수단과 방법 같은 것들이 없었을 뿐입니다. 그런 와중에 SNS 같은 뉴미디어가 생기고, 누군가 얘기를 시작합니다. 그런 것들을 보고 가만히 보고 있자면 '나도 나서서 얘기해도 되겠다' 하는 생각이 드는 겁니다. 그렇게 SNS를 통한 담론 형성이 보편화되고, 이런 현상이 가속화되는 것들을 관찰할 수 있습니다. 결국은 국가와 사회의 역할에 대한 근본적인 변화가 요구되고 있는 거죠. 국가는 어떤 역할을 해야 하나, 사회는 어떻게 해야 하나, 그리고 개개인은 어떻게 반응해야 할까 하는 것들입니다.

디지털로의 전환 가속화, 멈출 수 없는 흐름: 기술 측면 환경 변화

그다음에 볼 영역이 기술입니다. 우리가 흔히 언택트^{untact}라고 말하는 것, 영어식으로 올바르게 표현하자면 콘택트 프리^{contact free}가 될 텐데, 이걸 가능하게 만드는 기술은 팬데믹 이전부터 이미 존재했습니다. 우리가 AI, IoT 이런 얘기를 쭉 해왔는데, 이 기술들을 이제 급속히 채택하면서 실생활에 이런 기술들이 많이 유입되고 있습니다. 이런 기술 사용을 이제 더는 늦출 수 없게 된 것이지요. 특히 기업 파트에서는 나중에 또 이야기하겠지만, 공장 같은 것은 물론이고 유통도 다 포함해서 디지털로의 전환^{digital transformation}이 가속화됩니다. 이제는 디지털로 전환하지 않으면 살아남을 수 없는 시대가 된 겁니다.

부문별 양상은 저마다 조금씩 다릅니다. 전체적으로는 디지털로의 전환이 가속화되지만, 몇몇 부문은 원래 그전에 있었던 것들이 더 얹혀서 가고 있습니다. 이동수단^{mobility} 같은 게 대표적인데, 많이 보시는 자동차 같은 경우가 어떻게 갈지 모르겠습니다. 전기자동차는 10년 전은 물론이고 5~6년 전만 해도 여기에 대한 의혹 같은 게 있었는데, 2~3년 전 정도부터 거의 없어졌어요. 그러다가 이제 와서는 누구나가 이 흐름을 타지 않으면 안 된다는 것을 실감하고 있고, 또 그리로 넘어가고 있습니다. 물류, 유통 분야에서도 마찬가지입니다. 이제는 50, 60대 이상이 사용하는 유통 시스템도 완전히 변화하고 있어요.

그렇다면 전통 제조업은 어떨까요? 한국은 제조업 기반이 불안하다는 문제점을 안고 있습니다. 이걸 어떻게 해야 하나 싶은 상황이지요. 제조업에 대해서는 뒤에서 다시 이야기하겠습니다.

그다음에 특징적인 양태를 보이는 분야 중 하나가 바로 바이오·의료 계통인데, 이쪽은 나중에 얘기할 규제 문제와도 연관이 되어 있습니다. 한국 같은 경우는 기존에 원격 진료에 대한 제한이 굉장히 엄격했는데, 앞으로 어떻게 될지 모르겠어요. 일단 다른 나라들은 이 규제를 굉장히 발 빠르게 풀고 있고, 무척 변화가 빠른 분야입니다. 앞으로 선도하는 부문 중 하나가 될 것이고요. 저희가 속해 있는 교육 또한 엄청나게 변화하고 있는 분야 중 하나입니다.

기후변화 문제에 따른 경쟁력을 확보해야 한다: 경제 그리고 지구환경 측면 변화

경제 쪽은 따로 함준호 교수님이 발제하신 경제 쪽 내용을 참고하면 될 것 같아 길게 말씀드리진 않겠습니다. 경제의 주요 키워드는 '수요·공급 측면의 동시 충격', '유동성 팽창', '자산 가격 버블', '실물 경제 개혁' 등입니다. 이것들이 사회문화적인 변화와도 연결이 되고, 국가와도 연결이 됩니다. 지속 가능성sustainability에 대한 이야기도 굉장히 많이 나오고 있습니다. 그 전에도 얘길 했는데 아예 성과지표도 바꿔야 되는 게 아니냐 하는 이야기가 되고 있어요.

기후변화와 연결해서 이야기할 부분도 많습니다. 기후변화에 대한 논의가 진행되다가 트럼프가 미국 대통령에 당선되고부터 약간 주춤했는데, 이제 팬데믹 시대를 맞아 다시 본격적으로 논의가 진행되지 않을까 합니다. 기후변화나 지속 가능성 쪽으로 사회적 가치social value를 연결해서 요즘에는 ESGEnvironmental, social and governance라고 하는데, 지금 기업들이 ESG 쪽으로 경쟁력을 확보하지 않으면 살아남을 수 없다고 생각할 정도의 양상이 전개되고 있습니다. 옛날에는 이게 그저 레토릭rhetoric이라고 보는 시선들이 있었지만, 점차 그게 아니라는 인식이 퍼져나가고 있는 겁니다.

기업은 언제나 그렇습니다. 환경을 보면서 사업 기회를 자꾸 발굴하는데, 방어적인 것뿐만이 아니라 이런 데서 뭔가 있지 않겠느냐. 아마 제가 생각할 땐 창업도 이런 쪽에서 많이 나올 것 같고요, 대기업 쪽도 이런 방향으로 많이 움직일 것 같습니다.

정부 규제와 복잡성 증대, 기업에는 예민한 문제: 정치·법규 측면의 환경 변화

이제 정치·법규 문제를 봅시다. 팬데믹 시대 '큰 정부big government'의 재등장에 대해서는 우리도 이야기를 했었지요. 긴급상황에서 정부가 개인의 프라이버시를 무시하고 방역 시스템을 구축하는 등의 모습을 보면서, 지난 몇 달 동안 이러한 이야기가 굉장히 많이 나왔습니다. 이런 흐름이 계속 정착될 수도 있고, 혹은 더 심하게 나타날

포스트코로나 시대, 변하는 기업이 살아남는다

수도 있습니다. 그렇게 되면 분명히 거기에 대한 반작용들도 발생할 텐데, 기업 입장에서는 이게 굉장히 큰 이슈입니다. 정부의 권한 내지는 규제가 강해지면, 가뜩이나 규제를 받는 상황에서 더욱 큰 고삐를 조이는 것에 대해서 경계를 할 수밖에 없지요. 그렇기 때문에 이 문제로 기업 경영자들이 신경을 곤두세우고 있습니다.

그다음에 해외사업에서도 복잡성이 증대하는 게, 그동안 세계화가 진행되면서 세계적 기준global standard이라고 하는 게 다 통용되곤 하다가 이제는 정부 규제 쪽에서 특히나 지역적local 특성이 강조되면서, 기업 입장에서는 계속 복잡성이 증대되고 있어요. 세계화의 흐름은 다국적 기업들 입장에서는 굉장한 비용 절감cost down의 기회였습니다. 표준화standardize된 상품이나 서비스를 대량 판매 시장mass market에, 굉장히 낮은 가격으로 생산·공급할 수 있는 기회였는데 이제 그럴 수가 없게 되는 겁니다. 생산 및 공급 과정도 마찬가지예요. 즉, 기업들은 생존 차원에서 근본적인 위기와 문제에 봉착하고 있다고 볼 수 있습니다.

수익성을 성공의 척도로 놓던 경영 패러다임이 바뀐다?: 포스트코로나 시대 기업 경영의 거시적 특징

이렇게 환경 변화에 대한 설명을 간단히 마치고, 기업 경영에 대한 이야기로 넘어가려고 합니다. 여기에 대해서 미리 논의의 초점을 설명드리자면, 경영학에서는 생산·마케팅·재무·회계 쪽은 기능 영역functional area이라고 하고, 전략·조직 쪽은 종합 경영general management이라고 합니다. 여기서 후자가 바로 제 전공 분야이자, 오늘 할 이야기입니다. 그러니까 경영에서 가장 거시적인 이야기를 지금 하겠다는 겁니다.

경영이라는 것은 결국 환경하고 기업의 관계를 맞춰가는 과정입니다. 환경이 변화하면 거기 빠르게 맞춰가기도 하고, 혹은 선도 기업leading company은 환경 변화를 주도하죠. 아마존, 구글, 테슬라, 스페이스X 이런 곳들요. 이렇게 서로 조응하며 맞춰가야 하는 맥락을 생각하면 조금 전에 말씀드린 기업 환경의 변화는 정말 엄청나게 큰 지각 변동입니다. 기업 입장에서는 이 큰 변화에 어떻게 맞춰나갈 수 있을지 고민할 수밖에 없는 상태죠. 여기서 기업들이 아주 본질적인 생각을 하기 시작합니다. 그게 바로 '성공의 척도'입니다.

비즈니스 스쿨에서는 뭘 가르쳐야 하나 고민이 많이 됩니다. 커리큘럼이나 가르치고 배우는 모든 것들이 비즈니스 스쿨에선 상당히 오랜 기간, '주주가치의 극대화'라는 것에 초점이 맞춰져 있었지요. 그런데 여기에 대한 근본적인 의구심이 생기기 시작한 겁니다. 특히 이번에 코로나 팬데믹 사태를 맞아 더더욱 그렇습니다. 정부 규제가 막 들어오고, 테크 기업에서 마스크를 만들게 됐습니다. 어떻게 해야 할지 갈피를 못 잡게 됩니다. 그동안은 단기적인, 소위 말하는 수익성profitability을 가장 중요한 척도로 놓고 의사결정을 해오고 있었습니다. 대표적인 지표가 바로 월가에서 따지는 분기별 수익quarterly earning입니다. 그런데 지금에 와서는 이걸 그만두자는 회사들이 나오고 있습니다. 상장회사들인데, 앞으로 분기별 수익에 집중하지 않겠다고 선언하는 겁니다. 애널리스트들 입장에서는 황당할 수밖에 없지요. 상장회사들이 분기별 수익을 안 따지면 대체 어떡하겠다는 건지, 그런데 이러한 흐름이 계속 강해질 것 같습니다.

여기엔 두 가지 이유가 있다고 봅니다. 그 한 가지는, 정말 모른다는 겁니다. 진짜로 분석을 할 수가 없는데 괜히 수익을 얼마로 예상했다가 크게 틀리기라도 하면 그게 더 문제인 거죠. 그래서 어차피 모르는 거면 안 하는 게 낫지 않느냐는 겁니다. 이건 요즘 상황이 너무 불안하니까 올해 일시적으로 나타나는 현상이지요.

본질적인 것은 두 번째 부분입니다. 아까 말씀드린 '성공의 척도'죠. 성공의 척도라는 게 뭔지, 가치관 자체가 흔들리고 있다는 게 큽니다. 어떤 회사가 잘하는 회사이고, 좋은 기업인가? 어쩌면 이제 장기적 지속 가능성에 방점을 두게 될 수도 있다는 것입니다.

사회적 가치라는 건 한국에서 한 10년 전부터 이야기가 나오고 있었습니다. 작년 8월에도 워싱턴 D.C에서 미국의 선도 기업 118개의 CEO가 모였어요. 이제는 자본주의를 다시 생각해야 된다, 주주 가치 극대화로는 이제 안 된다는 이야기가 그때 나왔습니다. 이해관계자 자본주의를 재고하는 거지요. 사실은 유럽에서 이 얘기를 먼저 한 바 있지만, 미국에서 이 이야기를 한다는 것에는 굉장한 상징적 의미가 있습니다. 작년에 이런 이야기를 한다는 걸 듣고 코로나 이전에도 기업이 그래도 자각을 하고 있구나 하는 생각을 했었는데,

이제는 이런 흐름이 좀 더 가속화할 것 같습니다.

지금 CEO들이 이 부분에 관해서 굉장히 많은 논의를 하고 있습니다. 말하자면 기업의 목적, 과제, 존재 이유와 같은 것들이지요. 앞에서 말한 2019년의 비즈니스 라운드 테이블business round table이 이런 거시적인 기업 경영 전략의 궤도 수정을 보여주는 상징적인 사건입니다. 이 회의 이후 한두 달도 채 지나지 않아서, 《파이낸셜 타임스financial times》에서 이걸 '자본주의 재편capitalism reset'이라는 특집으로 연속해서 실었습니다. 그것도 살펴보면 같은 이야기예요. 지금 주주가치의 극대화에서 이제는 자본주의의 대대적인 수정 및 보완이 기업 섹터에서, 기업 경영의 측면에서도 이루어지고 있고, 그게 가속화될 것이라는 이야기입니다.

급격한 환경 변화에 기업이 적응해나가는 것이 관건: 포스트코로나 시대 기업 경영의 중대한 변화

이처럼 결국 경영 패러다임이 변화한다는 것은 계속 얘기해왔던 겁니다. 그런데 이제 그것이 정말 눈앞에 펼쳐지고 있는 거죠. 환경을 바라보는 기업의 관점에서 그동안 "기업은 환경을 만들어갈 수 있다"라는 약간의 오만함이 항상 따라붙어 있었던 것이 사실입니다. 이것은 경영학이라는 학문 자체의 묘한 특성에서 기인합니다. 경영학은 기본적으로 인간의 합리성rationality을 가정합니다. 그리고 "인간이,

우리가 모든 것을 통제할 수 있다"라고 하는 착각을 불러일으키지요. 경영학적 분석을 통해서 모든 답을 찾아낼 수 있다는 겁니다.

이러한 특성이 가장 극단적으로 표출되는 곳이 바로 컨설팅 회사들입니다. 저 또한 박사과정을 마치고 첫 직장으로 들어간 곳이 바로 맥킨지Mckinsey라는 회사였습니다. 거기에서도 모든 걸 다 문제 해결problem solving로 풀어냈지요. 이것은 이 회사만의 특성이 아니라, 경영학의 본질적인 특성입니다. 비즈니스 스쿨에서도 이렇게 가르치고요.

그런데 이런 접근방식을 유지해오다 보니, 점차 불확실성이 증대하기 시작합니다. 1980년대에 이미 그 조짐이 있었습니다. 그리고 1990년대, 2000년대에 들어서 그 흐름이 가속화됩니다. 기술 변화가 빨라지고, 도태된 기업들이 속출하고, 포춘 500 순위가 휙휙 뒤바뀝니다. 이런 양태를 보고 있자면 기업이 환경을 선도initiate 및 제정enact해나간다는 관점에 의구심을 품을 수밖에 없지요. 그래서 이때 부상한 관점이 바로 진화론적인 관점입니다. "환경이 변화하면 적응해나가는 데 초점을 맞춰야 생존survival의 기회를 잡을 수 있다"라는 것이지요. 이 변화의 시작 자체는 30년 정도 된 이야기이지만, 이렇게 급변한 것은 최근 10년에서 20년 정도의 이야기입니다. 사실상 기술의 급격한 변화에 힘입은 구석이 크지요. 기술이 급변하면 내가 이제까지 했던 게 완전히 무관한irrelevant 것이 되어버리면서 아예 없어지기도 합니다. 아날로그가 디지털로 전환된다든가 하는 변화가 생기면 비즈니스 모델 자체가 확 바뀝니다.

정부가 규제를 바꾸는 것도 급격한 변화를 초래합니다. 사회문화적인 변화는 굉장히 천천히 일어나지만 기술의 변화나 정부의 규제가 초래하는 변화는 몹시 급격합니다. 그렇기에 경영자들은 이쪽에 특히 주목하지요. 그런 측면에서 이번 코로나 팬데믹 사태 또한 정부의 역할도, 기술도 가속화시키고 있습니다. 이 가속화가 초래하는 급격한 환경의 변화에 적응해야 한다는 것입니다. 진짜 내용적인, 근본적인 차원에서 패러다임의 변화가 있어야 한다는 것이지요. 어쩌면 경영학이 기본 전제로 삼고 있는 합리성 가정에 대한 성찰도 필요할 수 있습니다. 거기까지 가면 경영학 교과서 자체를 전부 새로 써야 할지도 모릅니다. 이제까지 우리가 합리성을 가지고 모든 문제를 풀어왔는데, 이게 맞는가? 질문을 던져보지만 아직은 대안이 없습니다. 이것이 현재 우리가 직면한 과제입니다.

'창발적 전략'으로 불확실성에 대응한다: 포스트코로나 시대 기업 경영 전략

본격적으로 전략과 조직 문제로 들어가보겠습니다. 기업 전략은, 앞서 말한 바와 같이 기업 환경의 관점에서 불확실성이 극심하게 증대되면서 겸손한 방향으로 나아가고 있습니다.

기존 전략의 패러다임은 '계획planning'이었습니다. 분석하고 계획을 잘하면 성과가 나온다는 것이지요. 흔히 기업이나 조직에 있는 부서인 기획실이나 전략기획실을 생각해보면 이해하기 쉬울 겁니다.

영어로 하면 다들 'strategic planning department', 이런 식으로 씁니다. 계획 패러다임이 그대로 반영된 이름이지요. 여기서 겸손한 방향으로 나아간다는 것은, 완전히 새롭고 반대되는 개념은 아니고 좀 보완적·대안적 관점이 등장하기 시작한 것을 말합니다. 소수 의견이지만 창발적 전략emergent strategy이 더 효과적이라는 의견이 있습니다.

헨리 민츠버그Henry Mintzberg라는, 전략 분야의 대가가 있습니다. 당시 소수의견이었지만, 민츠버그 교수는 이미 1970년대부터 '창발적 전략Emergent Strategy'이라는 개념으로 전략은 합리적인 계획에 의해 만들어지고 실행되는 것이라기보다는 상황에 따라 진화해간 결과라고 주장했습니다. 즉, 계획 패러다임에서는 전략을 논리와 분석을 통해서 수립formulation하고 실행implementation했습니다. 그런데 창발적 전략에서는 전략은 수립하는 것이 아니라 형성formation되어가는 것입니다. 유연한flexible 전략이 좋은 전략이고, 융통성 없는 경직된rigid 전략은 좋지 않은 전략이라는 것입니다. 이러면서 키워드들이 다 바뀝니다. 실물옵션Real Option 접근방법이라는 것도 나옵니다. 뭘 살짝 해보다가 반응을 보고 움직이고, 다시 반응을 보고, 또 살짝 움직이고. 이런 식으로 진화해나가는 전략이 좋은 전략이라는 것이지요. 말하자면 전략을 설명하는 키워드도 과거의 '계획', '수립', '실행' 이런 키워드에서 '탄력성', '유연성' 등을 중시하는 방향으로 바뀌고 있다는 것이지요.

방법론 측면에서 보면 시나리오 접근방법이 돋보입니다. 특히 로열 더치 셸Royal Dutch Shell에서 축적해온 시나리오 전략 방법론이 가장 알려진 사례입니다. 세상의 모든 변수가 망라되어 있다고들 하는 원유가격의 극심한 불확실성을 다루어야 하는 회사의 입장에서 가지게 된 방법론이지요. 환경이 불확실하면 계획의 효과가 떨어지거나 계획이 오히려 독이 될 수도 있습니다. 셸은 시나리오 기법으로 이러한 환경을 헤쳐 나가온 것입니다. 시나리오 방법론을 많은 회사들이 채택했지만, 제대로 활용하는 곳은 드문 현실입니다. 이것을 이론적으로 정리해내기도 힘들지만, 실제 해나가는 방식을 정리하는 것은 더욱 힘듭니다. 당연히 학교에서 가르치기에도 버거운 내용이지요. 하지만 현실은 이러한 방향으로 가고 있습니다.

분권화가 가속화하면서 조직도도 변화한다:
포스트코로나 시대 기업 조직 구조

다음으로 조직 문제를 살펴보겠습니다. 조직의 구성요소는 조직 구조, 프로세스, 구성원, 문화 이렇게 네 가지로 쪼개서 볼 수 있습니다.

먼저 구조를 보겠습니다. 사실 조직이라고 하는 것은 전통적으로 중앙집중적이고centralized, 상명하달식이며top-down, 계층적hierarchical이라는 특징이 있습니다. 그리고 조직도가 있습니다. CEO부터 시작해서 사장, 부사장, 전무, 상무… 누가 누구에게 보고하고, 누구에게 지시하는지가 명확합니다. 그런데 이게 이제는 분권화decentralized됩니다. 사실 이것도 완전히 새로운 이야기는 아니고 기존에 있던 이야기인데, 코로나 팬데믹 사태를 맞아 가속화하고 있습니다. 지금까지의 상명하달식 구조를 기반으로 의사결정을 할 때, 맨 윗사람 한 명이 모든 것을 파악하고 결정할 수 없다는 사실이 이번 사태를 맞아 극명하게 드러나고 있습니다. 그래서 중앙집권에서 분권으로 이행하는 움직임이 생길 수밖에 없습니다.

심지어 재택근무를 하다 보면 일을 하다가 전혀 안 찾는 사람들도 생깁니다. 안 찾는다는 건 일하는 데 없어도 된다는 뜻입니다. 사실은 15명이 팀이라고 하면 그중 5명 정도만 제대로 일을 하고 있었던 겁니다. 그러면 나머지는 뭐가 되겠어요? 심지어는 가장 상급자였던 팀장이 일에 별 기여contribution가 없었더라는 이야기까지 나옵니다. 불편한 진실이지요.

이런 양상에 힘입어 조직도가 변화하고 있고, 또 변할 수 있습니다. 도리어 이제는 조직도를 없애야 한다는 목소리까지 나오는 실정입니다. 혹은 조직도를 계층적으로 그릴 게 아니라, 타원형으로 그려야 한다는 의견도 있습니다.

'기민한 조직'으로 진화하여 위기에서 기회를 엿본다: 포스트코로나 시대 기업 조직 프로세스

다음은 프로세스입니다. 프로세스 또한 정말 많이 변합니다. 이제까지는 변화를 하려고 해도 그게 쉽게 되지 않았습니다. 옛날 방식으로 일해도 일이 됐으니까요. 일이 되는데 왜 변화하는 수고로움을 감수하겠어요? 그런데 이제는 아닙니다. 최근에 주목을 받고 있었던 화두들 중에 기민한Agile 조직, 디자인적 사고Design Thinking가 있습니다. 앞서 말한 것처럼 경영환경이 더욱 불확실해지고, 미리 계획한 대로 일을 할 수 없게 되면서, 조직 프로세스도 유연해지고 기민해져야 한다는 것이 자명해졌습니다. 이러한 화두들이 구호에 그치고 있다가 이번 코로나 사태로 비대면, 재택근무 등이 강제적으로 시행되면서 드디어 그리고 급격하게 기민한 조직으로 되어가고 있는 셈이지요. '기민한 조직'은 단어 그대로, 흩어졌다 모였다 하면서 프로젝트 식으로 움직이는 조직입니다.

그리고 디자인적 사고는 디자이너들이 하듯이, 한 번에 끝내는 게 아니라 계속 고객과 소통하면서 진화해나가는 것이죠. 조직에서 이런 프로세스를 받아들이고자 하는 시도를 많이 하고 있습니다. 린Lean 방식은 스타트업들이 주로 사용하는 프로세스인데, 한 번에 모든 것을 하는 게 아니라 계속해서 수정해나가는 것입니다. 한 번 해보고 나서 쓸데없는 거 다 걸어내고, 방향 전환도 그때그때 해가면서. 실리콘밸리에서 많이 사용하는 방법이지요. 이런 것들을 말로만 하고 있었는데, 이제는 실제 일상으로 들어오고 있는 것입니다. 이건 굉장히 큰 변화입니다.

원격 재택근무remote working 등을 포함해서, 미국 기업들은 이번 기회를 틈타, 아예 이런 방식을 평시의 작동 방식operation으로 가져가려고 시도하고 있습니다. 언제나 그렇지만 지금도 기업 경영 측면에서는 위기를 기회로 삼으려는 시도가 많이 보입니다. 특히 리더십 파

포스트코로나 시대, 변하는 기업이 살아남는다

트가 그렇습니다. 평소에 "이렇게 바뀌어야 한다"라고 생각만 했던 것들을 실천하기 위한 좋은 핑계로 삼고 있어요. 미국도 한국도, 이번 기회에 다 바꾸자며 대대적인 변화를 시도하는 기업이 굉장히 많이 생겨나고 있습니다.

리더십과 팔로워십이 거듭나고, 조직인 개념까지 변화한다: 포스트코로나 시대 기업 조직 구성원

다음으로 '구성원' 이야기를 하겠습니다. 구성원에는 물론 리더가 있고, 팔로워가 있습니다.

리더십 이야기를 먼저 하자면, 모든 걸 아는 전지전능하고 카리스마 있는, 영웅적 관점에서의 리더십에서, 이제는 좀 더 인간적이고 공감할 수 있는 리더십으로 이행이 일어나고 있습니다. 이것도 계속 나오던 이야기였는데, 이번 기회를 틈타 새로운 리더십에 대한 논의가 점점 더 활발해지는 거죠. 리더라는 존재의 이미지 자체가 많이 바뀌고 있어요.

팔로워들이 리더에 대해 호감을 가지는 요소를 보면 '공감', 'EQ' 이런 부류의 키워드가 압도적으로 많이 나오고 있습니다. 때마침 한국 기업들은 지금 세대교체가 많이 이루어지는 시기입니다. 젊은 신생 리더들이 탄생하고, 가족 기업 같은 경우에도 2세나 3세, 심지어는 4세가 자리를 차지합니다. 어떤 기업에서는 심지어 경영자를 '형'

이라고 표현하기도 합니다. 과거라면 상상도 할 수 없던 모습이지요. 기업에서 말로만 떠들던 '변화'가 지금에 와서는 현실이 되고 있습니다. 임원을 선발하는 기준도 많이 변화하고 있지요. 이런 걸 통해서 인사 부문Human Resources, HR 쪽의 상당한 변화를 감지할 수 있습니다.

그럼 리더십에 이어서 팔로워십을 한번 살펴볼까요? 리더십에 비하면 팔로워십은 많이 이야기되지 않는 분야이지만, 저는 이게 굉장히 중요한 주제라고 생각합니다. 조직의 개별 구성원들은 무엇을 해야 하는가, 예전에는 그들을 그저 실행자implementer로만 여겼습니다. 리더가 시키는 것을 하면 그만이라는 거죠. 그런데 이제 그들에게 좀 다른 덕목이 요구되고 있습니다. 젊은 층은 자발성을 발휘할 권한이 더 많이 주어지길 바라는 것처럼 보이기도 합니다. 실제로 그렇지 않을 때 재능 있고 똑똑한 젊은 층이 떠나면서 이직이 활발해지는 현상이 많은 조직에서 나타나고 있기도 하고요. 이러한 가치관 변화에 어떻게 반응해야 하는가가 조직 차원의 고민이었습니다.

그런데 이번에 코로나를 겪으면서 생각 외의 양상이 펼쳐지기 시작합니다. 단적으로 말하면, 이 젊은이들에게 자의든 타의든 간에 일단 기회를 주니까 엄청나게 일을 잘하더라는 겁니다. 이런 뜻밖의 희소식pleasant surprise이 굉장히 많이 나오고 있습니다. 그러면 젊은 세대 또한 스스로 자신이 나서서 일을 해도 되겠다고 여기지요.

옛날에는 사실 조직 구성원의 역할에 변화를 주려고 해도 그게 말처럼 쉽지 않았습니다. 얘기해도 된다, 나서달라 하고 리더가 이야기를 해도 그걸 부하직원이 순순히 듣기 쉬운 일이 아니거든요. 공

포스트코로나 시대, 변하는 기업이 살아남는다

연히 모난 돌이 되었다가 정 맞을 것 같던 게, 이제는 달라진다는 얘기입니다. 진짜 얼마나 변하게 될지는 아직 지켜봐야겠지만요.

심지어는 각 조직에서 역멘토링reverse mentoring 제도를 적극적으로 도입하기도 합니다. 이 또한 디지털이라고 하는 기술 변화가 미친 영향이 큰 부분이죠. 저도 강의하다가 뭘 모르면 젊은 조교를 불러 물어봅니다. 기업도 마찬가지예요. 신규 사업 아이디어를 낼 때, 가장 젊은 직원들에게 승인을 못 받으면 진행할 수 없다고 못 박은 기업도 있습니다. 역멘토링이라는 게 그냥 말로만 하는 얘기가 아닌 겁니다. 특히 시대 변화에 민감한 특정 업종에서는 이게 생존의 문제나 다름없는 것이죠.

그리고 조직인organizational man의 관점까지 변화하기 시작합니다. 근본적인 조직 구성의 측면에서, 리더십·팔로워십이 변화함에 따라서 조직인이라고 하는 개념 또한 변화하게 됩니다. 과거에는 조직인의 전형적인typical 의미는, 충성심이 강하고 열심히 일하는, 조직에 충실한 사람이라는 거였어요. 그런데 이제는 그런 전형적인 모습이 아니라 상당히 다양한diverse 모습으로 나타납니다. 전통적인 관점에서는 다소 반항적이고 조직에서 튀어서 통제하기 힘들다고 생각되던 구성원도, 결정적인 순간에 번뜩이는 임팩트를 발휘할 수 있습니다. 이번에 해보니까 그런 유형의 조직원도 굉장히 필요하더라는 이야기입니다. 조직 구성원들이 다양한 역할을 분담하고, 각자 저마다의 독자적인 역할을 수행할 수 있습니다.

축구 경기만 보더라도 수비수가 있고 공격수가 있잖아요. 공격수도 세분화하면 역할이 다 달라지죠. 이런 것들을 기업 조직에도 적용하려는 시도가, 그동안은 말로만 있었는데 이제는 현실에서 다양하게 이야기되고, 나타나기 시작합니다. 그러면서 조직인이라고 하는 개념 자체에 대한 관점이 변화하기 시작합니다.

좀 다른 측면의 이야기이지만 다양성diversity에서 또 다른 변화도 일어나고 있습니다. 가령 노르웨이 같은 데는 상상 이상입니다. 유럽은 원래 근대 이후로 평등, 다양성에 대한 전통이 강하긴 하지만, 아예 명시적으로 사외이사 중 여성이 없으면 안 된다든가, 다양성을 충족시키지 못하면 ESG 평가에서 굉장한 마이너스가 된다든가 하는 요건requirement이 등장합니다. 한국도 이제 조금씩 그런 움직임이 생기고 있습니다.

리더가 바뀌면 문화가 바뀐다:
포스트코로나 시대 기업 조직 문화

조직 구성 요소의 마지막 파트는 문화입니다. 문화는 일부의 구성 요소라기보다는 사실 다른 모든 구성 요소의 결과물에 가깝습니다. 결국은 조직 문화의 변화로 모든 것이 귀결되는 겁니다.

조직의 존재 이유에 대해서, 우리 조직은 왜 있어야 하는가, 우리 조직이 존재함으로써 무슨 역할을 할 수 있는가를 세상에 피력해야 합니다. 과거에는 이 어필의 대상이 애널리스트들이었습니다. 아주 테크니컬하게 전략을 짜서 피력하면 됐어요. 어떻게 수익을 얻겠다, 분기 수익이 얼마가 되겠다 등등. 그런데 말씀드린 것처럼, 이제는 새로운 방향으로 움직일 수밖에 없습니다. 그리고 이 방향타를 처음 잡는 것은 리더입니다.

변화하는 환경 속에서 리더는 뭘 이야기해야 하고, 뭘 제시해야 할까요? 이제는 사회적 가치, 우리 조직이 존재함으로써 세상이 좀 더 나아지고 행복해진다는 얘기로 가는 겁니다. 이제는 그 방향이 맞는다는 거지요. 리더들은 그런 원대한 이야기를 펼치고 큰 방향을 잡아줘야 합니다. 기존의 리더들은 대개 그러질 못했어요.

제가 보기에는 앞으로 CEO가 되는 길, CEO의 자격 요건 자체가 많이 달라질 겁니다. 옛날에 보면 아까 말한 기능 영역 functional area 의 사람들이 사장이 되고, CEO가 됐습니다. 예를 들자면 영업이나 마케팅 출신의 사람들이죠. 이제는 그보다 사람을 가장 잘 아는 HR 출신이 대두되고 있습니다. 혹은 오히려 특기 분야가 뭔지도 알 수 없는 사람이요. 과거에는 이렇게 특기가 모호한 사람은, 엄청난 감점 대상이었죠. 순환근무 rotation 를 시키면 전문성이 떨어진다고 말이 많았습니다. 이제는 다릅니다. 저는 리더십 프로그램에 가면 그렇게 말하고 다닙니다. 이제는 리더가 한쪽에 치우친 관점을 가지면 곤란하고, 르네상스적인 관점을 가져야 한다고요. 물론 리더에게 전문 지식은 필요합니다. 하지만 그 이상으로 다방면의 경험이나 관점이 부각되고 있고, 그러한 경향성이 좀 더 가속화될 겁니다.

조직의 환경이 변하고, 구성 요소들도 변화합니다. 그러면 총체적으로 조직 문화도 변화를 겪는데, 여기서 중요한 것이 바로 리더입니다. 문화가 바뀌는 것에서 가장 큰 설명 변수가 바로 리더이기 때문입니다. 리더가 바뀌면 문화가 바뀝니다. 리더가 넥타이를 푸는 것만으로 조직 문화가 좀 더 유연해지는 것처럼, 조직 구성원들은 리더의 언행에서 가장 강한 신호를 받습니다.

근래 CEO들의 메시지를 보면, 가장 많이 하는 이야기가 '목적'과 인간에 대한 것입니다. 인간에 대한 존중을 가져야 한다는 것이죠. 과거와 같이 리더가 모든 걸 알아서 관장하고 진행하는 것은 이제 비현실적인 방식이고 사고입니다. 이러한 전통적 리더십에 대한 강박을 버려야 한다는 거죠. 구성원들을 너무 과소평가하지 말라는 겁니다. 구성원들을 존중하자, 고객을 무시하지 말자, 인간을 존중하자, 솔직하게 이야기하자. 앞으로 조직 문화는 이렇게 가야 하고, 또 그렇게 움직일 겁니다.

선도적 조직구성, 분야를 넘나드는 프로세스…
변화는 무궁무진하다: 해외 기업의 변화 사례

아무래도 경영학은 사례를 봐야 하는 학문이니만큼, 마지막은 현실 사례들을 보면서 마무리하도록 하겠습니다. 해외 기업의 사례를 먼저 볼까요? 늘 해외 기업들은 선도적으로 움직인다는 걸 느꼈지만, 저는 이번에 그 격차가 더더욱 벌어질 수 있겠다는 생각이 듭

포스트코로나 시대, 변하는 기업이 살아남는다

니다. 예컨대 페이스북Facebook은 이번 기회를 틈타 아예 영속적인 permanent 재택근무 시스템을 구축하려고 합니다. 직원들이 실리콘밸리에 출근할 필요가 없다는 겁니다. 집값이나 생활 물가가 비싼 실리콘밸리에서 살길 꺼리는 직원들, 고향을 떠나고 싶어 하지 않는 뛰어난 엔지니어들. 그러면 집에서 그냥 코딩해주면 된다는 겁니다. 출근하지 않고 일하는 사람들의 비율을 앞으로 쭉 늘려가겠다는 발표를 했습니다. 궁극적으로는 누구나가 어디든 자기가 원하는 곳에서 일을 하게 되겠죠. 페이스북만 아니라 구글, 넷플릭스, 애플 뭐 잘나가던 선도 기업들도 마찬가지입니다.

선도 기업의 대표주자 중 하나인 테슬라Tesla 같은 곳은 아예 자기들의 정체성을 자동차 회사로 보질 않습니다. 일론 머스크는 자기들을 자동차 회사가 아닌 IT 기업으로 봐달라고 합니다. 그런데 제가 스페이스X 같은 기업체를 보면, 이미 그 수준조차 넘어서지 않았나 싶어요. 20세기에 국가 단위로, NASA에서 하던 일을 이제 사기업인 스페이스X에서 하고 있습니다. 회수 가능한 로켓을 개발하면서 우주로 나가는 비용 자체를 엄청나게 줄였고, 아예 우주 개발, 화성 진출, 이런 데까지 손을 뻗고 있으니까 이런 회사들이 하고 있는 미션이나 비전을 대체 어떻게 따라갈 수 있나 하는 생각마저 듭니다. 말그대로 세상을 바꾸고 있습니다.

한편으로 저는 바이오·의약 분야의 기업들은 IT 기업들에 비해 좀 저평가되어 있다는 생각이 있습니다. 임상하다가 얼마든지 나가 떨어질 수 있으니까 리스크가 크긴 하지만, 앞으로 굉장히 올라올 가능성도 충분히 있다고 봐요. 앞으로 슈퍼스타가 될 잠재력을 가진 기업들이 바이오·의약 분야에 꽤 많이 있다고 봅니다. 그런 기업들이 새로운 세상을 열어가는 새로운 주역으로 등장할 것 같습니다. 그리고 이 기업들의 조직도를 보면 아까 설명했던 새로운 방향으로 나아가는 모습을 볼 수 있습니다. 기업 경영의 관점에서 보면 지금 이런 시기를 놓쳐서는 안 됩니다. 이렇게 조직의 기반이 흔들리는 위기가 닥쳤을 때 변화를 위한 시동을 확실히 걸어놓아야 합니다. 이렇게 보면 코로나 팬데믹 사태는 아주 결정적인 모멘텀momentum입니다. IBM의 CEO는 "이제 모든 기업이 AI 기업이 될 것이다"라고 말하는데, 이러한 기술 변화의 흐름에 탈 기회를 놓쳐서는 안 되겠죠.

글로벌 강자가 안 보이는 한국, 파이를 어떻게 넓힐 것인가: 한국 기업의 변화 전망

그러면 한국은 어떨까요? 한국은 생각보다 많이 늦고 있습니다. 그나마 전기자동차와 연계되는 배터리나 바이오, 인터넷 게임 분야의 업체들이 향후 밝은 전망을 보이고 있습니다. 그런데 전체적으로 미래를 보면 약간 암울합니다. 우리가 저번에도 이야기했지만, 항상 우리의 관심사는 한국이 어떻게 되느냐 하는 문제죠. 그런데 한국 산업은 안타깝게도 전통 산업의 비중이 큽니다. 제조업의 재조명이 불가능한 건 아니지만, 지금 식으로는 안 됩니다.

독일이 예시가 될 수 있을 것 같은데, 독일에 지멘스라는 회사가 있습니다. 여기에 이를테면 디지털 산업Digital Industry이라는 부문이 있어요. 디지털 엔터프라이즈라는 게 단순히 자기네들 공장 디지털화하는 걸로 끝나는 게 아닙니다. 말하자면 공장의 디지털화를 해주는 소프트웨어이고 솔루션입니다. 이게 이들의 비즈니스 모델입니다. 코로나 사태로 공장 가동률이 떨어지는 중소기업에 삼성이 자원을 파견해서 컨설팅을 해주지 않습니까? 그거랑 약간 비슷해요. 그런 부분에서 파이를 넓혀야 할 것 같습니다. 이를테면 지금 한국의 선도 기업들이 디지털 엔터프라이즈를 개척해나가면서 그걸 빠르게 공유해주는 거죠. IoT가 뒷받침되니까 생산 라인을 공유할 수 있거든요. 이런 것들이 굉장히 가속화할 것 같습니다. 제가 보기에 앞으로 독일은 아예 디지털 제조업 방향으로 이행할 것 같습니다. 지금이 바로 승부처이지요. 솔직히 변화가 느린 일본은 그런 면에서 상당히 암울해 보이고요.

제가 느끼는 한국 기업의 가장 큰 문제 중 하나는, 글로벌 강자가 안 보인다는 겁니다. 과거의 현대차, 포스코 다 글로벌 강자였습니다. 그런데 지금 새로운 섹터, 이를테면 바이오에서는 그런 역할을 하는 기업이 아직 뚜렷하지 않습니다. 좀 굵직하고 경쟁력 있는 분야에서 글로벌 강자가 될 수 있는 기회가 어디 있을까요? 앞으로 더욱 중요해진다는 배터리 분야에서는 그래도 희망이 보입니다. LG화학, SDI, SK이노베이션 등이 세계시장에서 강자로서의 입지를 구축해가고 있지요.

김대식 교수님 발표에서도 얘기하셨지만, 저도 최근에 생각을 했는데 우리가 맞이할 가장 큰 변화 중 하나가 바로 큰 정부의 귀환 문제인 것 같아요. 저희가 그동안 성공한 케이스는 없어도, 이상ideal으로는 작은 정부를 항상 내세워왔거든요. 그런데 이제 그런 트렌드가 완전히 바뀌게 될 수 있겠다는 생각이 들어요.

주경철 기후변화 이야기를 잠깐 하셨는데, 이게 이번 코로나 바이러스 사태와 직접 연관이 있는 건가요?

김동재 그런 건 아니지만 기후 변화 이야기를 하는 사람들을 보면 극단적인 경우가 있어요. 기후변화라는 게 다 거짓말이라고 주장하는 사람들도 있고요. 여기서는 결국, 이번 코로나 바이러스라는 예상치 못한 사태가 터진 것처럼, 기후 변화 측면에서도 대재앙 같은 것들이 나올 수 있다는 얘기를 하지요.

함준호 흔히 인간의 무절제한 효율성의 추구나 난개발 같은 것들이 기후변화의 원인으로 꼽히잖아요? 이런 것들이 인간과 야생동물의 접촉을 늘리고, 이를 통해서 새로운 질병의 인수감염 따위를 초래한다는 이야기도 있죠.

김대식 저는 그것도 좀 조심스러워요. 14세기 흑사병도 생태계의 문제였나요? 저는 당연히 기후변화가 진짜라고는 믿어요. 그렇지만 거기다가 팬데믹 이야기까지 얹는 것은 자칫하면 비생산적counter-productive인 이야기로 빠질 수 있지 않나 싶어요. 사실은 아무런 인과관계가 없는데도 괜히 얹었다가 "이거 봐라, 팬데믹 봐라, 기후 변화도 가짜 아니냐" 하는 역풍을 맞을 수 있지 않겠느냐 하는 거지요.

김동재 사실 저는 오늘 말씀드린 것들은 기업 경영과 관련된 이슈로 전제하여 이야기를 한 것인데, 그런 방향으로도 생각해볼 수 있을 것 같네요.

기업의 존재 이유는 무엇인가
그리고 리더가 나아갈 방향은 어디인가

김대식 기업 경영의 측면에서 볼 때, 가속화의 흐름 속에서 "국가의 역할이 뭐냐"라는 질문과 함께 "기업의 역할이 뭐냐"라고 하는 질문도 굉장히 중요해지는 것 같아요. 도대체 기업이 왜 있어야 하는 건가. 저는 이 부분이 상당히 중요한 게, 국가의 역할은 커지든 작아지든, 그래도 없어지지는 않을 것 같아요. 정상적인 국가라면 아예 망하지는 않을 것 같고. 그런데 기업은 다르거든요. 그래서 지금 이 상황에서 기업은 스스로의 존재 이유를 설명할 수 있어야 하고, 그렇지 않으면 결국 국가가 기업의 역할을 하게 되지 않을까 생각합니다.

어쨌든 교수님의 말씀은, 기업도 그렇게 존재 이유를 찾아서 계속해서 스스로 변화하고 있다는 건데, 아까 말씀하신 창발적 전략도 그 흐름 중 하나죠. 논리학의 개념으로 보면, 과거 기업들의 접근 방식은, 정의를 내리고 그에 따라 실천을 하는 연역법

deduction이지요. 그런데 지금 하고 있는 건 케이스 바이 케이스case by case로 해나가면서 원리를 만들어 가는 귀납법induction이고요. 아니면 세 번째인가요? 귀추법abduction이라고도 하죠. 기본적으로 케이스 바이 케이스로 보면서 원리를 만드는, 말하자면 귀납법과 연역법이 꼬리를 무는 거죠.

김동재 맞습니다. 따지자면 거기에 가까워요. 말하자면 왔다 갔다 하면서, 돌아가면서 하는 거예요. 계획이 필요하지 않은 건 아니죠. 계획은 여전히 필요한데, 한 번 제시된 계획이 고정불변의 답이라고 생각하는 게 아니고, 어디까지나 가설이라고 생각하면서 계속 검증해나가는 거예요.

김대식 사실 이미 아리스토텔레스가 귀추법이 제일 좋은 방법이라고 이야기했어요. 그런데 동시에, 그게 가장 하기 어려운 방법이라고도 했죠.

김동재 전통적인 조직 모델인 관료제Bureaucracy 방식에서는 탑다운이 가장 효율적이고, 하부 구성원은 생각할 필요 없으니까 그냥 시키는 대로 하면 된다고 해왔어요. 그런데 이게 다 지금 변하고 있어요. 코로나 사태를 맞아 불확실성의 극단을 보는 거예요. 항공기가 뜨질 못하고 90% 이상의 항공기가 다 서 있는 상황을 누가 상상이나 했겠어요?

김대식 귀추법이 기술적으로도 상당히 비효율적이고 실천하기도 어렵지만, 문화적인 거부감도 있는 것 같아요. 지금 세상, 혹은 적어도 우리나라에서는 본인의 의견을 자꾸 바꾸는 사람을 그다

포스트코로나 시대, 변하는 기업이 살아남는다

지 좋게 안 보거든요.

김동재 지금 지적하신 게 굉장히 중요한 부분이에요. 리더가 그렇게 하면 "굉장히 리더십이 약하다"라는 평가를 받는 게 오랜 관념이죠.

김대식 그렇죠. "작년까지만 해도 이랬는데, 이번에는 왜 뭘 바꿔요?" 근데 거기에 대해서 버트런드 러셀^{Bertrand Russell}이 굉장히 좋은 얘기를 한 적 있어요. 강연 중에 누가 손을 들고 그러더래요. "아니, 당신 5년 전에는 다른 얘기 하지 않았냐" 그러니까 러셀이 "네, 그럼요. 나는 상황이 바뀌면 의견 바꿉니다. 당신은 뭐 하세요?"라고 답했더라는 얘기예요. 상황이 바뀌었는데 그 의견을 그대로 가지고 갈 거냐는 거죠. 그런데 문화적으로는 신기하게, 상황이 아무리 바뀌어도 일편단심 가지고 가는 것 자체를 가치 있다고 봐요.

김동재 그렇죠. 사실 오랫동안 기업 경영 맥락에서 리더가 말을 바꾸면 믿음직스럽지 못하다는 평이었어요. 리더는 뭐든 다 알고 있으면서 합리적이고, 확신을 가지고 있는 존재여야 했어요. 그런데 이런 이미지가 깨진 지 오래됐거든요. 불확실성하에서 요즘의 리더들은 어떻게 이야기를 해야 될까요? 요즘 잘나가는 리더들이 말하는 키워드들 보면 과업, 비전, 큰 방향 이런 얘기들을 주로 하고, 나머지는 "나도 잘 모른다" 하고 솔직하게 나와요. 옛날엔 금기였어요. 그런데 사실은 이게 맞는 거라는, 리더십 자체가 바뀌어 한다는 이야기가 있죠. 심각한 상황을 심각하다고 솔직하게 이야기하고, 상황의 어려움을 같이 공유하는 리더십이 필요하다는 게 사실 기업 경영에서도 계속 얘기가 됐어요.

김대식 리더도 리더이지만, 말씀하신 대로 조직도 많이 변화를 겪게 될 것 같아요. 작금의 사태를 보고 누군가, 회사 차원에서는 거대한 폭로great revelation라는 얘기를 하더군요. 조직에서 사실 누가 일을 하고 누가 일을 안 했는지 지금 다 드러나는 거예요. 예전에는 다 숨겨져 있었던 것들이죠.

김동재 맞아요. 그리고 임원들 사이에서도 실력 차가 드러납니다. 옛날에는 임원이라고 하면 그 사람의 권위를 인정해주는 구조가 고착되어 있었는데, 이게 와해되는 거예요.

김대식 근데 저게 현실적일까요? 리더십이 조직의 리더십도 있고 사회 리더십도 있고 가족의 리더십도 있는 거잖아요? 어떻게 보면 인간이, 개인 또는 가족에서 일어나는 상호작용interaction을 조직에다 적용을 합니다. 지금까지 특히 우리나라의 리더십은 엄격한 아버지상이었죠. 학생들이 지원서를 쓸 때 항상 "엄격한 아버지와 자상한 어머니 밑에서 자랐다" 하고 쓰잖아요. 제가 요즘 느끼는 건, 우리나라는 이제 엄격한 아버지 CEO에서 갑자기 자상한 어머니 CEO로 가려고 하는 것 같아요. 가능한 조합 중에 한 극단에서 다른 극단으로 가는 거죠. 엄격한 회장님, 엄격한 아버지 모델에서 갑자기 자상한 어머니 모델로 가는데, 이게 사실은 가족 안에서도 잘 안 먹혀들어가는 방법이거든요.

김동재 맞아요, 너무 맞는 말씀입니다. 지금 사실 경영 패러다임

포스트코로나 시대, 변하는 기업이 살아남는다

에서도 이윤profit 추구하다가 갑자기 사회적 가치social value를 추구하라고 해도 감이 안 와요. 마찬가지로 카리스마적인 강한 리더십에서 연민의 리더십으로 바뀌어라 하는데, 이것도 감이 안 와요. 그래서 사실 굉장한 과도기transition period예요. 우리나라뿐만 아니라 다 마찬가지이긴 한데, 우리나라가 유독 더 심한 것 같기도 하고요.

김대식 그러니까 NC소프트는 '형'을 택한 거잖아요. 아버지도 아니고 엄마도 아니고 형. 아주 재미있는 솔루션이라고 생각해요. 지금 테슬라의 일론 머스크Elon Musk 같은 경우에도 큰 형big brother 역할을 택한 것 같아요. 이건 분명 아빠도, 엄마도 아니거든요.

김동재 택진이 형, 원태 형. 이런 워딩이 분명 먹히는 거 같아요.

기술이 재편하는 제도와 문화 그리고 사회
새로운 기술에 기반한 새로운 시대가 가속화된다

김대식 다양성 같은 경우에, 어쨌든 유럽 쪽에서 우리보다 훨씬 더 일찍 시작했잖아요? 그런데 그들의 경험으로 보니까, 자발적으로 독려해서 어느 시점까지는 갈 수 있는데, 한계가 있는 것 같아요. 그래서 이제는 완전히 극단적인 방법을 쓰기 시작했어요. 아인트워프 공대에서 이미 10년 전부터, "공대 교수 50%를 여성으로 하겠다"라는 목표를 가지고 시도를 하고 있었거든요? 그런데 그게 여전히 20% 정도밖에 안 돼요. 그래서 최근에 새로 규정을 만들었어요. 뭐냐면, 앞으로 여성이 50%가 될 때까지 남성

교수는 아예 채용하지 않겠대요.

김동재 그 정도로 세요? 역차별이라고까지 생각될 정도네요. 어쩌면 균형을 맞추기 위해서는 그런 극단적인 규정이 필요할지도 모르겠어요.

김대식 어떻게 보면 미국의 적극적 우대조치Affirmative action도 역차별이죠. 아이비리그Ivy league 학교의 자리가 있잖아요. 거기서는 뭐, 아시아계 미국인들이 역차별당하잖아요. 그러니까 다양성 논의에 내재되어 있던 함정 중 하나는, 자연스럽게 하려고 하다보면 안 되더라는 거예요. 하다 보면 넘을 수 없는 한계가 와요. 그러면 그 순간부터는 역차별을 해야 된다는 것이죠. 그러니까 다양성의 길을 간다고 하면 기업도 그 생각을 해야 해요.

김동재 맞습니다. 제가 앞서 STEEP 얘기를 쭉 했는데, 여기에서 T가 굉장히 커요. 왜냐면 다들 디지털, 디지털 하면서도 끝내 디지털화를 안 하려고 버티다가 최근 2, 3년 동안 이게 가속화됐거든요? 이번 코로나 때문에 또 크게 가속되었는데, 역멘토링도 이것 때문에 나온 거예요. 대표적인 게 게임 회사예요. 미안한 이야기이지만, 솔직히 말해서 게임 개발하는 건 어느 나이를 넘어가면 감이 떨어져서 도저히 젊은 세대에게 이길 수가 없어요. 나이든 임원들이 역으로 젊은 신입 직원들에게 물어야 하는 상황이 되는 거죠.

함준호 저는 기본적으로 관점은 좀 다르지만 테크놀로지가 굉장히 중요하다는 데는 동의해요. 사실상 테크놀로지가 발전하면서 경제학적으로 보면 생산의 방식이 바뀌고, 그리고 새로운 생산 요소를 누가 가지고 있느냐에 따라 부가 재분배되죠. 예를 들어서 농경 사회에서는 땅과 노동력이 중요했겠죠. 거기에서 1, 2차 산업혁명에 의해 대량 생산mass production 방식으로 생산 양식이 바뀌면서 어떤 일사불란한 조직과 지휘체계, 이런 게 요구가 됐었을 테고요. 마찬가지로 또 3차, 4차 산업혁명을 거쳐서 새로운 기술을 활용한 생산 양식이 도입되면서 인력과 자본, 이런 생산 요소들 간의 가치도 바뀌었습니다. 그럼 상대가치가 바뀌면 거기서 결국은 부의 재조정이 다 일어나야 되는 거죠. 또 정보나 데이터 이런 것들이 주요한 생산 요소가 되면서 그런 걸 다룰 수 있는 인력들을 효율적으로 활용하려면 조직도 바뀌어야 되는 거고. 사실 저는 그래서 이 과정이 엄청난 구조조정이 몇십 년 동안 일어나야 되는 그런 상황이 아닌가 싶거든요?

김동재 저도 아까도 말씀드린 것처럼 진짜 커다란, 근본적인 변화는 기술인 것 같아요. 그리고 거기에 결국은 정치도 다 연결되어 있죠. 하나만 따진다면 사실은 가장 근본적인 변인이 바로 기술이 아닌가 하고. 제가 마지막에 기업의 미래, 사례 얘기를 했잖아요? 거기서도 다 기술 기반한 얘기들이잖아요.

함준호 기술에 맞게 생산 양식이 바뀌고 나중에 사회, 문화, 제도까지 결국은 다시 바뀌지요. 여기에 100년 이상이 걸린다고도 하고요. 그 과정에서 결국 전쟁이라든지 대공황이라든지 이런 걸 통해가지고 구조조정을 가속화시키고. 결국 사회, 문화, 제도가 바뀌고 이런 거 아니겠어요? 지금은 코로나 바이러스 때문에 이런 변화가 가속화되는 상황인 것 같아요.

김동재 교수님은 항상 기업을 생각하시겠지만, 거시경제학을 공부하는 저희 같은 사람들은 나라 경제를 많이 생각하지요. 그런데 누가 이 불확실성에 대해서 정확히 알고 단언할 수 있겠어요? 사회시스템이든, 어떤 기업이든 나라 전체이든 간에 이 엄청난 불확실성하에서, 어떤 충격이 닥칠지 모르는 상황에서 할 수 있는 게 무엇일까요. 결국 유연성을 기르고 충격이 왔을 때 복원력resilience을 길러서 시스템 자체가 금방 충격에서 회복할 수 있게 만들어주는 것밖에 없지요. 그러려면 또 충격이 갈등 구도로 이어지지 않도록 그룹 구성원 간의 연대, 신뢰 이런 것들을 만들어주어야 하고요. 기업뿐만 아니라 국가도 마찬가지로 지금 그런 리더십이 제일 필요한 상황인 것 같아요. 지금 경제 정책을 담당하고 있는 분들 얘기를 들어보면 솔직히 본인들도 잘 모르겠다고 해요. 이번 코로나 사태도 그렇고 불확실성이 너무 커서 무슨 정책을 어떻게 하는 게 과연 맞는 건지 앞으로 5년, 10년 뒤에 어떤 결과를 가지고 올지 모르는 거거든요. 그런데 더구나 이런 엄청난 불확실성과 변화의 시점에서 과거의 어떤 선입관이나 이념, 판단 체계framework에 갇혀서 그냥 밀고 나가는 것도 위험할 수 있거든요.

그런데 저는 이걸 질문하고 싶어요. 제가 거시경제 학자이다 보니 나라 전체, 기업 부문 전체를 자꾸 생각하게 되는데, 과연 모

포스트코로나 시대, 변하는 기업이 살아남는다

든 기업들이 다 변할 수 있을까요? 살아남는 기업은 극히 일부분에 불과하고 나머지는 도태되고 그런 건 아닐까요?

어떤 기업이 살아남고, 어떤 기업이 도태될까?

김동재 제가 마지막에 언급한 기업들은 살아남는 기업이죠. 그러니까 여기에 안 쓰여 있는 모든 기업들은 다 뭐 스러져가는 거고요. 주식시장을 보면 거의 극명하게 드러나죠.

함준호 은행 같은 경우는 꼭 있어야 되는 기업임에도 불구하고, PBR가 지금 0.4 정도밖에 안 되죠.

김동재 그죠, PBR가 명백한 지표^{indicator}가 되잖아요. 그러니까 이거를 무슨 저평가됐다고 얘기를 하는 사람들도 있지만 저는 그게 아니라 미래가 없다, 그렇게 보거든요? 왜냐면 PBR가 사실은 주가순자산비율$^{price \, on \, book-value}$*이잖아요. 순자산에 대해서 얘기하는 건데, 그게 1이 안 된다는 거는 사실상 미래가 없다는 거지요. 수익을 창출하지 못하고 있다는 얘기이니까요.

김대식 지금 현재 우리나라 기업들이 대부분 1 이하인가요?

함준호 그럼요. 은행조차 1이 안 된다니까요. 지금 있는 자산을 장부가대로 다 팔 수 있다면 빚 정리 다 하고, 남는 청산가치가 지금 시가 총액보다 높다는 얘기죠.

김동재 사실 그러면 사람들은 "어? 그러면 너무 싼 거 아니야?

*PBR는 주가를 BPS로 나눈 것이다. 주가가 1주당 순자산의 몇 배로 매매되고 있는가를 표시하며 PER와 같이 주가의 상대적 수준을 나타낸다

이론상 그거 너무 싸니까 팔아서 빚잔치하면 되겠네" 하고 생각할 수 있어요. 근데 이게 그렇지가 않아요. 시장에서 보는 관점으로는 "그냥 재산 다 팔아버리는 게 낫겠다" 싶은데, 이걸 청산을 하질 않고 안고 가고 있어요. 그 얘기는 "너네는 올해보다 내년이 더 나쁘고, 5년 후가 그보다 더 나쁘고, 10년 후에는 진짜 죽을지도 몰라"라는 얘기예요.

김대식 우리나라 기업들의 PBR가 지금 계속 낮아지고 있나요?

함준호 일부 기업만 제외하곤 그렇죠. 대표기업이 다 그런 건 아니지만 전체 17개 업종 중에서 11개 업종의 PBR가 1 미만이에요.

김동재 사실은 금융주들, 예를 들어 은행을 보면 미래가 암울해요. PBR가 계속 떨어지고 있거든요.

함준호 왜냐면 은행이 많은 좀비 기업들한테 대출을 해주고 있어서 그래요. 그러니까 시장은 이미 많은 좀비기업들이 결국 도태될

한국의 주요 기업 및 전체 17개 업종의 PBR (자료: 한국거래소)

자동차	0.65	반도체	2.00	헬스케어	6.07	은행	0.31
에너지 화학	1.03	철강	0.38	방송통신	0.64	건설	0.67
증권	0.58	기계장비	0.84	보험	0.36	운송	1.40
경기소비재	1.16	필수소비재	1.38	IT소프트웨어	3.37	IT하드웨어	1.62
유틸리티	0.29	KRX 300	1.02	KRX 100	1.02	KTOP 30	1.06
삼성전자	1.47	LG화학	2.70	삼성바이오로직스	10.16	LG생활건강	5.66
현대차	0.61	SK하이닉스	1.11	셀트리온	10.56	엔씨소프트	5.76
KT&G	1.19	기업은행	0.26	카카오	4.69	NAVER	6.10

(2020년 11월 1일 기준)

포스트코로나 시대, 변하는 기업이 살아남는다

거라고 예상을 하고 있는 거고. 그게 바로 은행의 PBR 수치에 담겨 있는 거예요. 은행의 대출 포트폴리오에 담겨 있는 좀비기업 대출이 다 회수되지 못할 가능성을 반영하고 있다는 거지요.

김동재 가령 삼성전자의 PBR는 1.47이고, 애플의 PBR는 28.30이죠. 물론 PBR만이 기업의 역량을 측정하는 절대적인 지표는 아니에요. 다만 PBR에서 극명하게 드러나서 참조하는 거예요.

주경철 이게 1이면 현재 실제 가지고 있는 거하고 시장에서 평가하는 것과 맞아떨어지는 거고, 1이 안 된다는 거는 시장에서 보기에 앞으로 망한다는 거고?

김대식 우리나라에도 네이버, 카카오 이런 PBR가 높은, 전망이 좋은 기업이 있기는 해요. 그런데 문제는 우리나라에서 앞으로 희망이 보이는 기업들을 다 합치잖아요? 그래도 일자리 수가 얼마 되지 않을 거예요. 고용은 완전히 다른 문제인 게, 지금 미국에서도 거성 같은 회사들, 구글, 애플, 페이스북, 아마존 같은 기업의 직원을 다 합치더라도 과거 자동차, 철강 같은 제조업 기업 위주 시대와는 비교할 수 없겠지요.

김동재 이거는 제 주제를 벗어난 거지만, 사회 시스템이 재편될 수밖에 없어요.

김대식 이건 완전히 세계적인 트렌드이고 이게 이제 가속화되는 것 중 하나잖아요? 기업들은 당연히 살아남을 거예요. 문제는 지금 살아남을 만한 기업들의 일자리를 다 합쳐도 과거 일자리 수준은 될 수 없다는 사실이에요. 이건 우리나라만 아니라 전 세계적으로 산업이 변하면서 생기는 근본적인 문제이고, 풀려야 풀 수도 없어요. 사람을 대신하는 AI 이슈까지 발생하니까요. 지금도 경제학자들이 예측하기로는 숨은 실업자를 감안하면 실업률이 사실은 40~50% 정도는 되어야 한다고 얘기하는 분들도 있어요. 도저히 사회가 감당할 수 있는 수준이 아닌 것이죠.

김동재 그거는 정말 큰 이슈예요. 우리가 맨 마지막에 이를테면 어젠다로 다룰 법한 얘기이죠.

큰 것은 잡고, 작은 것은 놓아준다
중국의 사례에서 보는 큰 정부 아래에서의 기업 활동

김대식 정 교수님, 중국 같은 경우에도 시장 경제로 이행하면서 기업 위주로 가게 되었잖아요. 그런데 이 부분에서도 거꾸로 간다는 느낌을 살짝 받아요. 풀어주고 기술 들여와서 이제 할 만하게 됐을 때, 정부가 다시 회수해 가는 거요. 적어도 큰 것들에 있어서는 정부 위주로 가려고 하는 게 아닌가 하는 건데, 이 점에서는 어떤가요?

정종호 말씀하신 대로 큰 기업에 대해서는 정부가 주도적인 역할을 하고 있어요. 이미 1990년대 국유기업 개혁 때부터 조대방소 抓大放小라고 해서, '대형 국유기업을 국가가 집중 관리하고 소형 국유기업은 통제를 느슨하게 하여 민영화를 포함하여 융통성 있게 활성화 시킨다'라는 것을 원칙으로 했습니다. 실제로 수많은 큰 기업은 계속해서 국가가 개입을 하고 있죠.

포스트코로나 시대, 변하는 기업이 살아남는다

김대식 그럼 애초부터 모든 걸 다 민영화한다는 계획은 없었던 거군요?

정종호 그렇죠, 지금도 금융·에너지·군수 등 국가 경제에 있어서 핵심적인 분야의 메이저 기업은 대부분 국유기업이에요. 알리바바·바이두·텐센트 등 유명한 민영기업은 정부가 주도하기 힘든 IT 계열에서 성장한 기업입니다.

김동재 그런데 저는 늘 그게 궁금해요. 그런 체제하에서도 예컨대 마윈馬云은 남잖아요. 그런 사람들을 중국 사람들이, 중국 사회가 어떻게 받아들일까 하는 거예요. 쉽게 말해서 빈부격차 문제 말이에요.

함준호 국가가 통제하면서도 한편으로는 마윈 같은 창업자들이 어떻게 그렇게 큰 기업을 일으킬 수 있는 시장 환경이 되는지.

정종호 마윈 같은 창업자들이 성장하는 배경에도 당·국가의 그림자가 존재합니다. 제가 2013년 12월 10일에 마윈을 서울대에 초대하여 특강을 한 적이 있어요. 당시만 해도 마윈을 아는 한국 분들이 그렇게 많지 않을 때였습니다. 마윈의 특강이 끝나고 질의응답 시간에 한 학생이 "중국에서 민영기업을 하려면 공산당과의 관계는 어떠해야 하는가"라는 질문을 했는데, 마윈은 다음과 같이 답변하더라고요. "공산당과 사랑은 나누어야 하지만 결혼은 하지 않겠다"라고요. 재치 있는 답변이기도 하지만, 중국에서의 민영기업가와 중국 공산당과의 관계를 잘 설명해주고 있기도 합니다.

사실 중국의 빈부격차는 심각한 문제입니다. 개혁·개방 초기만 하더라도 중국인들은 빈곤의 문제를 '나의 문제', '내 지역의 문제'로 보는 시각이 많았어요. 즉, 자신의 노력으로 해결할 수 있는 문제로 인식했던 것이지요. 그런데 이제는 중국에서도 빈부격차가 구조화되고 있습니다. 아마 다들 푸얼다이富二代라는 말을 들어보셨을 거예요. 재벌 2세라는 뜻이에요. 개혁·개방을 통해 성공한 부모로부터 재산을 물려받은 자녀들이에요. 그 반대 집단이 핀얼다이貧二代입니다. 가난을 물려받은 젊은 세대를 의미하지요. 이러한 말이 나오기 시작했다는 것은 그만큼 빈부격차가 이제 세습이 된다는 얘기거든요. 세습이 인식이 되고, 나의 문제가 아닌 구조의 문제라는 인식이 생겨나는 거예요.

김동재 자기가 이룬 건 괜찮다는 거군요. 이건 또 굉장히 자본주의적이네요.

김대식 근데 저는 이 큰 정부나 국가 주도 기반 산업에 대한 좀 부정적인 인상을 가지고 있었어요. 소련이 있었고, 프랑스도 미테랑이 들어오자마자 국영화해서 완전히 말아먹은 사례가 있었고. 그런데 중국이, 국가 위주 산업인데 효율적일 수 있고 성공할 수 있다는 사례를 보여주면 상당히 이게 또 설득력이 있지 않을까요? 만약에 제가 큰 정부 지지자라면 그렇게 이슈 메이킹을 할 것 같아요. 옛날 모델에서는 '정부가 주도하면 비효율적이다'라는 명제가 성립했지만, 이제는 아니라는 거죠. 4차 산업 혁명, IT 쪽에서 중국만이 아니라 국가 주도로 성과를 내고 있는 나라들이 나오고 있어요. 두바이, 아부다비 같은 UAE가 그렇죠. 그러니까 우리가 자꾸 옛날 소련 경험만 가지고 판단해서는 안 될 거라는 얘기죠. 지난 20년 동안 반대 의제가 만들어졌다는 거예요. 제가 말씀드리고 싶은 건 우리가 중국 모델을 성공적으로 말하자면, 만약에 '큰 정부' 쪽으로 트렌드가 변한다면 전략적으로 활용하기 좋은 사례가 바로 중국이라는 겁니다.

우리가 계속 얘기를 해오고 있지만, 포스트코로나 시대의 핵심이 되는 트렌드가 가속화라고 할 때, "국가가 왜 필요할까?", "국가의 역할이 뭘까?" 하는 질문도 그 흐름 중 하나일 거라는 거예요. 그러니까 핵심 기능이 뭘까 하는 것이죠. 어떻게 보면 저는 포퓰리즘도 그중 하나라고 생각해요. 미국이나 유럽 포퓰리즘의 핵심이 뭐냐면, "국가의 부는 계속 늘었는데 나는 가난하다" 하고 국가를 향해 소리 지르는 거잖아요. 국가가 국민의 행복을 책임져야 하고, 국민들을 다 잘살게 해줘야 한다고요. 상위 1%도, 평균도 아니고요. 그런데 이게 정말 국가의 역할인 것인지, 저는 잘 모르겠어요.

제2차 세계대전 이후로 지난 수십 년 동안 국가의 역할은 국민들을 더 잘살게 만들고, GDP같이 눈에 보이는 지표를 올리는 것이 주였어요. 이걸 잘하는 게 좋은 나라였지, 국민 한 명 한 명을 잘살게 만들어주는 것은 아니었어요. 어떻게 보면 롤스식의 국가와 국민 사이 계약으로 봤을 때, 양쪽이 서로 오해를 한 채로 계약을 하지 않았나 싶어요. 국민이 기대하는 기대치와 국가가 수행하고

자 했던 역할이 불일치한 거죠. 그래서 여기에 대한 부정적인 반응이 더 가속화되는 것이 아닌가 하는 생각이 들어요. 국가가 개개인을 행복하게 만들어주고, 내 일자리를 만들어주는 것. 이것이 지금 국민이 국가에게 부여하는 과제이지 않을까 싶습니다.

함준호 저도 동의합니다. 이제 기술혁신으로 산업구조가 크게 바뀌면서 많은 기업들이 도태되겠죠. 그 과정에서 정부의 재분배 역할이 강화될 거고요. 하지만 정부의 재분배 역할이 강화되는 것과 정부가 생산을 직접 하는 것은 서로 다른 얘기일 수 있다는 생각이 들고요.

기본소득을 주창하는 일부는 현대 사회에서 창출되는 소득의 많은 부분이 자연과 사회에 귀속된 공유자산common wealth에서 비롯되는 것이고, 그렇기에 기본소득의 형태로 환원해야 한다고 주장합니다. 이렇게 보면, 지금은 소득 상위층이 자기의 노력이나 기여에 비해 훨씬 많은 소득을 가져가고 있다는 것이고, 그걸 세금을 통해서 바로잡을 필요가 있다는 것이죠.

김대식 그 말이 맞고 틀리고를 떠나서, 코로나 이전에 우리가 협상 테이블 위에 올려놓고 토론하던 어젠다들이 있었어요. 그 반면에 테이블 위로 올라오지 못하는 어젠다들도 있었죠. 지금 말씀하신 기본소득 같은 것도 본격적으로 올라오지 못했고요. 그런데 지금 그런 이슈들이 테이블 위에 던져졌다고 생각해요. 그리고 이게 올라오는 순간, 우리도 이걸 무시할 수 없는 거죠.

국가와 기업이 어떤 방식으로 만나느냐
기업의 역할 변화와 사회적 가치 추구

주경철 역사가로서 이런 이야기를 들을 때 생각나는 점은, 역사를 읽어내는 중요한 포인트 중의 하나가 '권력과 자본 혹은 국가와 기업이 어떤 식으로 만나느냐' 하는 점입니다. 그 둘이 만나는 방식은 다양합니다. 예컨대 포르투갈 같은 경우는 왕실 자본주의라고 표현할 수 있겠지요. 근대 초기의 해외 팽창 시기에, 국가가 주도해서 선박을 빌려주는 등, 해외로 나가는 상인들을 지원하는 방식이었습니다. 결과적으로 수익의 배분 또한 왕실이 주도했지요. 반면에 네덜란드나 영국 같은 경우에는 민간 위주로 이루어졌습니다. 국가는 지원 역할에 머무르는 성격이 강했지요. 그리고 그것을 중재하는 역할의 기관이 바로 의회였습니다.

그러면 서양과 비교할 때, 중국에는 어떤 모델이 있었을까요? 이를 연구한 역사가들이 있는데 간단히 요점만 정리하면, 역사상 중국에서 기업이나 시장 같은 것들이 크게 발전을 하더라도 언제나 최종적인 결정권은 황제에게 있었다는 것입니다. 국가와 방향이 안 맞으면 기업들을 언제든지 쳐내고, 회수할 수 있었던 거죠.

김대식 그러니까 역사적으로 중국에서 100% 사유 시장 경제가 있었던 적은 없다는 얘기인가요?

주경철 그러한 시장 경제나 사기업 등이 없었다기보다는, 그것이 발전하고 위치한 큰 틀 자체가 달랐다는 이야기입니다. 유럽의 경우는 전체적인 틀 자체가 자본주의의 발전으로 향하지만, 중국은 여전히 황제 중심의 체제 안에서 움직일 뿐이었다는 것이지요. 다소 거친 말이긴 하지만 요즘도 중국의 상황을 보면, 그 전통적인 틀에서 크게 벗어나지 않은 것 같습니다. 오히려 좀 더 극단적인 형태로 나아간다는 생각도 들고요. 만약에 중국 경제가 지금보다 훨씬 더 발전하고, 사기업의 힘이 강해져서 정권의 방향과 다른 방향으로 나아가려고 한다면 국가나 당이 그것을 용인할까에 대한 의문도 있습니다.

김대식 저는 지금 2020년 대한민국 국민들이 가진 국가에 대한 태도나 기대가 어떤지 궁금해요. 관련해서 조사가 된 게 이미 있을까요? 만약 우리나라에서 국민의 반 이상이 "결국은 국가가 개개인을 책임져야 한다"라고 여긴다면, 이 기대를 많이 벗어나긴 힘들잖아요. 그런데 미국 같은 경우에는 아무래도 좀 더 개인이 알아서 하는 걸 선호할 것도 같고요.

주경철 그런데 국가 보고 책임지라고 할 때 예를 들어 "국가가 너의 행복을 지켜줄 테니까 너는 저기 가서 일해라" 하는 것까지 원하는 건 아니잖아요. 내가 마음대로 나의 능력을 발휘하는 무엇인가를 하고 싶지만 약간 부족할 때, 그 부족한 부분을 채워달라는 요구를 하는 거지요. 만약 국가가 행복 자체를 보장해준다고 한다면, 그건 결국 "강제로 너를 행복하게 해줄게"라는 길로 넘어갈 위험이 있잖아요. 내 영혼에 대한 전적인 지배죠. 누구도 그걸 원하지는 않을 거 아니에요.

김대식 경제학에서는 기업이론theory of the firm이라는 게 있잖아요?

여기에서는 모든 게 생산성과 이윤 위주이지요. 우리가 보통 얘기하는 주주가치론shareholder value 또한 그렇고요. MBA에서는 항상 그렇게 이야기해왔죠. 그게 기업이 존재해야 하는 이유였지요. 기업이 사회에 대한 책임이 있다는 것은 최근에 나온 이야기이고요. 솔직히 지금은 이에 대해서 마케팅 차원에서 접근하는 게 많다고 생각해요. 그런데 이야기를 듣다 보면, 우리나라에서 시도하는 게 마케팅 차원을 넘어서고 있는 게 아닌가 하는 생각도 듭니다.

김동재 만약에 기업의 사회적 책임을 강조하고 있는 모 기업의 인사가 지금 이 자리에 있다면, 그게 아니라고 굉장히 강하게 얘기할 거예요. 이제는 사회적 가치를 창출해내지 못하면 죽는다, 이렇게까지 생각을 하고 있거든요.

사회적 가치를 창출해내지 못하면 죽는다
기업의 변화는 자본주의 생존의 문제

함준호 저도 예전에 사회적 기업, 지속 가능 경영 등의 이슈와 관련된 연구를 한 적이 있었는데, 당시에 인터뷰 과정에서 이걸 어떻게 보면 기업의 장기적인 안목에서의 위험관리risk management 같은 개념으로 볼 수 있겠다는 생각이 들었어요. 장기적으로 기업의 가치를 안정적으로 유지하기 위해서는 이해당사자들과의 관계를 안정적으로 가져가지 않으면 안 된다는 거죠. 이제 기업가들이 그걸 깨닫기 시작한 겁니다. 그러니까 제 생각에는 기업이 새로운 사회적 가치를 창출한다는 것 자체가 목적이라기보다는,

기업 자체의 가치를 안정적으로 오래 유지하기 위한 방어적 차원에서 나온 개념이라는 것이죠.

정종호 처음의 동기는 함준호 교수님이 말씀하신 대로라고 생각해요. 약간 방어적이고, 지속 가능하게 하려는 거지요. 그런데 제가 아는 모 기업 회장님은, 기업 단위의 생존 문제가 아니라, 자본주의가 지속 가능하기 위해서는 어쩔 수 없는 길이라고 보는 것 같아요. 자본주의 미래에서 유일한 선택지라는 것이죠. 본인이 그걸 느낀 게, 고용이 창출이 안 되는 거예요. 아무리 기업이 돈을 많이 벌어도, 고용이 창출이 안 되고, 시장과 자본주의 시스템이 유지될 수 없다는 게 눈에 보이는 거예요. 그런 문제의식이 있는 것 같습니다.

김대식 그런데 사회적 가치를 추구한다고 해서, 이윤을 아예 내지 말자는 건 아니잖아요. 제가 궁금한 건 그거예요. 단순히 이윤이 최대치^maximum가 아니라는 얘기인지, 다른 가치들과 비슷하다는 얘기인지.

정종호 이와 관련해서 중국 케이스도 굉장히 재미있습니다. 중국에서 후진타오^胡錦濤 시기에 과학적 발전관, 조화로운 사회 건설을 얘기하면서, 지방 관료를 평가하는 데 사용하는 여러 지표 중 하나로 환경에 대한 기여 정도를 평가했어요. 지금 CEO를 평가하는 데 있어서도 그런 것 같아요. 어느 한쪽의 가치를 포기하는 게 아니고, 같이 가는 거예요.

함준호 장기적으로 봤을 때 수익성^profitability을 안정적으로 유지하기 위해서는 단기 이윤을 희생할 수밖에 없는 거지요.

김동재 궁극적으로 사회적 가치라는 지표가 비즈니스 모델에 편입되도록 하는 거예요. 일시적이거나 부차적인 일이 아니고요. 저 개인적으로도 이 방향이 맞는다고 보고, 해야 할 일이라고 봅니다. 사실은 제가 학교 다닐 때도 〈경영과 사회business and society〉라는 과목이 있었어요. 거기에서는 처음부터 기업의 사회적 책임corporate social responsibility 이야기를 하고 있었어요. 2019년 비즈니스 라운드 테이블을 보면 그날 발표한 헌장이 있어요. 예컨대 고객한테 어떻게 하자, 고용인한테는 어떻게 하자, 커뮤니티는 어떻게 하자, 그다음에 우리 공급자들은 어떻게 하자. 그다음에 이 사회 그리고 마지막으로 주주shareholder가 나와요. 이걸 단계적으로 보면서, 저는 이렇게 생각했어요.

기업이 아무리 잘하더라도, 어느 날 갑자기 내부고발whistle blow이 터지면 기업의 가치가 진짜로 크게 훼손돼요. 제가 생각하는 가장 중요한 키워드는 이 사회적 가치, 진정성authenticity이에요. 이제 진정성이 없으면 안 된다는 거예요. 이건 아주 상징적인 일이에요. 이게 살아남는 기업의 미래인 거죠. 사회적인 가치도 창출해야 된다는 거죠.

조금 더 직접적으로 이야기하면 이런 거예요. 요즘 임팩트 투자impact investment*나 ESG 같은 것들이 떠오르고 있어요. ESG는 제가 아까도 강조했었지요. environmental, social 그리고

---

*투자수익을 창출하면서도 사회나 환경문제들을 해결하는 것을 목적으로 하는 투자방식

governance입니다. 노르웨이 펀드에서는 투자에 있어서도 ESG 스코어를 따져요.

함준호 그러니까 이런 걸 관리하는 게 기업으로서도 훨씬 유리해지는 기업 환경이 된 거예요. 예를 들어서 펀딩도 쉽고 싸게 할 수 있고요.

김동재 실제로 주가가 올라간다니까요? (웃음)

'법인'의 사고방식 자체가 변화한다
서부의 총잡이에서 착한 기업 시민으로

김대식 악마의 변호인Devil's Advocate으로서 말해보자면, 사회적 가치 시스템에 논리적인 허점이 하나 있다고 생각해요. 다 좋은 얘긴데, 빠져나갈 구멍의 씨앗이 될 수 있다는 거예요. 그리고 이게 커지면 문제가 될 수 있다고 보고요.

사회적 가치? 좋아요. 자, 지금까지는 사회가 있고, 기업이 있었어요. 기업의 역할은 돈을 버는 거였고요. 그런데 기업이 사회적 가치를 중요하게 생각하고 기업이 사회 문제에 어떠한 역할을 한다고 생각해봅시다. 그런데 여기서 우리가 잊고 있는 게 하나 있어요. 권한authority이에요. 정당화legitimation. 누구 맘대로 할 것인가? 정부는 수백 년을 걸쳐 싸워서 사회의 자원을, 그러니까 사회에 영향을 주는 일들을 독단적으로 하는 게 아니라, 목소리를 모으고 권력을 나누면서 정당화해왔어요.

아무나 할 수 있는 일이 아니었죠. 왜냐? 사회에 영향을 주는 순간, 이게 사회적인 권력이 될 수 있으니까요. 그런데 지금 기업을 봅시다. 구글이 보편적 기본소득^{universal basic income}을 주겠다고 하잖아요. 얼마나 좋아요, 돈 많이 벌었으니 그만큼 푼다는데. 그런데 사람들이 얘기하는 건, 그건 유권자 매수가 아니냐는 거예요. 사회적 가치, 아주 좋은데 저라면 기업의 사회적 가치 추구가 보편화되고, 대기업들이 사회 문제에 책임을 지기 시작하잖아요? 내가 들어가서 참여할래, 나도 같이 결정할래, 너네가 어느 분야에 사회적 가치를 둘 건지. 왜냐면 이거는 역시 선택과 집중이거든요. 아무리 큰 기업도 모든 문제를 해결할 수는 없어요. 당연히 선택과 집중을 하겠죠. 그런데 이 파장이 결국 사회로 간다면 이 사람들같이 결정해야 되는 거 아닐까?

김동재 그런데 사실 그 선택은 오너의 선호도에 따르는 게 아니에요. 그래서 비즈니스 모델에 편입시켜야 한다는 거예요. 지금은 이 모델이 완성되지 않아서 마치 유리된 것처럼 보이는데, 궁극적으로는 비즈니스 모델 안에서 돈도 벌고 사회에 도움도 주자는 이야기이거든요. 사회적으로 어떤 권한을 행사한다거나 권력을 가진다는 이야기는 아니에요. 물론 어떤 비상사태가 벌어지면 뭘 하긴 하겠지요. 그런데 기본적으로는 착한 기업이 되자는 거예요. 착한 기업 시민^{good corporate citizen}이 되자는 얘기이고요. 포스코에서는 이를 기업 시민이라고 표현합니다. 사회 안에 존재하면서 착한 기업 시민으로서 세상을 지속 가능하게 만드는 데 일조하라는 거죠. 권리가 있으면 책임도 있는 것처럼. 그런데 다른 게 아니라 자기 일을 하면서 하라는 거예요. 그러니까 착한 방법으로 하라는 얘기이죠.

주경철 좀 다른 방식으로 설명을 해본다면, 이게 법인法人이잖아요. 법인이란 '유사 사람'인데 만약에 지금까지 대부분의 법인의 행동을 사람에 대해 하듯 분석해보면 이건 거의 미치광이예요. 사람은 사람답게 살아야 되잖아요. 그런데 기업들이 최대한의 이윤 추구한다고 해온 양태를 보면 진짜 양심이라곤 하나도 없고 돈 벌기 위해서 냉혹한 일들 저지르고… 아주 최악이죠. 여태까지는 그렇게 살아갈 수 있었는데, 이제 진화한 현대 혹은 가까운 미래에서는 그러면 이제 배척받는 거예요. 자연인自然人도 서부 개척시대의 총잡이는 냉혹하게 살아야 사는데, 진화된 사회에서는 그러면 안 되잖아요. 기업가라도 교양이 있어야 되고, 남도 어느 정도 도와줄 줄 아는 세련된 사람이어야 사람으로서도 기업가로서도 가치와 능력을 인정받는 거거든요. 법인도 마찬가지라는 것이죠.

김대식 그러니까 법의 보호를 받는 수준만큼 성장을 해야 된다는 거죠?

주경철 그렇죠. 그러니까 법인도 이제는 그런 옛날식의, 서부개척 시대의 관념을 계속 가지고 갈 수는 없지요.

김동재 맞아요. 역사적인 시각으로 보면 그렇게도 볼 수 있네요.

김대식 기업을 법인, 그러니까 유사 사람으로 보는 건 언제 시작된 건가요?

주경철 최초의 주식회사는 1602년 네덜란드 동인도회사라고 하지만, 물론 중세적 기원을 찾아 들어가면 유사한 사례들은 많이 있지요.

정말로 변화의 흐름을 따라갈 수 있을까?
롱테일과 분열되는 대한민국의 미래

정종호 저는 오늘 발제를 듣고 떠오른 질문이 크게 두 가지 있어요. 우선 기본적인 전제가 변화의 흐름은 모두 기존에 존재했었는데 이게 코로나 때문에 가속화됐다는 거잖아요? 그렇다고 한다면, 실제로 코로나 때문에 더 가속화된 거는 어떤 부분이고 덜한 건 어떤 구분인지 구분이 필요하지 않을까요?

두 번째 질문은, 기업 조직의 변화 흐름을 정리 잘해주셨잖아요? 하나가 사람 중심으로 가는 기업. 그다음에 역멘토링처럼 상향식 bottom-up으로 움직이는 것. 그다음에 기업의 사회적 가치 추구. 저도 전적으로 동의하는데 막상 코로나 이후에 아이러니컬하게도 반대되는 결과들이 나올 것 같아요.

예를 들면 말은 사람 중심이라고 하지만 고용은 확 줄어요. 고용된 소수는 사람답게 살겠지만, 사실 전체적으로 보면 훨씬 더 비인간적인 거예요. 사람 중심의 대우를 받을 수 있는 숫자가 훨씬 줄어드니까요. 제가 아는 기업들도 코로나를 겪으면서 인력을 감축하고 있어요. 이 현상은 더 가속화될 건데, 그러면 전체적으로 더 비인간적이 될 거예요. 그게 아이러니이고요.

또 하나의 아이러니는 지금 상향식하고 역멘토링이라고 하지만, 그 반면에 사회적 상호작용social interaction이 너무 줄어들었어요. 정이 없다는 표현도 하지만, 그렇게 하부 구성원을 케어해주는 데 반해서, 기업 내부적으로 상호작용이 굉장히 줄어드는 거예요.

김동재　전자에 대해서는, 일단 오늘 얘기한 건 거의, 더 가속화된 부분들이에요. 그리고 후자의 질문은 굉장히 좋은 지적을 해주셨는데, 이게 이를테면 진화론적으로 말하자면 선별이 된다는 이야기이거든요. 그러니까 살아남는 소수의 기업, 시장을 선도하는 기업들은 변화를 받아들이고 흐름을 받아들이는데, 기업 전체로 봤을 때는 흐름이 오히려 반대로 갈 수도 있어요. 사실 제 발제에서 마지막 장의 내용이 그 걱정과 통해 있어요. 한국 기업들 중 몇몇은 발 빠르게 움직이지만, 나머지는 굉장히 느리고 구태의연해요. 그러니 잘못하다가 전체적으로는 완전히 망가질 수 있겠다 싶은 것이지요.

주경철　정말 어정쩡하게 있다가 망할 수도 있을 것 같아요. 차라리 그냥 냉혹하게 이윤을 추구하면서 생존하든가, 아니면 정말 크고 훌륭한 기업으로 거듭나든가 해야 하는데, 이도 저도 아니면 살아남기가….

김동재　방금 말씀하신 게 정말 중요한 당면과제인 것 같아요. 지금 막연히, 어설프게 이해한 채로 흐름을 쫓아간다고 주먹구구로 하다 보면 진정성은 떨어지고, 말씀하신 것처럼 헛발질만 하게 될 수 있거든요. 돈은 돈대로 못 벌고요.

김대식 초가속^{Hyper-Acceleration}의 트렌드 중 하나가, 어쩌면 미래에는 '하나의 대한민국'이 아닐 수도 있겠다는 생각이 들어요. 땅은 하나이지만 같은 국가 안에서도 선진국도 있고 중간도 있고, 후진국도 있고. 어떻게 보면 진정한 선진국의 개념은 다 같이 골인하는 거잖아요. 그런데 우린 항상 예제를 들 때 베네수엘라니 아르헨티나니 하는 실패한 국가들을 얘기해요. 선진국 가려다 미끄러진 나라들이죠. 그런데 중간 나라들이 몇 개 있거든요.

예를 들어서 브라질 같은 경우에는 완전히 실패하지도 않았어요. 브라질의 몇몇 기업은 선진국이에요. 항공기 만드는 엠브라에르^{Embraer} 같은 곳이 대표적이죠. 이런 엄청난 기업들이 있는 롱테일^{long tail} 국가인 거죠. 엄청난 선진국 사람들만 한다는 스포츠인 F1^{formular one} 보면 베스트 드라이버들 중에 브라질 사람들이 널려 있어요. 어떻게 보면 사회의 분배가 가장 잘 이루어지는 건, 가우스적으로 한꺼번에 움직이는 거지요.

제가 걱정하는 건, 선두 그룹은 계속 앞으로 나아가는데, 뒤처진 꼬리는 앞으로 나아가지 못하고 머리와 점점 멀어지는 거예요. 삼성전자 같은 경우에 기술력도 갖추고 있고, 적어도 앞으로 몇십 년 동안은 선도 기업 역할을 할 수 있을 거라고 생각해요. 단, 삼성에서 일자리 가지고 일할 수 있는 사람들이 몇 명이나 되겠어요. 우리나라 대부분의 중소기업들은 정말 기술력이 없거든요. 말하자면 뒤쪽 꼬리에 있는 거죠. 그래서 우리나라의 가장 현실적인 시나리오는 대한민국'들'이 생기는 게 아닐까 해요.

김동재 이상적으로, 좋게 말하면 그게 다양성일 수는 있거든요. 다양한 구성인자들이 있어서 활력도 생기고 변화도 있고 서로 도전도 하고 이러면 좋겠죠. 그런데 말씀하시는 것처럼 자칫 혼돈 상태로 가서 전체적으로 같이 하락하게 될까 봐 걱정이에요.

김대식 저랑 아주 친한 브라질 친구 말로는, 브라질 갑부들은 자가용을 타고 다니지 않고 헬리콥터를 타고 다닌다고 해요. 길거리, 차가 너무 위험하기 때문이에요. 어떻게 보면 우리는 상상할 수 없는 격차인 것이죠. 진짜 엘리트들은 좋은 건물에 완전히 고립된 채로 살면서, 헬리콥터로 출퇴근하고, 건물 밖으로 나가질 않아요. 바깥에 나가는 건 유럽 여행 갔을 때나 하는 거고, 브라질에서는 완전히 닫힌 공동체 안에서 완전히 고립된 생활을 하는 거지요. 기업을 볼 때, 이러한 격차 사회가 현실성 있는 시나리오이지 않을까, 세계적인 선도 기업이 있는 반면에 롱테일 뒤편의 꼬리에 남겨지는 기업들도 있지 않을까 해요.

김동재 저도 가장 걱정한 시나리오 중 하나가, 이게 절대적인 지표는 아니지만 과거에는 포춘 글로벌 500* 안에 들고, 세계적으로 브랜드가 알려진 기업들이 한국에 꽤 있었어요. 한국 경제 수준이 그 정도였는데, 이제 점점 희석이 될까 봐 걱정이에요. 전통적 강자들은 점점 스러지고 줄어드는데, 세계 수준에서 경쟁할 수 있는 신흥 강자가 안 보이거든요. 물론 기업이 모두 세계 수준으로 올라서야 한다는 건 아니에요. 그러지 않아도 돼요. 그런데

---

* 미국 경제전문지 《포춘Fortune》이 매년 발표하는 매출액 순위 세계 최대기업 500개 명단

한국 시장은 너무 작다는 게 문제예요.

함준호 테크놀로지 얘기로 돌아가서, 기본적으로 기술의 본질 자체가 다르잖아요. 농업이나 제조업과 비교할 때, 4차 산업혁명을 뒷받침하는 생산기술이 요구하는 최적 규모scale 자체가 다르다는 거죠. 예를 들어 디지털이나 정보재, 이런 쪽은 규모의 경제 economies of scale 효과가 훨씬 더 큰 것 같아요. 한 번 개발되면 추가 생산에 소요되는 한계비용이 거의 제로 수준이죠. 그렇기 때문에 그런 산업 내에서 경쟁력을 가지고, 생존할 수 있는 기업 자체가 몇 없는 거죠. 어떻게 보면 글로벌 시장도 작다고 볼 수 있고. 그래서 자본주의 형태가 정보에 기반한 거대 글로벌 테크기업 위주로 가는 거예요. 거기에 대응해서 할 수 있는 건, 김동재 교수님이 말씀하신 것처럼 정부가 나서서 그런 기업에 세금을 부과하고, 거기에 속하지 못한 수많은 낙후 기업들에 대해서 지원·보조를 하는 역할밖에 없는 거죠. 거대 기업들도 살아남으려면 사회적 책임을 얘기할 수밖에 없는 상황이고요.

김대식 기술 얘기가 나왔으니까 하는 말인데, 미국에 있는 사람들은 요새 그런 얘기를 많이 해요. 빅 테크big tech라고요. 구글, 아마존, 페이스북, 애플, 이렇게 네 회사 중에 두 개는 쪼개진다는 거예요. 만약에 민주당이 되면 독과점 금지를 위해서 쪼갤 거고, 트럼프가 재선되면 자기를 반대한 것에 대한 페널티로 쪼갤 거라는 거죠. 그중에서 아마존을 유력 후보로 보는 사람들이 많더라고요. 아무래도 소매retail 쪽에서 완전히 독점력을 가지고 있고,

또 트럼프와 베조스의 개인적인 관계도 있고요.

주경철 그런데 어느 한 기업만 살아남을 거라고들 이야기하지만, 예컨대 19세기 후반에 석유가 막 나오기 시작할 때를 생각해봅시다. 처음에 표준을 장악하는 기업은 엄청난 이익을 냈지만, 20세기 들어와서 세계가 석유의 세계가 됐는데 이걸 하나의 기업이 다 가져갈 수는 없잖아요. 지금 구글이나 아마존 등의 기업이 전 세계의 경제나 사회에 대해 미치는 영향력이 그렇게 커진다면, 결국은 한 기업이 이걸 다 가지지 못하도록 다른 무언가가 등장하지 않을까요?

김대식 넷 중에 한두 개를 쪼갠다는 게 경제적인 이유도 있겠지만, 최근에 보면 21세기의 권력이 이들에게 쏠리기 시작했다는 걸 느껴요. 지금 트위터 글이나 페이스북 뉴스를 어떻게 필터링하느냐가 선거 결과를 좌우할 수 있어요. 막스 베버^{Maximilian Carl Emil Weber}의 권력 독점 차원에서 보면, 사실 이건 국가와 권력을 두고 다투는 어마어마한 경쟁자인 셈이거든요. 권력이라는 게 어떨 때는 군함이 될 수도 있고 IT가 될 수도 있는데, 지금 이건 예전의 IT 반도체, 하드웨어, 휴대폰과는 또 달라요. 지금 소프트웨어 서치 엔진하고 뉴스피드 서비스는 개개인의 의견을 바꿀 수도 있잖아요. 그래서 진짜 권력이라고 다들 생각하는 거고요. 그런데 정치가 이걸 그냥 두진 않을 거예요. 왜냐면 그건 국가라는 걸 포기하라는 거잖아요.

김동재 기업이 강해지면, 언제나 가장 큰 경쟁자는 국가예요.

포스트코로나 시대, 변하는 기업이 살아남는다

포스트코로나 시대의 리더는 누구일까

새로운 시대에 필요한 새로운 리더십

김대식 아까 리더십 얘기를 하면서 아버지, 형, 이런 여러 가지 모델 얘기가 나왔는데, 김동재 교수님 생각에는 경영학자로서 정말 미래의 CEO, 미래의 리더가 어떤 쪽으로 갈 것 같아요?

김동재 저는 리더가 모든 걸 다 알 필요성이 점점 줄어든다고 생각해요. 지식은 물론이고, 전문성 측면에서도요. 옛날에도 그랬지만 가장 훌륭한 왕은 결국 장수를 잘 고르는 왕인 거예요. 그래서 결국은 인간에 대한 깊이 있는 이해가 중요하다고 봐요. 그런데 리더는 그걸 잘 포장할 수 있어야 해요. 진짜 순수하기만 한 사람들은 정무적 감각이 없어서 리더가 못 되고요.

김대식 지금 스티브 잡스를 잇는 기업가 리더십 하면, 일론 머스크가 항상 언급되잖아요? 일론 머스크는 아주 훌륭한 엔지니어예요. 그런데 저는 이 사람이 인간을 그렇게 이해를 잘하는 것 같지는 않아요.

김동재 일론 머스크는 다른 의미의 리더이지요. 가령 지금 21세기라는 조직을 가장 잘 이끌 수 있는 리더를 찾으라면 일론 머스크는 절대 아니에요. 일론 머스크는 사실상 1인 회사one man company나 다름없죠.

김대식 말하자면 교주教主, religious sect leader 아닌가요?

김동재 그렇죠. 옛날 스티브 잡스도 그랬고, 그런 사람들은 일종의 카리스마charisma에 가까워요.

김대식 그럼 포스트코로나 시대의 21세기 리더는 누굴까요?

김동재 그러니까 그런 사람이에요. 분명히 딱 봤을 때 심적으로 안심은 되고, 실력은 갖추고 있는 사람. 미국의 경영 컨설턴트이고, 대중적인 경영 서적을 많이 쓴 짐 콜린스Jim Collins라는 사람이 있는데, 이 사람이 5번째 단계Level Five 리더십이라고 얘기한 개념이 있어요. 한마디로 하자면 이거죠. 엄청난 실력이 있는데 동시에 굉장히 겸손한 거예요. 너무 어렵잖아요, 이거.

정종호 최근에 제가 넷플릭스에서 다큐멘터리 두 편을 봤어요. 하나는 〈마이클 조던: 더 라스트 댄스The Last Dance〉, 그리고 또 하나가 〈인사이드 빌 게이츠Inside Bill's Brain〉예요. 두 작품 모두 리더십과 관련되어 있는데 상당히 대비가 됩니다. 마이클 조던은 엄청난 승부욕을 가지고 있어요. 삶의 모든 것이 완전히 승부를 위한 것이에요. 팀원들에게도 굉장히 거칠어요. 별별 욕을 다 하고요. 농구는 5명이서 한 팀으로 뛰는 건데, 빌 게이츠가 다스리는 건 거대한 제국이잖아요. 그런데 오히려 빌 게이츠는 복잡함을 즐기면서도 1990년대부터 사색 주간think week이라고 해서 일주일간 독서와 사색에만 집중하더라고요. 상당히 대비되는 리더십을 보여주고 있는 거죠.

김동재 물론 빌 게이츠는 CEO 물러난 지 좀 됐지만 여전히 큰 영향력을 가진 인물이고요. 결국 저는 빌 게이츠 같은 사람이 앞서 말한 예에 가깝다고 봐요.

김대식 그런데 기업 성격에 따라서 좀 다르지 않을까요? 예를 들어서 마이크로소프트나 구글에서는 그런 방식의 리더십이 효과적일 것 같아요. 왜냐면 엔지니어들이 상당히 교육 수준이 높은 스페셜리스트들이고, 자아^{ego}가 강해요. 이들은 소속된 기업에 구차하게 매달릴 필요가 없기 때문에 더더욱 감정적인 리더십을 중요시해요. 고상한 비전을 가지고 보여주는 리더를 원하는 거죠. 그런데 거꾸로, 1만 명이 일하는 자동차 공장의 책임자가 빌 게이츠 같은 식이라면, 아무도 안 따를 것 같지 않아요?

함준호 저는 그걸 결정하는 것도 결국 기술이라고 봐요. 주어진 기술에 따라 최대 효율성을 추구할 수 있는 생산 방식, 그리고 조직과 리더십이 다른 거예요. 말씀하신 것처럼 소프트웨어 회사와 자동차 공장이 다른 것처럼 말이지요. 기술의 본질과 속성이 완전히 다른 거죠.

김대식 기존 산업하고 IT 산업의 차이는 분명 있어요. 기존 산업은 페인트칠하는 것과 마찬가지예요. 쪼아대면 일을 빨리 끝낼 수 있으니까, 여차하면 숫자로 밀어붙이면 돼요. 그런데 페인트공 100명, 아니 1,000명을 투입한다고 렘브란트^{Rembrandt} $^{Harmenszoon\ van\ Rijn}$가 나오는 건 아니거든요. 옆에서 아무리 쪼아대도 안 되는 건 안 되는 거예요. 여기에서는 옆에서 난리를 치고 쪼아대는 리더가 아무런 의미가 없지요.

기업이 변화하고, 리더십이 변화한다

그러면 당면한 문제 국면이 해소될까?

김동재 그런데 사실 이제는 자동차 공장도 조립 라인이 다 자동화되는 추세잖아요. 그러면 이제 기존의 전통적 리더십보다 새로운 리더십이 여기에 필요해질 수 있는 거죠. 함 교수님 말씀대로 주어진 기술이 변하면 그에 따라 리더십도 변하는 거예요.

그럼 이제 얘기는 다시 일자리 문제로 돌아오죠. 그런데 이 문제는 경영학으로는 해결할 수 있는 문제가 아니에요. 사회 시스템을 재편해야 하는 거지요. 이와 관련해서 사회적 가치를 추구하고, 고용이 어쩌고 경영학에서 얘기하려고 들어도, 결국은 미시적인 수준의 답밖에 낼 수가 없어요. 기업이 착한 기업 시민이 된다고 해도, 어차피 한계가 있는 거예요.

함준호 중요한 건 우리 경제가 많은 기업들의 구조조정을 감내할 만한 체력이 있느냐 있느냐예요. 통화정책이나 재정정책을 통해 뒷받침해가면서 변화해야 되는데, 여기에 몇 년은 걸릴 것 같거든요.

김동재 사실은 이 사회 시스템, 국가 시스템들을 전문성을 갖고 공부해야 돼요. 지금 너무나 몰라요. 공부한 후에 무엇이든 역할을 해줘야 한다는 거죠.

김대식 지금 자동차 업계도 전기자동차로 이행하면서, 들어가는 부품 숫자가 3분의 1로 줄었다면서요?

김동재 확 줄었죠. 부품이 다 날아갔어요. 그건 또 고용 감소로 이어질 수밖에 없고요.

함준호 정책 담당자들이 정말 스마트해야 돼요. 죽어가는 기업들한테 억지로 고용 붙들고 있으라고 해봐야 미래가 없어요.

김대식 자, 이게 기업 안에서 해결할 수 있는 문제는 당연히 아니죠. 이걸 기업 바깥에서 사회적으로, 기업 혹은 정부의 역할로 주어진다고 생각해봅시다. 가령 큰 정부가 할 수 있겠죠. 그런데 한번 계산을 해보죠. 누가 세금을 내나요? 사회적 기업 다 좋은데, 사회적 기업이 해외 시장에 수출하고 외화를 벌어 올 수 있는 건 아니잖아요. 돈을 투입하면 일자리는 만들 수 있어요. 그런데 현실적으로 돈을 벌어 와서 세금을, 소득세를 낼 수 있는 사람은 이 사회의 소수라는 거예요. 이 소수의 사람들이 내는 세금을 가지고 지금까지의 기본 사회 시스템을 지탱하고, 추가 지출을 충당해야 하는데, 이들이 왜 그걸 감당하겠어요?

김동재 이를테면 미국이 하나의 예시가 될 텐데, 저는 개인적으로 미국의 자본주의가 잘 활성화되면 생동성生動性을 가질 수 있는 이유 중 하나가 기부라고 봐요. 서약pledge이라고도 하는데, 한국에서는 하고 싶어도 못 해요. 법적으로 어려워요. 재단 같은 걸 만들어도 세금을 엄청나게 내야 하고요.

주경철 새로운 기술이 발전하면서 새로운 산업과 새로운 직업을 만들어낼 가능성은 없나요?

함준호 그게 지금 경제학에서 많이 논의되고 있어요. 역사적 사례를 보더라도 1차, 2차 산업혁명이 국가 전체적인 실업을 야기했느냐 하면 꼭 그렇지는 않거든요.

주경철 생각해보면 옛날에는 인구 95%가 농부였지요. 예전엔 "농사 못 지으면 나머지 사람들은 뭐 하고 살지?" 이랬는데, 지금 보면 다 일 찾아서 살잖아요.

함준호 맞아요. 그리고 사실은 새로운 기술이 생산성을 높여서 다른 쪽의 직업 수요를 창출하는 효과가 있어서 상쇄될 수도 있는 건데, 문제는 그 전환기가 오래간다는 거죠. 전환기에 발생하는 노동수요와 공급의 어긋남mismatch 때문에 일시적으로 실업은 발생할 수밖에 없다는 거죠. 기존의 생산기술을 갖고 있던 사람들하고, 새로운 기술에 적응하지 못하는 사람들요.

김동재 옛날에는 이런 걸 산업 정책으로 시행했어요. 막 만든 기계공고, 전자공고 등에 농사짓던 사람들을 막 집어넣는 거예요. 지금 보면, 가령 유망한 기술이 코딩이죠. 그런데 서울대 컴퓨터공학과 정원은 계속 동결되어 있어요. 차라리 정원을 풀어주면 다 그리로 가서 기술 배워 나올 건데, 한국에서는 그게 안 되는 거예요.

함준호 지금 각종 산업에 만연한 규제가 다 마찬가지예요. 새로운 기업과 시장에 조그만 일자리라도 자꾸 생겨나게 만들어줘야 하는데, 그걸 못 해요.

세상이 변하고, 기업이 변한다면 정부 또한 변해야 한다

김동재 문제는 이거예요. 누구도 다 모르는, 처음 가보는 길이에요. 당연히 정부도 모르는 거잖아요. 그런데 다 안다는 것처럼 계획planning식으로 접근하면 안 된다는 거지요.

포스트코로나 시대, 변하는 기업이 살아남는다

김대식 저는 이걸 조금 더 비관적으로 보는데, 항상 생각하는 문제이지만 새로운 일자리는 당연히 생겨요. 그런데 이 남아나는 사람들을 다 흡수할 만큼 많은 일자리가 생기느냐가 핵심이겠죠.

함준호 결국에는 새로운 기술의 본질이 어떠냐에 달려 있겠죠.

김대식 주 교수님이 말씀하신 것처럼 19세기에는 사실 농부들이 90% 이상을 차지했잖아요. 그런데 그 인원들이 지금 보면 다 사무실로 옮겨 간 거죠. 그렇게 이전할 수 있을까가 문제인 거고요.

정종호 지금 보면 고용할 수 있는 능력도 있고, 돈도 있고, 고용할 분야도 있는데 노동 탄력성 때문에 고용을 못 하고 있는 경우가 있어요. 그것만 아니어도 생각보다 굉장히 고용을 많이 할 수 있는데, 그러질 못해요.

함준호 지금 대부분의 기업이 그렇죠. 규제를 잘 정비해서 그런 수요가 시장에서 충족될 수 있게 하는 게 정부의 역할이죠.

김동재 큰 정부에 지금 말씀하신 것 같은 그림자가 있죠.

김대식 우리가 1차, 2차, 3차, 4차 산업혁명 얘기하는데, 1차 증기기관, 2차 전기, 3차 컴퓨터, 그리고 4차는 AI라고 칩시다. 그런데 이 네 개가 완전히 독립적인 게 아니잖아요. 두 개씩 묶여 있거든요. 1차와 2차가 합쳐져서 1차 기계 혁명이 완성됐다고 얘기를 해요. 이때 육체적인 노동력을 자동화한 거예요. 이제 농사를 짓는 데 근육이 아니라 머리를 쓰기 시작했죠. 지금 우리나라 직업의 60% 이상이 서비스업인 것으로 기억해요. 손발이 아니라 머리를 쓰는 거거든요. 1차 기계 혁명 때 우리의 육체적인 노동력을 대체했고, 머리를 쓰는 방향으로 이행했죠. 수천만 명이 교육을 받아서 지금 다 그렇게 살고 있어요. 그런데 3차, 4차 산업혁명의 결과는 인지능력의 자동화이거든요. 4차 산업혁명이 완성되고 2차 기계 혁명이 일어나 인지적인 노동력이 대체되면, 그 수천만 명이 할 일이 뭐가 남을까요? 사람이 쓸 수 있는 건 몸 아니면 머리밖에 없잖아요.

함준호 그러니까 중간 기술에 해당하는 사무직종이 타격을 받는 거죠. 4차 산업혁명의 본질상 자본의 노동대체 현상은 어느 정도 불가피하다고 봐요. 근데 과연 다른 쪽에서 새로운 직종이 생성된다고 해서 이 인력을 다 흡수할 수 있겠느냐? 저는 재교육 문제도 있고 해서 좀 쉽지 않을 것으로 생각이 돼요. 그러니까 기본소득 얘기도 나오는 거죠.

김대식 그러니까 제가 봤을 때 결론적으로 '큰 정부'는 피할 수 없을 것 같아요.

함준호 고용보다는 분배 측면에서 그런 정부의 역할이 강화되겠죠.

김대식 이거는 사회에서 계속 논쟁을 해야 되잖아요. 그럼 제가 봤을 때 "큰 정부는 절대로 안 된다"라는 것보다는, 크고 스마트한 정부를 원하는 방향으로 가야 할 것 같아요. 무작정 큰 정부에 반대하고 나서는 건 결국 지는 싸움이라고 생각이 되고요. 지는 싸움을 하지 말고 스마트한 큰 정부를 주창하는 게, 내러티브에는 훨씬 더 도움이 될 거라는 거예요.

함준호 증세도 그런 거죠. 사실 앞으로 증세가 필요하다는 데는

포스트코로나 시대, 변하는 기업이 살아남는다

보수진영도 크게 반대 안 해요. 하지만 증세를 하더라도 포퓰리즘으로 가지 않으려면, 아무리 적은 금액이라도 모든 사람들이 세금을 부담하도록 하고, 돈을 효율적으로 쓰라는 얘기이거든요. 일맥상통하는 얘기이죠.

김동재 사실 이정도의 과제를 미시 수준에서 해결할 수가 없어요. 그러니까 정부 차원에서 해야 되는데, 문제는 아까 얘기한 대로예요. 아무도 모르지만 우리는 안다, 이런 식으로 계획적으로 나서면 굉장히 위험한 거거든요.

주경철 큰 중국 정부big chinese government는 좀 싫죠. 아무래도 크고 좋은 정부big and good government가 되어야 하겠고요.

보편적 기본소득은 가능한가
대한민국의 미래를 상상하다

김대식 그런데 함준호 교수님, 우리나라에서 정말 경제학적으로 기본소득이 가능한 건가요?

함준호 엄청난 세금을 거둬야겠죠. 그런데 최근 유럽을 중심으로 기본소득 이야기가 나오는 배경을 살펴볼 필요가 있어요. 사회복지제도가 남발되고 복지가 비효율적으로 집행되는 상황에서, 복지제도를 개혁하면서 차라리 이걸 돈으로 주면 자기가 알아서 자신의 복지에 가장 효율적으로 쓸 수 있게 되지 않겠느냐 하는 취지에서 도입 논의가 이루어지고 있거든요. 근데 지금 우리나라는 복지제도의 수준이 높으냐 낮으냐를 가지고 찬반 논란이 있는 거고요. 실제로 지금 복지에 들어가는 돈은 많지 않지만 앞으로 인구구조 변화를 고려하면 기존 복지 수준에서도 지출이 엄청나게 늘어난다는 얘기이죠. 그런 논란이 있는 데다가 기존 복지제도를 선별 혹은 대체하면서 기본소득을 도입하자는 주장은 거의 없고. 지금의 제도에다 추가로 도입해야 한다는 얘기를 정치권에서 주로 하는 거고요.

하려면 할 수는 있겠죠. 기존 복지제도를 아주 효율적으로 정비하고 과세 기반을 더 넓히고요. 지금은 근로소득자의 40%가 면세이니까요. 그러니까 실질적으로 국민개세주의에 입각해서 조금이라도 다 내면서 거기에 누진제를 적용해서. 결국 부자와 기업들이 훨씬 큰 부담을 하겠지만요. 다만 정치적으로 그런 합의를 이뤄낼 수 있을지, 저는 쉽지 않을 거라고 생각해요. 복지와 세정 개혁 없는 기본소득은 경제적으로 뒷받침하기 어렵다고 봅니다. 요즘 얘기가 많이 나오는데, 밀턴 프리드먼의 마이너스 소득세. 저는 사실 그 방안이 합리적인 것 같아요. 아예 모든 소득에 대해서 모든 사람에게 투명하게 종합소득세를 매기는 거예요. 거기에 누진세 적용하고. 그러고 나서 소득 수준에 따라서 최저생계가 진짜 보장이 안 되는 사람들한테는 마이너스 세금으로 보조금을 주는 거죠. 그러면 모든 사람에게 기본소득을 제공하는 것보다 진짜 필요한 사람들에게 돈이 가면서 가장 재원을 효율적으로 쓰는 거죠. 지금처럼 복잡다기한 복지시스템에서 돈이 새거나 사각지대가 생기는 문제도 없고.

김대식 가끔 보면 사람들이 그러잖아요. "내가 뭐 대한민국에서 태어나려고 결정한 것도 아니고, 선택권이 없었다. 그러니까 나 잘 돌봐달라" 얘기를 하지만, 반대로 국가도 이 시민들을 선택한 건 아니잖아요. 사실은 서로 선택권이 없었던 상황에서 지금의 계약 관계를 가지게 된 거거든요.

어느 자유주의자libertarian 경제학자가 그런 얘기를 했더라고요. 이게 처음부터 서로 동의한 관계가 아니기 때문에, 돈을 좀 주고 헤어지자는 거예요. 우연의 결과로 한 국가의 국경선 안에서 태어났기 때문에 누리는 권한들이 있잖아요. 그러면 한 사람당 80년 산다고 치면, 한 국가가 개개인에게 돈을 얼마나 투자하는지 대충 계산할 수 있다. 열여덟 살 되면 그 돈을 그냥 주고, 대신 국가에 대한 권한을 다 버리자. 그리고 각자가 살고 싶은 나라에 가서 살아라. 그렇게 되면 국가도 시장경제가 된다는 거예요. 가장 매력적인 국가로 사람들이 몰릴 거라는 거죠. 그런데 지금은 옛날 시스템인 거예요. 국가와 개인의 연결고리가 고착되어 있어요. 우연의 결과로 거기에 태어나서, 어떠한 선택의 여지가 없는 거죠.

실리콘 밸리에 밀턴 프리드먼의 손자가 만든 스타트업이 하나 있었는데, 공해international sea상에 크게 새로운 국가를 만든다는 거예요. 그래서 전 세계에서 개인한테 가장 많은 자유를 주고 기업한테 권한을 주는 제도를 만들면 경쟁력 있는 국가가 된다. 그러면 전 세계 최고의 재능 있는 사람들이 몰려올 거라는 얘기이지요. 그러면 어디서 살든 간에 자기네한테 제일 세금 많이 낼 거라는 거예요. 결국은 국가도 선택하게 하자는 얘기예요.

이게 막연한 공상이 아니고 싱가폴, 두바이, 몰타, 이런 작은 나라들이 이미 하고 있어요. 소득세를 없애고, 전문지식 있는 사람들 이민을 받고 하는 거죠. 그런데 이걸 아주 급진적으로 사업화하자는 거예요.

정종호 만약에 지금 교수님들이 나라를 한 군데 골라서 살 수 있다고 한다면, 어디가 좋으시겠어요? 선뜻 고르실 수가 없죠. 아직까지는 그래도 한국이 국가 경쟁력이 있어요.

김대식 그런데 이건 뇌과학자로서 말하고 싶은데, 지금 우리가 한국이 좋다고 생각하는 건 인간의 뇌가 처음에 10년 동안 시간을 보낸 데 맞춰서 뇌가 적응^{adaptation}이 되었기 때문이라는 거예요.

함준호 저도 한국에 있을 거긴 해요. 사람이 행복하려면 좋은 관계가 필요하잖아요. 제가 지금껏 쌓아 올린 관계들이 한국에 다 있기도 하고요. 그런데 어쨌든 한국이 지금 가지고 있는 국가 경쟁력이 지속 가능한지가 문제이지요. 지금 한국 좋아요. 치안도 좋고, 대중교통도 싸고, 한류도 있고. 특히 한국에 유학 온 외국인 학생들처럼 젊은이들에게 어필할 수 있는 게 굉장히 많죠. 그런데 우리가 이걸 이렇게 계속 유지할 수 있겠느냐는 게 걱정스러운 부분이에요.

○ 미래의 새로운 패권 구조 안에서 활로를 찾을 수 있을까
엔터테인먼트 산업과 울프 워리어 외교

김대식 사실 우리가 항상 중국이 전 세계의 공장이라고 얘기하잖

아요. 우리나라도 우리 나름대로 미래 산업을 찾아야 하는데, 지금으로서는 IT 쪽에서 앞서나가고 있다고 해도 그게 언제까지 갈지도 모르는 일이고요. 우리나라 안의 시장을 넘어서 전 세계 시장을 대상으로 뻗어나갈 수 있는 경쟁력이 필요하다고 보거든요. 미래의 새로운 패권 구조 안에서 우리나라가 혹시 LA 같은 역할을 할 수는 없을까요? 말하자면 엔터테인먼트 상품entertainment product을 계속 만들어내는 거지요. 그러니까 우리나라가 산호세San Jose는 못 되더라도, LA는 될 수 있지 않을까 하는 거예요.

요즘 한국 엔터테인먼트 하면 누가 뭐래도 BTS인데, 새로운 영상 하나 유튜브에 뜨잖아요? 그러면 몇 시간 만에 조회수가 몇백만, 몇천만을 찍어요. 그게 대부분 외국인들이고요. 이게 처음에는 교포 위주로 소비되다가 그다음에 아시아, 그다음에 백인들, 이렇게 확장이 되었을 거잖아요. 이런 거 항상 소프트 파워라고 부르는데, 이게 상당히 강한 것 같아요. 저는 소프트 파워가 경쟁력이 있는 이유가, 국가가 간섭을 안 했기 때문이라고 생각하거든요. 만약에 〈국가 엔터테인먼트 5개년 계획〉 이런 거 했다면 망했을 거라고 생각해요.

정종호 엔터테인먼트를 포함하여 콘텐츠 분야의 성장은 우리나라의 경제적 발전과 소프트 파워 증진에 많은 도움이 됐어요. 한국의 인지도와 이미지 제고에 큰 기여를 함으로써 전반적으로 한국 상품의 경쟁력을 제고했죠. 이 분야는 우리가 분명 경쟁력은 있는데, 시장 규모 자체는 상대적으로 작아요.

여기에 더하여 의도치 않게 사드THAAD가 초래한 결과가 있어요. 중국이 한한령限韓令*을 내렸잖아요. 그러면서 중국 자체의 콘텐츠 경쟁력이 굉장히 올라갔어요. 그 전까지는 대부분 모방이었는데, 한한령 하면서 자체제작을 많이 하게 됐고, 그 결과 중국에서 생산하는 엔터테인먼트 콘텐츠의 수준이 올라간 거예요.

김대식 저도 얼마 전에 《울프 워리어 2》를 봤어요. 말하자면 중국 버전의 《람보》인데 세계관이 아주 흥미롭더라고요. 아프리카에 중국 사람들이 가서 일을 하잖아요. 근데 미국 용병들이 아프리카 사람들을 인질로 잡은 거예요. 여기 중국 특공대가 들어가서 악당인 용병들을 다 죽이고 거기 있는 흑인들을 구해주죠. 완전히 전형적인 영웅 서사인데, 할리우드 영화의 공식을 그대로 받아들이면서 단지 국적만 갈아치우고 있어요.

정종호 그런 맥락에서 최근 중국의 저돌적이고 공격적인 외교를 '전랑战狼, Wolf Warrior 외교'라고 하고 있습니다.

김대식 그렇더라고요. 저는 그걸 보면서 두 번 놀랐어요. 첫 번째는 이렇게 세계관과 스토리텔링을 구성한다는 점에 놀랐고, 두 번째는 그게 놀랍다고 생각하는 저 자신에게 놀랐어요. 그러니까 어떻게 보면, 전 세계를 쏘다니면서 활약하는 걸, 백인 남성이 할 때는 당연하게 생각했으면서 그게 중국인이 되니까 묘한 느낌을 받은 거예요.

*중국 정부가 자국 내 중국인들에게 대한민국에서 제작한 콘텐츠 또는 한국 연예인이 출연하는 광고 등의 송출을 금지하도록 명한 한류 금지령을 말한다.

김동재 중국은 고작해야 겨우 재키 찬成龍, Jackie Chan 정도라는 이미지가 있었던 거죠.

김대식 그러니까요. 저도 어쩔 수 없이 교육을 그렇게 받았기 때문에, 그런 이미지를 가지고 있었던 거죠. 그리고 중국이 지금 엔터테인먼트 산업에서부터 그 이미지를 완전히 쇄신하려고 무섭게 시도하고 있는 것이고요.

김동재 역시 각기 다른 전공의 교수님들과 얘기하다 보니까 다양한 내용을 가지고 이야기를 나눠볼 수가 있네요. 저희가 매번 계속 확인하듯이, 많은 부분에서 기존에 진행되던 일들이 가속화되는 것 같습니다. 자본주의의 진화도 이번 코로나 시대를 겪으면서 가속화되고 있습니다. 사실 기업들이 막대하게 커지고 사회 전체가 영향을 받게 되면서 적지 않은 문제가 쌓여왔습니다. 기업들에 대한 불신도 커져온 것이 사실입니다. 요즘 ESG가 급속히 경영의 화두로 떠오르고 있습니다. 개념적으로만 여기던 기업의 사회적 역할에 대해 근본적으로 고민하고 행동에 옮기는 기업들이 늘어나고 있습니다. 기업 내부적으로도 구호로만 외치던 사고의 변화, 일하는 방식의 혁신을 이제는 실행해야만 하는 상황을 맞이하고 있습니다. 모쪼록 코로나 사태라는 생각하지도 못한 일이 자본주의의 진화과정에서 풀어야 했던 문제들을 일부라도 근본적으로 해결하는 출발점이 되었으면 하는 바람을 가져봅니다.

뇌과학으로
포스트코로나
미래를 보다

반세계화, 인공지능, 감시자본주의

김대식

과학과 인문학의 경계를 넘나들며 인류의 과거와 현재 나아가 미래를 날카롭게 분석하는
융합적 지식인. KAIST 전기 및 전자공학부 교수이자 뇌과학자이며, 건명원의 원장을
맡고 있다. 독일 막스-플랑크 뇌과학연구소에서 뇌과학으로 박사학위를 받은 뒤
미국 MIT에서 뇌인지과학 박사후 과정을 밟았다. 일본 이화학연구소 연구원, 미국
미네소타대학교 조교수, 보스턴대학교 부교수를 역임했다.

우리는 이제껏 여러 번 초가속 혹은 대가속Great Acceleration의 시대라는 이야기를 해왔습니다. 저는 뇌과학자로서, 인공지능 전문가로서 이것이 우리에게 어떤 영향을 미칠까 이야기해보려 합니다. 자, 현 상황은 이겁니다. "어떻게 보면 진짜 21세기가 2020년에 시작하게 되는 것 아닐까?" 1914년의 제1차 세계대전, 1929년의 대공황Great Depression으로 20세기가 본격적으로 막을 연 것처럼, 21세기도 대봉쇄Great Lockdown, 대가속으로 시작하게 되는 게 아닌가 하는 겁니다.

우리가 이에 대해서는 여러 가지 가설을 세워볼 수 있겠습니다. 팬데믹이 일어나고, 포스트팬데믹 시대에 벌어지는 일들을 보니, 그전에 있었던 경향들이 가속화되더라는 겁니다.

'애니웨어 피플'만이 세계화의 이득을 독점했다: 세계화의 폐해와 반세계화 진행의 이유

그러면 어떤 것들이 가속화할까, 나열을 해보겠습니다. 먼저 반세계화de-globalization라는 측면이 분명히 나타날 것 같고요. 토머스 프리드먼의 『세계는 평평하다The World Is Flat』가 세계화의 프레임을 가장 잘 표현한 책 중 하나이지요. 세상이 이제 평평해져서, 실리콘밸리에서 디자인한 것을 인도 뭄바이에서 코딩하고, 중국에서 만들고, 전 세계에서 팔리고. 이것이 2000년 전후의 세계화 경향을 표현하는 이론적인 배경이었다고 한다면, 눈에 보이는 세계화의 핵심은 다보스 포럼이었죠. 세계경제포럼World Economic Forum에 모이는 면면이 모두 세계화를 적극적으로 지지했던 사람들이에요. 세계화가 결국에는 인류모두의 혜택으로 돌아온다는 것을 믿었고요. 이 주류 흐름을 저를 포함한 우리 모두가 믿고 있었습니다.

그런데 지금 와서 많은 사람들이 생각하는 게, 세계화로 인해 지난 30년 동안 경제학적으로도 경영학적으로도 생산성은 높아졌는데, 문제는 세계화의 혜택이 생각처럼 균등하게 돌아가지 않았다는 거지요. 평균으로 보면 혜택이 엄청나지만, 중간값을 보면 상당히 불평등하다는 겁니다. 어쩌면 이게 반세계화로 가는 자극impetus이 될 수도 있을 것 같고요.

사실 이 불평등이라는 게, 애초부터 누가 의도한 결과는 아닙니다. 적어도 그렇지 않다고 믿고 싶어요. 하지만 처음부터 구조 자체에 문제가 있었던 게 아닐까 돌아보게 됩니다. 지금 돌아보면 세계화라는 것이 더 많이 가진 사람, 많이 배운 사람, 경험이 많은 사람, 이런 사람들에게는 시장이 커지고 기회가 많아지는 일이죠. 내가 활약할 수 있는 무대가 전 세계로 넓어지는 거니까요. 그런데 가령 웨스트버지니아West Virginia주에서 탄광에서 일하는 탄광 노동자에게는 기회가 아니라 경쟁이 늘어났을 뿐이라는 겁니다. 중국 시장이 열린들 이 사람들이 중국 탄광에 가서 일할 수 있는 것도 아니고, 오히려 중국제 석탄이 저렴한 가격으로 미국 시장에 들어와 경쟁자가 될 뿐인 겁니다. 그러다 보니 이 세계화의 혜택이라는 것이 상당히 불평등할 수밖에 없었죠.

지금에 와서는 이렇게 나눠서 부르더군요. 애니웨어 피플anywhere people과 섬웨어 피플somewhere people의 경쟁이라고요. 애니웨어 피플이라는 건, 세계화가 진행되면서 어디에서나 살아남을 수 있는, 돈이 있거나 언어를 잘하거나 능력을 어디서나 발휘할 수 있는 사람들이죠. 대부분 교육을 많이 받은 사람이고요. 반대로 불이익을 가진, 한 사회에서 한 언어만을 사용해서 살아갈 수 있는 사람을 섬웨어 피플이라고 부르더군요. 이 두 부류에게 세계화라는 것의 여파는 전혀 다르게 다가오는데, 그러면 이 그룹의 비율이 어떻게 될까 살펴봤더니 애니웨어 피플이 10% 남짓이면 80~90%가 섬웨어 피플이라는 겁니다. 다시 말해서, 세계화를 통해 혜택을 받은 사람은 고작해야 10~20%밖에 되지 않았던 거죠. 그런데 표현이 되지 않았어요. 항상 주류 언론이나 미디어에서는 세계화의 밝은 면만을 조망하고 있었고요. 우리끼리 항상 다보스 포럼에 가면 그런 얘기를 했습니다, 본인들도 몰랐는데 어딘가 이상한, 불쾌감unbehagen 같은 것이 있다고요.

사실 섬웨어 피플 입장에서도 세계화로 인한 간접적인 이득benefit이 있을 수도 있어요. 하지만 그런 부분은 체감하기 어렵고, 무엇보다 사람들이 가장 직접적으로 느끼는 건 일자리 문제이거든요. 그런데 섬웨어 피플 입장에서 볼 때는 일자리가 줄어든다는 거지요.

뇌과학으로 포스트코로나 미래를 보다

2차 세계화에 따른 불평불만의 정치세력화?:
지역별 정체성과 부족주의 형태로 반세계화가 나타날 것

제가 최근 재미있게 읽은 『붕괴Crashed』이라는 책이 있습니다, 지은이는 컬럼비아대학교 경제사학자인 애덤 투즈Adam Tooze 교수인데, 이분은 책에서 우리가 지금 2차 세계화의 결말을 보고 있는 것이고, 그 이전 19세기 말에 1차 세계화가 있었다고 주장합니다. 1, 2차 산업혁명이 끝나면서 19세기 말의 데이터를 보면, 당시 유럽과 미국, 호주, 뉴질랜드, 남아프리카 사이에서 있었던 무역량이 어마어마합니다. 무역만이 아니라 금융 쪽에서도 상호작용이 활발하게 일어나고, 엄청난 세계화가 일어나고 있었던 거죠. 어떻게 보면 일본은 이때 세계화의 흐름에 탑승하면서 메이지 유신을 거쳐 선진국 대열에 합류한 거죠.

1차 세계화를 돌아보면, 지금과 똑같이 불평불만이 나왔더라는 겁니다. 그런데 이 불평불만이 표현이 안 되다가 비로소 드러나기 시작한 것이 제1차 세계대전 이후입니다. 실제로 군인 신분으로 전쟁에 나갔던 사람들은 1차 세계화에서 혜택을 보지 못했어요. 오히려 전쟁에 나가서 불구자가 되고 거의 망하다시피 해서 돌아와보니까 전쟁에 안 나갔던 사람들은 1차 세계화로 혜택을 받고 더 잘살고 있더라는 거예요. 그래서 이때 1차 세계화에 대한 거부감, 파시즘fascism, 포퓰리즘 같은 것들이 들어오고, 20년 후에 제2차 세계대전으로 갔다는 게 이분의 주장이에요.

제2차 세계대전 이후에 우리는 여러 가지 제도를 만들었죠. 브레턴우즈 협정Breton-Woods Agreement, 달러 금본위제dollar-gold standard, 국제통화기금International Monetary Fund, IMF 같은 것들이요. 뭐, 만든 건 케인스이지만 이분은 이 역사를 다 경험한 사람이거든요. 그렇기 때문에 세계화가 주는, 금융 불균형financial imbalance, 기축 통화reserve currency, 그리고 이 불평등의 문제를 해결하기 위해서 이런 구조를 만들었는데, 아시다시피 1970년도에 들어오면서 결국은 분리decoupling가 됐죠.

그리고 애덤 투즈 교수 말로는 1980년부터 2차 세계화가 시작이 됐어요. 그리고 1차 세계화 때 일본이 가장 혜택을 받은 것처럼, 2차 세계화에서 혜택을 많이 받은 나라 중 한 곳이 바로 한국이었겠지요. 그리고 2차 반反세계화는 사실 금융위기로 시작됐죠. 사실은 그 이전부터 조짐은 있었는데, 금융위기가 일어나고 은행, 기업들이 망하는 걸 보면서 '어, 이거 뭔가 이상한데?' 하고 느끼면서 반세계화의 분위기가 조성되기 시작한 거죠.

『붕괴』는 코로나 바이러스 사태 이전에 나온 책입니다. 그런데 이 책에서 주장하기로는, 1차 반세계화 때도 사람들 간의 불평불만이 10~20년 정도 유지되다가, 선동가demagogue들이 나와서 이걸 정치적으로 표현하기 시작하면서 문제가 벌어지더라는 겁니다. 그러니까 뭐냐면, 지금은 어떻게 보면 사람들 사이에서 막연히 불평불만을 털어놓는 시대는 끝났어요. 한 20년 동안 그런 시대였지만, 이제 이것이 서서히 정치화되기 시작할 시점이라는 겁니다. 이것 때문에 투즈 교수가 이 책을 쓴 거예요. 이제부터는 반세계화의 흐름이 아마

뇌과학으로 포스트코로나 미래를 보다

정치화될 거라는 거죠. 여기에서 "그럼 어떻게 끝날까" 하고 질문을 하는 거고, 투즈 교수는 2차 반세계화가 1차 반세계화와 같은 식으로 끝나면 안 된다, 어떻게 해서든 다르게 해소해야 한다고 말하는 겁니다.

이 책이 나오고 2년이 지났는데, 이번에 코로나 바이러스 사태가 터지면서 이 정치화의 압력이 좀 더 가속화되지 않을까 하는 생각이 듭니다. 저로서는 이것이 첫 번째 가속이 아닐까 싶고요. 두 번째 가속은 미국과 중국의 관계가 다시 멀어지는, 신냉전 또는 냉전 2.0이라고 부르죠. 그리고 다음, 사실 제 전문은 이거죠. 세 번째 트렌드는 어떻게 보면 반세계화와 냉전 2.0과도 좀 연결될 수 있습니다. 각자의 정체성과 어느 정도의 부족주의^{tribalism}, 그러니까 세계화 사회가 아니라 부족 사회로 가지 않을까 하는 이야기를 드리고 싶네요. 뇌과학자인 제가 말씀드릴 수 있는 건, 인간에게는 세계화된 세상보다는 부족적^{tribal} 세상이 훨씬 더 자연스러운 겁니다. 우리 호모 사피엔스가 지구에 등장한 건 30만 년 됐지만, 문명은 1만 년, 세계화는 채 200년이 안 됐거든요. 그러니까 어떻게 보면 우리에게 보다 자연스러운 것은 부족주의인 거죠.

뇌가 완성되는 결정적 시기에 우리의 정체성이 결정된다: 우리가 고향에 끌리는 이유

더구나 또 하나 문제가 있는데, 뇌 발전 과정과 관계가 있습니다. 우리 뇌가 좀 복잡하죠. 신경 세포가 10^{12}개 있고, 신경 세포들마다 수천, 수만 개하고 연결이 되어 있으니까, 10^{15}개 정도 되는 신경 세포의 연결고리가 있다는 얘기입니다. 이 연결고리들을 우리가 다 가지고 태어나는 건 불가능합니다. 이 연결고리들은 말하자면 주소록이거든요. 신경세포 7번은 13번·15번·17번하고 연결해라, 뭐 이런 인덱스인 거죠. 그러다 보니 뇌는 우리가 태어날 때 완성되지 않은 상태입니다. 뇌 안에 있는 연결고리를 한반도에 있는 도로망이라고 생각한다면, 우리가 태어날 때 고속도로는 깔려 있는 상태로 태어나요. 서울에서 부산을 가는 경부고속도로는 깔려 있죠. 그런데 부산에서 해운대, 태종대로 이어지는 작은 도로는 완성되지 않고, 이것들은 랜덤으로 만들어놓습니다.

그다음에 뇌가 어떻게 완성이 되느냐, 결정적 시기라는 게 있습니다. 모든 동물, 특히 포유류에게는 이 결정적 시기라는 게 있는데, 오리 같은 경우는 태어나서 몇 시간, 고양이는 태어나서 4주에서 8주, 원숭이는 태어나서 1년, 사람은 태어나서 10년에서 12년 정도가 바로 결정적 시기라고 알려져 있습니다. 이 시기에 우리가 자주 경험한, 경험에서 활용되는 신경세포는 살아남고, 경험에서 사용되지 않은 신경세포들은 다 지워버립니다.

이걸 처음에 발견한 사람이 콘라트 로렌츠^{Konrad Zacharias Lorenz}라는 분입니다. 이 발견 덕분에 노벨상까지 타셨는데, 오리들은 어미 오리를 쫓아다니잖아요? 그런데 오리가 알에서 까고 나올 때, 어미 오리를 다른 데 숨겨놓고 본인이 오리들 앞에 서 있었다고 해요. 그랬더니 오리들은 태어나서 평생 이 사람을 쫓아다니더란 겁니다. 그러니까 오리는 생물학적 엄마를 알아보고 쫓아다니는 게 아니고, 태어나서 처음 본 대상을 쫓아다니는 거예요. 이 각인^{imprinting}이 고정되어서 안 바뀝니다. 결정적 시기에는 뇌가 거의 젖은 찰흙과 같아서, 이 당시에 하는 경험을 통해서 뇌 하드웨어가 고정되어버립니다. 이것이 우리의 정체성이고, 이렇게 만들어진 건 바꾸기가 상당히 어려워요. 인간도 결정적 시기 이후에 학습하는 모든 것은 소프트웨어로 배우는 것일 뿐이지, 뇌 자체는 바뀌지 않거든요.

사람은 사실 결정적 위기를 정확히 파악하기 위한 실험을 하기 어렵죠, 아무래도. 경험상으로 10년에서 12년이라고 그러는데, 이 결정적 시기에 만들어지는 게 바로 우리가 나중에 얘기하는 '고향'이라는 개념입니다. 고향이 왜 편할까요? 바로 나의 뇌를 완성시키는 환경이거든요. 그 냄새, 그 색깔. 그냥 그게 편한 거예요. 뇌 안에서 하드웨어가 사용하는 원어 그대로 통용되는 환경이니까요. 번역할 필요가 없어요. 그런데 우리가 어른이 돼서, 만약에 미국으로 유학을 간다고 하면, 미국의 현실을 원어 그대로 받아들이는 게 아니라, 항상 번역을 해야 합니다, 머리 안에서. 예를 들어서 "미국의 하버드대학교는 우리나라의 서울대학교이다"라고 하는데 당연히 아니죠. 그런데 번역을 하는 방법밖에 없으니까 알아듣기 쉽게 이렇게 이야기 하는 거예요. 그러다 보니, 우리가 세계화된 세상에서 다양한 문명권에서 온, 다른 문화를 가진 사람들과 이야기할 때, 뇌가 만들어놓은 본인의 정체성 프레임에서 나오는 건 상당히 어렵습니다. 발달 문제가 있는 거고요.

음모론적인 뇌, 보이지 않는 것을 본다: 우리가 남과 비교하면서 불행해진 이유

그리고 두 번째로, 더 큰 문제가 하나 있어요. 사실은 우리 뇌 구조 자체가 아주 음모론을 좋아하도록 만들어져 있습니다. 제가 이 음모론적인 뇌the conspiratorial brain라는 주제로 책을 하나 구상하고 있는데, 뇌가 아주 잘하는 게 뭐냐면 바로 '보이지 않는 것을 볼 수 있는 능력'입니다. 이건 사실 나쁜 게 아니죠. 이 덕분에 우리는 문명을 만들고, 예술을 만들 수 있었으니까요. 다만 이 특성이 음모론적인 측면에서 문제가 될 수 있다는 것입니다. 왜 이런 게 가능할까요? 이유는 간단합니다. 뇌가 머리 안에 있기 때문입니다. 이게 무슨 얘기일까요? 당연히 뇌가 머리 안에 있는 건데 말이죠. 자, 뇌가 머리 안에 있다는 것은 사실 철학적으로 아주 큰 의미가 있습니다. 뇌는 세상을 직접 관측할 수가 없어요. 뇌에 발이 달려서 세상을 직접 보는 게 아니라, 두개골이라고 하는 어두컴컴한 감옥 안에 평생 갇혀 사

뇌과학으로 포스트코로나 미래를 보다

는 거지요. 마치 플라톤의 동굴과 같습니다. 뇌는 그 안에 갇혀 살면서 우리의 눈과 코, 귀를 통해서 들어오는 그림자, 간접적인 정보를 가지고 해석을 할 수밖에 없습니다. 여기서 우리의 눈·코·귀가 완벽하다면 큰 걱정을 할 필요가 없겠지요. 그냥 우리 눈에 보이는 세상이 세상 그 자체인 것이니까요. 그런데 알고 보니까, 우리의 눈·코·귀에는 엄청난 문제가 있습니다. 뇌가 어마어마한 해석을 하지 않으면 큰 실수를 할 수 있어요.

예를 들어 다음의 그림을 보면, 사실 중간에 있는 삼각형은 실제로는 존재하지 않습니다. 그런데 우리 눈에는 보이거든요. 뇌에서 해석을 한 결과물이죠. 다시 말해서, 정말 존재하는 건 저 팩맨 Pac-man같이 생긴 도형 세 개인데, 안에 있는 삼각형을 우리 뇌 내에서 보정해서 만들어낸 겁니다. 말하자면 음모론이죠, 이게. 만들어 낸 것이거든요.

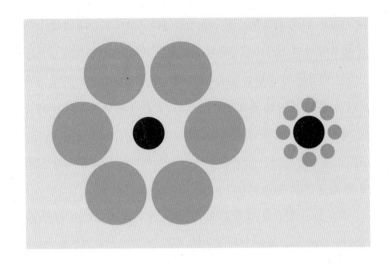

　　그리고 이 그림은 아주 유명하죠. 두 동그라미 중 가운데에 있는
동그라미가 당연히 왼쪽이 더 작게 보이실 겁니다. 그런데 사실은
사이즈가 똑같거든요. 손을 가져다 대보시면 똑같을 겁니다. 왜냐?
뇌 안의 정보는 항상 비교를 할 때 절댓값을 가지고 하는 게 아니라,
주변의 맥락context을 가지고 비교합니다.

　　그러니까 1950년도, 1960년도 이때를 생각해보면 지금보다 훨
씬 못살았는데, 우리는 그때가 훨씬 행복했다고 착각합니다. 사실은
주변하고 나하고 차이가 더 적었기 때문이에요. 그런데 이제는? 예
전보다야 훨씬 더 잘살지만 백만장자와 노동자의 격차가 훨씬 더 커
졌습니다. 그러니까 본인이 훨씬 더 불행하다고 느끼는 겁니다. 이
작용은 뇌의 하드웨어에 새겨진 프로세스이기 때문에, 우리가 아무
리 "그래도 객관적으로 옛날보다 훨씬 더 잘살게 되지 않았습니까?"

　　　　　　　　　　　　　뇌과학으로 포스트코로나 미래를 보다

되뇌어봐야 아무런 소용이 없습니다. 백번 애기해도 안 먹혀듭니다. 주변 사람들보다 내가 훨씬 더 못산다는 생각 때문입니다.

더구나 이 주변이라는 맥락이 인터넷의 등장으로 인해 훨씬 더 커졌습니다. 과거에는 실제로 눈으로 보이는 대상과 비교를 했는데, 이제는 우리가 인터넷, 소셜 네트워크를 통해서 접할 수 있는 다른 사람들과 비교하게 됐습니다. 빌 게이츠랑 비교를 해요. 기업인, 연예인. 그러니까 소셜 네트워크가 활성화되면서 다들 더 불행해졌습니다. 객관적으로 못살게 된 게 아니에요. 예전보다 훨씬 더 넓고 먼 범위의 사람들과 비교가 가능해졌기 때문입니다. 이렇게 비교해보면 나는 아무것도 아닌 거예요. 인터넷 세상에 있는 저 행복한 사람들과 비교해보면. 그래서 소셜 네트워크에서 시간을 많이 보내면 보낼수록, 우울증도 커지고 불행지수도 높아진다는 이야기도 항상 나옵니다. 이건 어떻게 보면 뇌과학적으로 상당히 직관적인 것이죠.

부족주의의 본능이 당신의 뇌에 하드웨어적으로 각인되어 있다: 편 가르기의 뇌과학

우리 인간의 뇌는 30만 년 전부터 이제껏 하드웨어 차원에서 크게 변하지 않았습니다. 1만 년 전에 문명이 시작되었지만, 사실 우리 머리 안의 하드웨어는 뛰어다니고 사냥하라고 만들어놓은 상태 그대로예요. 이걸 가지고 현대 사회에서 일을 하고, 사업을 하고, 연구를 하고, 다른 사람과 협업을 하고, 또 세계화 시대에는 완전히 다른 인종과도 협업을 해야 합니다. 이게 상황이 좋을 때야 가능하지만, 위험이 닥치거나 스트레스를 받는 상황이 되면 동물 모드로 간다는 거죠.

인간이 가진 아주 근본적인 알고리즘 중 자기집단중심적 이타주의parochial altruism라는 게 있습니다. 이건 원시 시대로 치면 나쁜 알고리즘이 아닙니다. 우리가 원시 시대에 동굴 안에서 몇 명이 같이 생활했을까요? 많아봐야 100명쯤 되었겠죠. 그러면 확률적으로 내 주변에 있는 사람들은 나하고 다 유전적으로 친척입니다. 다시 말해서 내 주변에 있는 사람에게 잘해주는 것은 나에게도 도움이 됩니다. 어차피 다들 내 유전자의 몇 퍼센트를 공유하고 있는 거니까요. 부모님들이 자식에게 잘해주는 것과 마찬가지입니다. 그런데 이 원시 시대 알고리즘으로 보면, 이방인foreigner은 절대로 좋은 존재가 아닙니다. 가능하면 보이는 족족 죽여야 합니다. 이방인이 우리의 유전자 풀에 들어와서 좋을 게 하나도 없다는 겁니다.

자, 이 알고리즘이 우리 머리 안에 여전히 들어 있습니다. 그러다 보니 우리 뇌는 항상 내 편과 상대편을 갈라야 합니다. 내가 잘해줘야 하는, 내가 협업해야 하는 그룹과 경쟁하는 그룹을 바로 나눠야 합니다. 거의 자동적으로요. 과거 원시시대에는 내 편과 이방인인 적으로 나누기가 쉬웠습니다. 그런데 점점 사회가 복잡해지고, 사람들이 늘어나다 보니까 새로운 대안적 방법을 찾아냈습니다. 사실 우리가 알고 싶은 건 유전적인 친지 관계인데, 유전을 관찰할 수가 없잖

뇌과학으로 포스트코로나 미래를 보다

아요. 그러다 보니까 다른 신호를 가지고 추론하고 이 사람이 나하고 얼마나 가까운 사람인지 판단합니다. 그 첫 번째 조건은 당연히 외모이지요. 두 번째가 언어인데, 그래서 지금 이론으로는 방언 같은 게 이런 이유에서 생기지 않았나 하는 가설도 있습니다. 가까이 있는 사람들끼리 새로운 억양을 만들어서, 다른 사람을 만났을 때 언어만 듣고 나와의 거리를 추측할 수 있게끔 하지 않았나 하는 거죠. 이게 우리나라에서는 너무나 잘 알고 있는 것이지 않습니까? 사회에서 두 사람이 처음 만났는데, 알고 보니까 같은 동네 출신이고, 같은 고등학교 나왔다고 하면 난리가 납니다. "우리가 남이가." 이게 사실은 뇌에서 서로가 유전적 친척이라고 결론을 낸 건데, 아닐 수도 있죠.

비슷하게 보면, 유명한 실험이 있습니다. 축구경기를 보여줍니다. 노란 팀, 빨간 팀이 축구경기를 하는데 한 사람이 다쳐서 쓰러지고 고통을 호소합니다. 첫 번째 그룹, 컨트롤 그룹을 데려온 다음에 저 쓰러진 사람이 얼마나 아플지 1에서 10의 척도로 한번 추측해보라고 합니다. 그러면 어느 정도 아플 것이다 하고 대부분 비슷하게 판단을 합니다. 그리고 두 번째, 실험 그룹인데 이 실험 그룹은 다시 두 그룹으로 나눕니다. 그리고 한쪽에는 "당신은 빨간 팀입니다", 또 한쪽에는 "당신은 노란 팀입니다" 하고 팀을 부여해줍니다. 거기서 똑같은 동영상을 보았을 때 얼마나 아파 보이는지 판단을 해보라고 합니다. 이렇게 편 가르기를 한 후 결과를 하면 판이하게 달라집니다. 같은 팀으로 지정된 그룹에서는 아픈 정도가 훨씬 심하다고 대답하는데, 상대 팀에서는 안 아프다고 합니다. 편 가르기를 하기 전에는 중간 정도였던 것이, 편 가르기를 하고 나니까 아주 양극단으로 대답이 갈라진다는 겁니다. 이게 사실 정말 유의미한 팀도 아닙니다. 딱 10분 전에 실험실에서 임의로 부여한 팀이거든요. 그런데 이게 세상을 지각하는 데 이 정도로 큰 영향을 끼쳤다는 겁니다.

그렇다면 내가 몇십 년 같이 있었던 사회적인 그룹, 몇백 년 동안 유지되었던 국가, 몇천 년 된 인종. 이런 그룹은 어떻겠습니까? 생각할 것도 없이 그냥 세상이 다르게 보인다는 겁니다. 무조건 내 편이 맞는 것 같고, 내 말이 맞는 것 같고, 내 편이 더 아픈 것 같고, 내가 더 억울하고. 이건 소프트웨어가 아닙니다. 하드웨어로 새겨진 거라는 얘기입니다.

결론적으로, 그리고 매우 불행하게도 우리 인간의 본능은 언제나 '나와 우리'의 손을 들도록 하드코딩 되어 있습니다. 여기서 '우리'는 대부분 같은 인종, 같은 문화, 같은 역사를 의미하겠지요. 하지만 인간의 부족주의적 본능tribalism instict은 항상 동일한 수준으로 표현되지는 않습니다. 삶이 여유롭고 미래가 예측 가능하면 우리는 타인에게 매우 여유로워집니다. 하지만 전쟁, 팬데믹, 그리고 탈세계화를 통해 미래가 급격하게 불안전해진다면? 내일의 세상이 우리가 알고 있던 과거 세상과 더는 연결되지 않는다면? 인간은 급격하게 '생존 모드survival mode'에 빠지겠지요. 우리 머릿속 뇌는 명령하기 시작합니다. 세계평화나 인류공동체가 아닌 나 자신의 생존을 우선 보장해야 한다고. 이게 바로 포스트코로나 시대 가속화될 탈세계화와 미·중

뇌과학으로 포스트코로나 미래를 보다

신냉전이 위험한 이유입니다.

급격하게 변하는 세상에서 대부분 사람들은 불안과 무기력을 느끼지요. 이젠 나와 비슷한 사람끼리 뭉쳐야 하기에, 나와 다른 이들을 식별하기 시작합니다. 나와 다른 피부색, 나와 다른 언어, 나와 다른 문화권…. 덕분에 미·중 신냉전은 20세기 우리가 경험한 미·소 냉전과는 비교도 안 될 만큼 더 '본능적'이고 '원초적'일 수 있겠다는 게 제 개인적 걱정입니다.

기계가 세상을 알아보기 시작하는 시대: '라벨링된 데이터'를 통한 학습 기반의 인공지능

제 생각에 마지막 트렌드로 보면, 지금까지 우리 인간은 원시 시대에 이런 식으로 살았고, 사회가 발달하면서 인간과 인간 사이의 관계가 중심이 되었습니다. 그런데 문명이 발달하면서 사람 수가 많아지다 보니까, 인간과 인간 사이의 직접적인 관계로는 해결이 안 되는 문제가 너무 많아졌습니다. 그래서 제도가 만들어지고 정부가 만들어져서 온갖 역할을 하게 되었지요. 그리고 우리는 지금 이 시대에 살고 있고요.

이것 다음 단계는 모든 관계 사이에 IT가 들어가는 형태가 되지 않을까 합니다. 결국은 AI이죠. 모든 인간과 인간관계 사이에 AI가 들어옵니다. 인간과 정부 사이에도, 기업과 기업 사이에도 AI라는 한 단계가 더 들어오게 되는 겁니다. 그게 더 효율적이기 때문이에요. 우리가 인간 중심의 현실에서 알고리즘 중심의 현실^{algorithm centric reality}로 이행하는 이 흐름은 기존에 이미 존재했습니다. 그런데 이게 코로나바이러스 사태를 거치면서 훅 부상한 거죠. 교육도 인간 교수와 인간 학생 사이의 직접적인 관계가 아니라, 줌^{ZOOM}이라는 알고리즘을 사이에 두고 벌어지고 있지 않습니까?

그리고 이 타이밍이 굉장히 잘 맞아떨어진 것이, 이제는 기술이 있습니다. 다들 아시다시피 인공지능 분야에서 최근 수년간 엄청난 발전이 있었지요. 기계학습, 딥러닝 같은 알고리즘이 있고, 이제 정말 잘 작동하고 있습니다. 사물 인식이 잘되니까 사람도 알아보고, 우리가 자율주행 자동차를 현실에서 볼 수 있는 거고요. 제 생각에는 몇백 년 후에 우리 후손들이 바로 지금 이 시기에 어떤 이름을 붙여줄 것 같습니다. 우리가 중세의 어느 한 시기에 '르네상스 시대'라는 이름을 붙인 것처럼 말이죠.

지금 이 시대에서 가장 중요한 것은, '기계가 세상을 알아보기 시작하는 시대다'라는 거죠. 나중에 누군가가 좀 멋진 라틴어나 그리스어로 이름을 붙여주겠지요. 지금까지 기계는 사실 장님이었습니다. 기계가 직접 세상을 못 알아봤으니까요. 과거에는 우리 사람이 알아보고, 우리가 표현할 수 있는 정보만 키워드로 입력해줬다면, 이제는 기계가 직접 세상을 알아볼 수 있게 되는 겁니다.

이것이 가능해진 이유는 다름 아니라, 우리가 빅 데이터의 시대에 살고 있기 때문입니다. 이게 사실상 핵심인데, 지금 2020년에 우리가 100ZB* 정보 시대에 살고 있다고 이야기하지요? 그런데 정보라고 해서 다 같은 정보가 아닙니다. 수많은 데이터 중에서 선형으로 늘고 있는 데이터가 있는데, 이게 바로 우리가 정량화할 수 있는 데이터라는 겁니다. 구조적 데이터structured data라고도 하는데, 숫자로 완벽하게 표현이 가능한 데이터입니다. 그런데 문제는 전 세계의 100ZB 데이터 중에서 정량화 가능한 데이터가 10%가 채 안 되더라는 겁니다. 나머지 90% 데이터는 정량화가 불가능한 데이터라고 알려져 있습니다. 비정형 데이터unstructured data라고 하지요. 사진, 동영상, 소비자의 선호도, 인간의 의견…. 말하자면 언어는 거의가 비정형 데이터라고 합니다.

그러니까 지금까지 우리는 빅 데이터 분석을 하고 있던 게 아니라, 스몰 데이터 분석을 하고 있었던 겁니다. 전체 데이터 중에서 90%에는 손도 대지 못하고 있었으니까요. 더구나 이 비정형 데이터는 기하급수적으로 늘고 있습니다. 다시 말해서 우리가 이 데이터를 분석하지 못하면 언젠가는 지구에 있는 데이터의 99.9999999%는 분석하지 못하는 데이터로 남을 거라는 소리입니다. 그런데 최근 인공지능의 가장 큰 돌파구breakthrough가 바로, 우리가 비정형 데이터를 분석할 수 있게 된 것입니다.

지금까지의 모든 기술은 정량화된 데이터만 분석할 수 있었습니다. 가령 인공지능에게 고양이를 알아보게 하려면 먼저 "고양이는

---

* 1ZB(제타바이트)는 10^{21}B(바이트)에 해당한다

뭘까?" 하는 질문에 대해서 정량화된 데이터를 줘야 했던 겁니다. 문제는 물체의 정량화가 불가능하다는 거였죠. 우리가 수식이나 게임은 정량화할 수 있지만, 자연 생태 물체는 정량화할 수 없습니다. 그러니까 사실상 인공지능이 물체를 인식할 수 없었던 것이고요. 그런데 우리가 2012년부터는 학습 기반의 인공지능이라는 방법을 씁니다. 여기서는 세상을 정량화해서 설명해주는 것이 아니라, 데이터를 바탕으로 학습만 시킵니다. 그걸 위해서 뇌를 모방한 인공신경망이라는 것을 사용하지요. 여기서 인공신경 세포들끼리는 서로 연결이 되어 있습니다.

그리고 처음에는 연결고리가 랜덤입니다. 그리고 물체를 보여주지요, 고양이. 당연히 이 기계는 고양이가 뭔지 아직 모릅니다. 그러니까 오답을 내겠지요. 고양이를 보여줬는데 '이양고'라고 답한다고 칩시다. 여기서 중요한 것은, 기계가 오답을 냈을 때 "아니, 이건 이양고가 아니라 고양이야" 하고 정답을 이야기해줄 선생님이 필요하다는 겁니다. 이게 지도학습입니다. 현실적으로는 매번 정답을 일일이 알려주는 것이 아니고, 학습 데이터 자체에 정답이 포함되어 있습니다. 그러니까 고양이 사진 아래에 '고양이'라고 적혀 있는 셈이지요. 이런 식으로 정답이 포함된 데이터를 우리가 라벨링된 데이터 labelled data라고 합니다.

우리가 흔히 얘기할 때, 구글이나 페이스북 같은 테크 기업이 이세상에서 가장 많은 정보를 가지고 있다고 이야기하지 않습니까? 그런데 사실 이건 정확한 표현은 아닙니다. 정보 자체는 우리도 인

뇌과학으로 포스트코로나 미래를 보다

터넷에서 긁어모으면 얼마든지 모을 수 있습니다. 그런데 구글하고 페이스북이 가장 많이 가지고 있는 건 바로 이 라벨링된 데이터입니다. 이 정답이 포함된 데이터는 다름 아닌 지난 수십 년 동안 소비자들이 모아준 겁니다. 고양이 사진을 찍어서 올리면서 '고양이' 하고 라벨링을 해준 것이죠. 그럼 학습이란 뭐냐? 정답과 오답의 차잇값을 계산한 다음 최적화 알고리즘을 돌려 인공신경세포들 사이의 연결고릿값을 바꾸는 겁니다.

감시자본주의 시대의 도래, 인간 선호도의 부상: 기계학습의 부작용과 우려를 마주하며

처음에 기계학습을 시작하면서 우리가 원했던 건 그냥 물체 인식이었습니다. 그런데 물체 인식을 하다 보니까 스타일 역시 학습 가능해졌고, 이제 GAN^{Generative Adversarial Network} 또는 딥페이크^{deep fake} 알고리즘을 통해 진짜와 거의 구별이 불가능한 가짜 사진과 동영상을 만들어낼 수 있습니다.

기계학습의 부작용은 또 있습니다. 바로 불평등이 알고리즘화될 수 있겠구나 하는 걱정입니다. 예를 들어 인터넷 검색엔진에서 'professor'라고 치면 대부분 백인 남성들이 등장합니다. 그런데 'black teen'을 치면? 대부분 감옥에 가 있는 흑인 청소년들 사진으로 가득합니다.. 다시 말해서, 인터넷상의 데이터가 이미 중립적^{neutral}

이지 않다는 겁니다. 인간의 편견^bias이 반영되어 있다는 거죠. 문제는 현재의 딥러닝은 바로 이 데이터를 가지고 학습한다는 점입니다. 그러니까 인간의 편견이 그대로 반영되지요. 또 하나, GAN은 이 데이터를 가지고 새로운 데이터를 만들어내는 겁니다. 그러니까 GAN을 사용하다 보면 인간의 편견이 증폭되지 않을까 하는 걱정도 하게 되지요.

비슷한 알고리즘을 가지고 당연히 텍스트도 만들 수 있습니다. GPT-3라고 하는 아주 재미있는 알고리즘이 있는데, 사람이 쓴 글 몇 줄을 기반으로 스스로 그럴싸한 글을 생성해내는 알고리즘입니다. 이런 걸 보면 가짜뉴스^fake news를 자동화해서 만들 수 있다는 걸 알 수 있습니다. 많은 분들이 걱정하는 게 바로 이런 거죠. 진실은 하나인데 가짜뉴스는 무한히 나올 수 있지 않습니까. 이미 밀레니얼 세대, Z세대들 사이에서는 인터넷상에서 '참'의 정의가 이미 달라졌다고 얘기들을 합니다. 진실이, 팩트가 참이 아니고 많은 사람들이 보고 많은 인플루언서가 퍼뜨린 게 참이 되어버립니다. 진실의 개념 자체가 양적인^quantitative 것이 되어버리는 겁니다. 지금도 이미 가짜뉴스가 만들어지고, 댓글 싸움이 벌어지고 하는데, 기계가 이 역할을 하면 양적으로 비교도 안 되겠죠.

마지막으로 한 가지 더. 요즘 들어 많은 분들이, 기계학습을 통해서 소비자에게 강화학습을 시킬 수 있지 않을까 하는 걱정을 하기 시작했습니다. 이게 무슨 말일까요? 지금 사회에 야구팀이 둘 있다고 가정해봅시다. 호랑이팀, 사자팀이 있습니다. 소비자는 선호도가

뇌과학으로 포스트코로나 미래를 보다

다르기 때문에, 누구는 호랑이팀을 좋아하고 누구는 사자팀을 좋아합니다. 그러니까 호랑이팀 좋아하는 사람은 매일같이 호랑이팀 뉴스를 보고 '좋아요'를 누르겠지요. 데이터가 계속 쌓이면 인터넷 서비스 제공자들이 우리의 선호도를 파악할 수 있습니다. 여기까지는 이미 우리가 오케이 했어요. 그리고 추천 시스템까지도 등장했죠. 아마존에서는 내가 주문했던 책들을 가지고 내 선호도를 파악해서 비슷한 책을 추천해주지 않습니까? 우리도 다들 기억하겠지만 처음에는 영화나 책을 추천해줄 때는 이상하고 어색했지요. '얘가 나에 대해서 뭘 안다고?' 그런데 보니까 되게 유용하더라는 겁니다. 그러니까 이건 우리가 인정하는 거예요, 소비자에게 도움이 되니까. 자, 항상 그렇게 얘기합니다. "소비자, 당신들이 좋아할 만한 것을 우리가 찾아주는 거다" 그런데 추천시스템들은 정말 언제나 중립적일까요? 이론적으론 추천 알고리즘에 협찬^{sponsoring}이 들어갈 수 있습니다.

쇼샤나 주보프^{Shoshana Zuboff}라고 하는 하버드 비즈니스 스쿨의 경영학 교수가 계신데, 최근에 재미있는 책을 쓰셨습니다. 『감시 자본주의 시대^{The Age of Surveillance Capitalism}』라는 책으로, 작년에 나왔죠. 이 책에서 하는 얘기가 뭐냐면, 구글하고 페이스북의 비즈니스 모델은 정확히 말하면 비즈니스 모델이 아니라 새로운 자본주의라는 겁니다.

자본주의의 개념은 칼 폴라니^{Karl Polanyi}의 그것을 따왔습니다. 칼 폴라니가 주장한 게, 자본주의가 다른 시스템보다 효율적인 이유가 뭐냐면, 과거에 가치가 없었던 것에 가치를 매기고 교환 가능하게 만든다는 겁니다. 원시 사회에서는 노동력이라는 게 교환할 수 있는 재화가 아니었죠. 어차피 나는 내가 먹고살기 위해 필요한 일을 했을 뿐이니까. 그런데 큰 집단이 생기면서 나의 시간, 나의 노동력을 사고팔 수 있는 새로운 가치가 생겼습니다. 우리가 사냥과 채집을 하면서 살 때는 '땅'에 아무런 가치가 없었는데, 농사를 짓기 시작하면서 땅이 엄청난 자산이 된 것과 마찬가지입니다.

주보프 교수가 주장하는 게 뭐냐면, 마찬가지로 인터넷 회사들이 새로운 가치를 찾아냈다는 것입니다. 인간의 노동력, 땅, 아이디어, 자본, 이 이후의 새로운 가치. 그게 뭐냐면 바로 '인간의 선호도'입니다. 개인의 선호도를 우리가 파악하고, 교환 가능해졌다는 겁니다. 이게 새로운 가치입니다. 그리고 이것이 어마어마합니다. 생산 프로세스를 보면 뭔가 자원resource이 있고, 기술technology이 있고, 상품product을 만들지요. 최근 인공지능과 데이터 비즈니스 덕분에 우리의 데이터가 자원이 되었습니다. 우리가 남긴 흔적들 하나하나가 새로운 자원이 된 거고, AI라는 기술을 통해서 '예측 가능성'이라는 상품을 생산할 수 있게 되었다는 겁니다. 인간의 선호도, 그것을 예측할 수 있습니다.

어떻게 보면 포스트코로나 시대에 우리가 경험할 가장 큰 가속은 소비자의 선호도를 예측하거나 선호도를 자극·조정할 수 있는 부분이 아닌가 하는 주장을 할 수 있을 것 같습니다.

함준호 먼저 질문을 드리고 싶은 게, 기본적으로 세계화가 주는 편익이 잘 배분되지 않아서 그러한 분배의 불평등 때문에 반세계화의 움직임이 강화되고 있다, 이러한 역사가 반복되고 있다는 말씀을 해주셨어요. 저도 동의하지만 사실 이러한 논의에서 많은 사람들이 간과하는 점이 있어요. 세계화를 통해 발생하는 사회 전체의 편익이 사실은 세계화로 인해 손해를 보는 사람들의 손실을 상쇄하고도 남기 때문에, 결국 편익을 잘 배분한다면 모두가 이득을 볼 수 있는 구조라는 점이죠. 결국 분배의 문제인데 세계화의 이익을 충분히 향유하면서도 사회적인 갈등을 최소화할 수 있는 제도는 왜 역사적으로 볼 때 성공적으로 정착하지 못하는 걸까요? 이것도 인간의 본성과 관계된 것인가요?

김대식 애덤 투즈 교수도 세계화 자체를 반대하는 것은 아닙니다. 세계화의 이점은 분명 객관적으로 존재해요. 세계화를 통해서 파이 자체는 훨씬 커졌죠. 파이는 커졌는데 분배가 잘못된 거지요. 지금 이 케이크를 적게 받는 사람들도 세계화가 진행되기 이전에 비해서 절댓값으로 따지면 훨씬 더 많이 받았어요. 그런데 말씀드렸다시피, 인간의 뇌가 그렇게 판단하지 않는다는 거예요. 개개인에게는 옛날 내가 가졌던 파이보다 지금 가진 파이가 큰가, 작은가는 무관한 거예요. 옆 사람의 파이와 비교했을 때 큰가, 작은가가 중요하다는 거지요.

함준호 두 번째 질문으로, 인간의 부족주의나 개인주의 같은 사고의 틀이 기본적으로 처음 태어나고 10년 정도, 열두 살이나 열세 살 정도에는 정착이 된다고 말씀하셨는데, 만약 앞으로 AI 같은 기술이 보편화되어 기존 세대가 지역 내에서 경험하면서 살았던 것과 달리 새로운 세대는 아주 다른 경험을 하면서 자라게 된다면, 자아의 형성 또한 많이 달라질 것 같아요. 인공지능, VR, 가상현실과 같은 것들이 아까 말씀하신 부족주의 등의 현상을 극복하는 방향으로 작용할 수 있을까요? 아니면 갈등을 더 심화시키는 방향으로 형성이 될까요?

"파이는 커지는데 왜 우리는 여전히 불행할까?"
"새로운 기술이 우리의 자아와 사고를 어떻게 변화시킬까?"

김대식 그 두 가지 질문이 다 연결이 되는 것 같습니다. 일단 어지간한 사람들끼리는 공유하는 지점이 있는 것 같아요. 세계화는 좋고, 이익이 커진다는 것. 그리고 우리가 어느 쪽으로 가야 하는가. 세계화가 갈등 없이 유지될 수 있도록 좀 더 분배가 잘되어야 한다. 이런 명제에 반대하는 사람은 잘 없을 거예요. 다들 동의하는데, 투즈 교수 같은 사람들이 이야기하는 문제는, 역사적으로 한 번도 그렇게 잘된 적이 없다는 거예요. 이 케이스를 좀 더 장기적으로 본 사람이 스탠퍼드대학교의 역사학자인 발터 샤이델 Walter Scheidel 교수입니다. 투즈 교수는 1차 세계화와 2차 세계화를 본 거고, 샤이델 교수는 지난 수천 년 역사를 본 거지요.

뇌과학으로 포스트코로나 미래를 보다

샤이델 교수가 『불평등의 역사the great leveler』라는 책에서 이야기하는 게, 불평등이 커졌다가 해소가 된 게 역사상 한 번이라도 있었던 일인가? 있습니다. 몇 번 있어요. 그런데 그게 평화적인 방법으로 해결된 적이 있나? 그건 없어요. 단 한 번도 없었다는 거예요. 팬데믹으로 인해서 사람들이 다 죽고 나서 해결되거나, 아니면 전쟁 혹은 혁명. 제도적으로 해결된 것은 단 한 번도 없었다는 거예요. 불평등이라는 게 절대 해소할 수 없는 자연적 법칙은 아니지만, 평화적인 방법으로 해소된 게 한 번도 없을 정도로 힘든 일이라는 게 아닐까 해요. 그게 왜 힘든 것인지는 우리가 생각을 해봐야 하겠죠.

그리고 또 하나는 그것 같아요. 가령 말씀하신 것처럼 우리가 파이를 n분의 1로 재분배하는 것은 당연히 불가능하지 않겠어요? 그런 걸 바라는 사람도 극단적인 공산주의자나 평등주의자가 아니고서야 없을 거고요. 그렇지만 이제 기준이 필요하긴 하잖아요. 어느 정도 선으로 분배하는 것이 좋을까 하는 기준이 필요한데, 최근에 나온 논문들을 보니까 이런 식으로 접근을 하더라고요. 세계화의 혜택, 파이가 잘못 분배되긴 했는데 가장 큰 문제가 뭐냐? 불평등도 있지만 한편으로는 이 세계화를 통해서 얻은 혜택이 위쪽으로 쏠렸는데, 위쪽에서 소비하는 것에는 한계가 있다는 거예요. 그러니 잉여surplus가 너무 많이 발생한다는 거죠. 말하자면 과잉저축oversaving이 발생한다는 거고, 그게 국가 간의 불균형을 만든다고도 하고요. 차라리 위에서 소비라도 충분히 해줄 수 있다면 낙수$^{trickle\ down}$ 효과라도 있을 텐데, 거기에 한계가 있고, 잉여가 과 잉저축$^{savings\ glut}$되거나 혹은 주식시장으로 흘러간다는 겁니다.

결론적으로, 제도를 통해 성공적으로 파이를 분배하는 데 성공한 적은 거의 없는 것 같아요. 그러니까 예측들이 다 우울합니다. 다들 예측하는 게 그거예요. 세계화? 좋아요, 다 해요. 하다 보면 파이는 커져요. 그런데 분배가 잘못되고, 밑에 있는 사람들이 적게 받는데 숫자는 훨씬 많아요. 그러면 이 사람들이 불만을 가지고 있다가, 그게 전쟁이 됐든 팬데믹이 됐든 금융위기가 됐든 사회적으로 큰 위기가 왔을 때 번쩍 눈을 뜨게 돼요. 이때 누군가 정치화를 하거든요. 유럽에서 그게 무솔리니였고, 히틀러였지요. 금융위기가 끝나고 난 다음에 어쨌든 그게 정치화가 된 다음은 더 안 좋은 상황이 된다는 거죠. 정치화되고 난 다음에 국가들은 서로 각자의 길을 가기 때문이에요. 결국은 자기 것 먼저 챙기는 게 당연하고.

지금도 그렇잖아요. 예를 들어서 코로나 아직 백신도 안 나왔는데, 그나마 유일하게 효과가 약간 있는 약 렘데시비르를 두고 국제 경쟁이 벌어지고 있잖아요. 과거 같으면 WHO가 다 사들여서 분배를 하거나 했을 텐데, 지금은 미국이 올해 생산량 다 사버렸거든요. 그러면 우리는 그 약이 없어요. 그러니까 완전히 홉스식 싸움인 거예요. 무역도 비슷하게 될 거고, 그러다 보면 무역 전쟁을 하기 시작할 거고, 당연히 조약들이 하나둘 깨지기 시작하고. 그렇게 해보니까 1차 세계화의 결말이 2차 세계대전이었다 이거

뇌과학으로 포스트코로나 미래를 보다

예요. 이번에는 2차 세계화, 1980년대 시작하고 금융 위기 다음의 결말이 어떻게 날지는 아무도 모르죠, 지금으로선. 그건 미래의 일이니까요.

함준호 그때와 상황이 비슷하다고 하시는 분들이 많더라고요. 1차 세계대전 이후에 스페인 독감이 퍼졌고, 이후 주식시장 붕괴와 대공황이 발생했고, 보호무역 전쟁을 거쳐 2차 세계대전으로 이어졌죠.

김대식 그 다음에는 곳곳에 있는 민주주의 국가들이 막 흔들리기 시작했죠.

주경철 사실은 2차 세계대전의 비극적인 결과를 겪고 나서 제시한 해결책이 다름 아니라, 이전의 세계화를 더 빨리 더 탄탄하게 복구하자는 거였죠. 그렇게 본다면 이번 위기의 끝에 또 비극적인 결말이 기다리고 있다면, 이전과 같은 방식을 재건할 것이냐, 즉 문제도 똑같고 해결책도 똑같을 것이냐, 아니면 더 유연하고 더 나은 세계화 3.0으로 가는 것이냐, 혹은 이것도 저것도 아닌 완전히 다른 길 혹은 무질서로 가느냐, 이게 중요한 문제제기일 텐데, 물론 누구도 예측할 수 없겠지요.

김대식 어쨌든 이 세계 2차대전이라는 게, 정말 엄청난 재앙이었잖아요. 유럽은 완전히 폭삭 망하고, 영국은 제국의 지위를 잃고. 도시들이 폭격을 당해 폐허가 되고, 정말 1차 세계대전보다 훨씬 큰 재앙인 게, 1차 세계대전 때는 어쨌든 국경선에서만 전쟁이 일어났거든요. 파리나 베를린 같은 본토는 크게 피해를 보지

않았어요. 그런데 2차 세계대전 때는 정말이지, 다 다치다 보니 1945년에는 "야, 이거 안 되겠구나" 하고 브레튼 우즈가 나선 거잖아요. 전쟁이 끝나기도 전인 1944년에 "제2차 세계대전 이후의 제도를 우리가 만들어야 된다, 이대로 뒀다가는 큰일이 난다" 했죠. 그때 보니 케인스가 그걸 제안했더라고요. 1차 세계화 금융 위기의 큰 문제 중에 하나가, 파운드가 세계의 기축통화였는데 제 역할을 못 했더라는 거죠.

본질적으로 이해의 충돌conflict of interest이 있기 때문에, 한 국가의 화폐가 동시에 세계의 화폐가 될 수는 없다는 거죠. 그래서 케인스가 글로벌 인조 화폐를 제안했었는데, 지금은 달러가 기축통화가 되어버린 거잖아요. 그러니까 그때 당시와 완전히 똑같은 문제를 그대로 가지고 있는 거죠. 한 나라의 화폐가 전 세계의 기축통화가 되어버린 거예요. 그러니까 한 나라에서는 거의 무한정 이걸 찍어낼 수 있고, 모든 돈이 이 나라로 쏠리는 거잖아요. 그러니까 금융 불균형 문제도 생기고요.

제가 봤을 때는 그래서 2차 대전 이후부터 쭉 문제가 있지 않았나 하는 생각이 들어요. 유럽 연합이 유로 만들 때부터, 탄생할 때부터 문제를 가지고 태어난 것같이, 2차 대전 이후의 이 질서도 태생부터 문제를 가지고 있지 않았나 하는 거지요. 그리고 그 문제가 지금 우리들의 뒤통수를 치기 시작하는 거고요. 그런데 결국 보면 이 2차 세계대전 이후에도 IMF나 유엔이나, 브레튼 우즈 체제도 결코 재미로 만든 건 아니잖아요. 세상이 얼마만큼

뇌과학으로 포스트코로나 미래를 보다

주저앉을 수 있는지 절실하게 느꼈기 때문에, 혼이 나봤기 때문에 만든 거죠. 그렇게 보면, 우리도 한 번 혼나기 전에는 저런 걸 새로 만들 수 없지 않을까요?

함준호 국가들이 다시 뭉치려면 아무래도 이번 위기가 더 지속되거나 해야겠죠.

김대식 그러니까 다시 뭉쳐서 위기를 극복해야 하는데, 지금 분위기는 반대로 흘러가고 있잖아요. 이미 맺어놓은 조약들을 다 깨버리는 판이고요. 사실은 지금 다시 한 번 모여서 포스트코로나 질서를 만들어야 할 텐데, 그럴 가능성은 지금 거의 없지 않나요? 물론 그래서 세상이 더 큰 재앙을 맞이하고, 그다음에 엉엉 대면서 할 수는 있겠지만, 그러기 위해서 제2차 세계대전 수준의 재앙을 겪어야 한다면 그건 너무 큰 불행이라는 거죠.

기존의 틀을 넘어 완전히 새로운 구조를 만들 수 있을까
어떻게 우리 삶을 건강하게 회복할 수 있을까

함준호 그런데 그게 근본적으로 뇌와 관련된 인간의 본성 때문이라는 거지요? 역사의 교훈을 알면서도 거기에 우리가 제대로 대응할 수 없다는?

김대식 그게 뭐냐면, '안다'라고 해도 인간들이 역사적으로 두 세대가 지나면 그 가르침을 다시 잊어버리더라고요.

주경철 인간의 상상력이라는 게 한계가 있어서 그런지, 어떤 큰 문제가 생기고 재앙을 겪은 다음 여기에서 벗어날 수 있는 새로운 질서를 만든다고 해도, 여전히 과거의 것을 고쳐 쓰는 데 그치는 것 같아요. 국제 금융이든 분배든 간에, 여전히 똑같은 국가들끼리 모여서 고만고만하게 얘기하지 않나 싶습니다. 그런데 폴라니 같은 학자들은 근본적인 사고의 전환을 이야기합니다. 기존 제도의 3.0 버전에 그치는 게 아니라, 완전히 다른 종류의 구조를 만들어낼 가능성은 없을까.

그런데 폴라니가 말하는 내용은 오히려 극단적인 과거 지향적 방안이라고 볼 수 있지요. 폴라니가 주장하는 바는, 원래 인간 사회의 질서는 사회적인 관계나 문화, 경제 이런 것들이 통합된 하나의 전체였는데 이 가운데 유독 경제 부문이 뛰쳐나와서 나머지 모든 질서를 지배하는 기형적인 모습을 보인다고 말하거든요. 그게 19세기 이후에 나타난 현상인데, 이것은 인류 역사의 굉장히 특수한 모습이다, 이게 무너져서 원래의 전체성으로 되돌아가고, 그럼으로써 인간의 정신적·물질적 삶이 조화로운 상태로 돌아가야 한다고 보는 거죠.

김대식 그런데 주보프 교수가 하는 말은, 이게 돌아가는 쪽으로 움직이는 게 아니라 오히려 폴라니가 말했던 그 돌출된 경제 질서가 이제는 심지어 인간의 머리 안쪽으로도 들어오기 시작했다는 거예요. 인터넷 시대 이전에는 그래도 인간의 머릿속에 있는 세상, 내면은 대부분 이 경제적인 계산과는 독립적이었어요. 왜냐, 생각을 읽을 수가 없었고 우리 내면의 무언가에 값을 매길 수 없었다는 거예요. 폴라니식으로 말하면 원래는 경제와 분리된 관

뇌과학으로 포스트코로나 미래를 보다

계니 하는 그런 부분. 그런데 데이터를 통해서 추천 시스템이 들어오고, 선호도가 새로운 가치가 되면서, 인간의 내면까지도 이제 경제화된다는 거죠. 주보프 교수가 말하는 감시 자본주의에서 '감시'라는 것은 사실 우리 내면을 감시한다는 거예요.

주경철 그래서 제가 오늘 발표에서 약간의 힌트를 얻는다면, 로컬의 중요성입니다. 인간이 태어나 살아가는 자연스러운 세계는 로컬이거든요. 그런데 경제라는 이름이든, AI라는 이름이든 우리에게 부과되는 힘은 우리가 실제로 살며 겪는 경험 이상의 무엇, 즉 추상적인 힘이죠. 그건 사실 국가 단계에서부터 마찬가지예요. 국가라는 건 손에 잡히는 게 아니라 그 상위 차원의 추상적인 무엇이죠. 여기에서 더 나아가 세계화가 진행되고, 그게 우리를 얽어매는 결과를 가져옵니다. 우리는 '자연스럽게' 살아가는 게 아니라 가격에 맞춰 삶이 조정되고 AI의 추천에 따라 삶이 조정되고, 그러다 보면 이 '추상'이 우리의 실제를 너무 강하게 지배하지요. 우리가 원래 자연스럽게 살아가는 바탕인 로컬이 훨씬 더 건강하게 강화되어야 할 필요가 있다고 봐요. 이것도 굉장히 중요한 철학적 고려 대상이 아닐까 싶어요.

김대식 그런데 지금 대한민국만 해도 5,000만 명 이상이 같이 사는데, 로컬 중심의 삶이라는 게 이제 불가능하지 않을까요? 루소가 말하는 이상적 사회 같은 건데, 그 기차는 이미 떠나버렸고 이제는 불가능하잖아요.

주경철 자칫하면 중세로 돌아가자는 얘기로 들릴 수도 있겠지요.

하지만 정말로 옛날로 돌아가자는 게 아니라 우리 삶의 총체성의 건강한 회복을 위해 방향을 잡을 때 진지하게 고려할 사항이라는 거예요.

함준호 그런데 반대로, 인간의 본성을 완전히 경제적인 동물로 보는 시각도 있지 않습니까? 사실 어떻게 보면 지금 말씀하신, 분배 실패에서 오는 부의 불평등 그리고 거기에서 오는 불만족이 무엇보다도 경제적인 동기로 발생하는 거라 볼 수도 있거든요. 나는 과거보다는 잘살지만 그건 중요치 않고, 지금 내가 왜 저 사람보다 경제적으로 못살까? 어떻게 보면 가장 본질적인 욕구일 수도 있죠.

김대식 어떤 분들은 그렇게 얘기하는 분들도 있죠. 어쨌든 지금 우리 인간의 문제가, 아주 본능적이고 근본적인 것들이 충돌하기 때문에 지금 이렇다. 첫 번째, 사실 인간은 최대한 혼자 있고 싶은데 협업을 해야 된다. 인간은 사실 로컬로 할 때 가장 좋은데 인간이 많기 때문에 지금 세계화로 가야 한다. 사실 나는 내가 일하는 만큼 받고, 그런 면에서 나는 남들에게 뒤지기 싫다. 사실 이게 서로 일치하지 않는 건데, 그러다 보니 이러한 모순 자체가 처음부터 내재되어 있고, 아주 폭력적인 방법 이외에는 이걸 해결할 수가 없어요. 그러다 보니 여기까지 온 거죠.

이건 SF일 수도 있지만, 기술이 이걸 해결해줄 수 있다고 생각하는 분들도 있긴 해요. 뭐냐면 이런 현대 사회, 대중 사회가 계속 가는 대신에, 각자가 가상현실 속에서는 그냥 로컬로, 본인이 하

뇌과학으로 포스트코로나 미래를 보다

고 싶은 대로 하면서 선호도를 다 표현하고, 스스로의 현실을 만들어가며 살면 된다는 거예요. 근본적으로, 내가 원하는 것과 사회가 작동하려면 필요한 것이 서로 일치하지가 않기 때문에 계속 충돌할 수밖에 없는 거고, 완전히 부수기 전에는 현실에서는 절대로 풀 수 없어요. 그러니까 차라리 각자 알아서 각자의 현실 속에서 살라는 거지요. 사실 젠지^{Generation Z}(Z세대)들이 이미 그렇게 살고 있지 않아요? 제가 젠지가 아니라서 얘기할 수가 없는데, 자기들만의 세상을 만들어서 그 조그만 세상에서 행복하게 사는 거? 잘 모르겠어요. 20년이나 30년 후에 좀 더 발달하면 각자가 본인만의 세상에서 하고 싶은 대로 다 할 수 있을 것 같긴 합니다.

주경철 그 관점에서 냉소적으로 미래를 그리는 사람들은 미래는 거대한 게임의 세계가 될 거라고 그래요. 다들 행복하려고 하는데, 행복의 기본이 되는 물질적 부분은 어느 정도 해결이 되겠지요. 아무리 불평등이 심해도 결국은 모든 사람이 다 먹고살아가는 게 어렵지는 않은 정도가 되니까요. 그다음의 행복 요건은 심리적 만족일 텐데 그건 테크니컬하게 만족시켜주면 돼요. 그런데 그게 알고 보면 사실은 다 게임과 같은 것일 수 있지요.

○ 코로나 팬데믹이 우리에게 가져다주는 것들
급변하는 세계와 가속화의 흐름

김대식 저희가 오늘이 마지막이기 때문에 이번에 총정리 논의도 한번 해볼 수 있지 않을까 해요. 우리가 서로에게 배운 게 뭐고,

앞으로 뭘 어떻게 해야 할지. 교수님들은 개인적으로 좀 어떠세요? 사실 저희가 이런 모임을 갖자고 얘기한 게 4월이고, 전략적으로 10월, 11월에 2차가 오기 전에 타이밍 맞춰서 책도 정리해서 내자고 했는데, 지금으로서는 상황이 계속 진행되고 있고요. 저는 개인적으로 제가 상황을 가장 비관적으로 보는 편이라고 봤는데, 그러면서도 여름에는 웬만큼 사라지지 않을까 했어요. 그리고 가을 되면 다시 올라오지 않을까. 주 교수님하고 저하고 특정 기업 자문하는 게 있는데 그분들도 4월인가 5월에 V자, 그러니까 6월, 7월, 8월 되면 거의 완벽하게 회복한다고 판단을 하고 있었죠.

올해 안에 V자를 그리면서 완전히 회복한 다음, 오히려 과잉보상overcompensation도 있을 수 있지 않을까 하는 얘기까지도 있었는데, 지금 보면 그런 얘기들이 다 들어갔어요. 오히려 생각보다 훨씬 더 심각하게 진행되고 있죠. 저는 개인적으로 이게 가장 놀라웠고요. 두 번째로, 올해 일사분기에 생각했던 세상의 변화, 이 변화의 스케일이 점점 커진 것 같아요. 3월까지만 해도 그냥 전염병이라고 생각했고, 여기에 대해서 어떻게 적응하나, 약간 경제적으로 문제가 있을 수 있겠구나, 이 정도 차원으로 생각했는데, 어느새 갑자기 미국하고 중국의 대립에 대해서 얘기하는 게 자연스러워졌죠. 사실 작년까지만 하더라도, 전문가들끼리는 그런 얘기 했지만, 사회적으로 이렇게 이슈화될 정도는 아니었거든요. 다 같이 무역해서 사는 나라인데 설마 그렇게까지 가겠느냐 했고요. 그런데 우리가 어떻게 보면 무척 극단적인 케이스로 잡고 얘기했던 시나리오들이 빠르게 현실이 되고 있다는 생각이 들어요.

김동재 그러게 말이에요. 그럼에도 불구하고 적응해가는 느낌도 들어요. 학교에서도 보면 예상했던 것보다는 온라인 수업에 학생들 불만이 크지 않은 것 같고요. 저는 잘 모르겠어요. 성과도 그리 나쁘지 않은 것 같은데 이게 한국이 좀 독특한 건지. 지금으로서는 지역적인 것밖에 모르니까요. 미국이나 다른 나라 경우는 우리가 모르니까 체감이 안 되죠. 이게 기술의 덕일 수도 있어요. 예컨대 디지털화가 되고 있던 것이 가속화되면서, 어차피 우리가 생각하고 있던 것들을 안 하던 사람들이 적응하는 거죠. 5, 60대가 쿠팡을 쓰는 것처럼요. 이런 게 조금 놀랍기도 해요. 그리고 사람들이 늘 조심해야 되는데, 이제는 꽤 조심성 없이 돌아다니고 그런다, 그건 불안하죠. 불안하면서도 이게 돌아간다. 그런 복합적인 느낌을 받네요.

함준호 경제만 놓고 본다면 아직까지는 한국이 피해를 가장 최소로 입은 나라 중 하나이죠. 비교를 굳이 하자면 이번 OECD 경제 전망에서 우리나라가 OECD 국가 중 올해 1등을 할 정도로 성적이 좋죠.

주경철 그래도 마이너스 예상하나요?

함준호 예. OECD나 IMF는 우리나라가 제일 양호할 거라고 예상을 하면서도 -1~2%를 예상하죠. 아마 한국은행의 비관 시나리오인 -1.8% 정도까지는 갈수 있을 것 같아요. 이 정도면 그래도 방금 김동재 교수님이 말씀하신 대로 감내할 수 있다 싶은 수준의 충격이지만, 전면적인 봉쇄를 경험했던 다른 나라들은 우리가 상상하기 어려울 정도로 큰 충격을 지금 받고 있어요.

김대식 저는 약간 놀란 게, 충격이 큰 나라 중에 영국이 항상 들어 있더라고요. 왜 그런지는 잘 모르겠어요.

함준호 영국이 의료 서비스나 보건 시스템에 문제가 좀 있지 않나요? 이번 사태에서 미 연준이나 다른 중앙은행들이 초기에 대응하는 것을 보며 제가 느낀 건, 한 번도 가보지도 않은 길인데 과연 저렇게까지 공격적으로 대응을 해야 하나 하는 것이었어요. 한편으로는 지금 임시방편으로 대응하고 있는 정책들의 후유증을 앞으로 감당할 수 있을지 하는 걱정도 들었고요. 만약 팬데믹이 앞으로 정말 오래간다면 통화, 재정정책 여력이 소진될 수밖에 없을 거고, 그러면 그때는 어떻게 할 것인지, 나타나는 부작용은 또 어떻게 대응할 수 있을지, 한편으로는 불가피한 대응이라 동의하면서도 저는 이런 점이 굉장히 우려돼요.

김동재 만약 트럼프 정권이 아니었으면 이렇게까지 했을까 하는 얘기도 할 수밖에 없거든요? 트럼프는 주식시장이 망가지는 건 아주 극단적으로 막고 있는 듯하다, 그런 생각이 들어요. 진짜 놀라운 게 아까 얘기한 것처럼 우리가 느끼는 체감이 좀 낮아서 그럴 수도 있지만, 제 생각에 시나리오에서 가장 주의할 것 중 하나가 과민반응overreaction이에요. 그게 지금 나오는 게 아닌가 싶어요. 사람들이 깜짝 놀라가지고 언제나 최악의 상황을 가정해요. 그리

뇌과학으로 포스트코로나 미래를 보다

고 과민반응을 하는데 돌이키면 그 정도까지 할 필요는 없었죠.

김대식 전 코로나 팬데믹에서 두 가지가 우릴 어렵게 하는 것 같아요. 첫 번째는 우리나라 상황이 어떻게 보면 전 세계적으로 나타나는 전형적인 케이스와 다르다는 거. 우리가 지금 여행을 못하기 때문에 경험을 못 하고 있는 거잖아요. 외국은 어떤지. 인터넷에서 공유되는 거랑은 전혀 다르거든요. 저는 뉴욕이든 런던이든 가서 이걸 제 눈으로 보고 싶어요. 그런데 그게 불가능하죠. 일단 확실히, 한국이 전형적인 케이스는 아닌 것 같아요.

그리고 또 하나는, 이게 지금 현재 진행형이라는 거. 이게 지금 우리가 끝의 시작인지 시작의 끝인지 시작의 시작인지 끝의 끝인지 아무도 모르는 거잖아요. 끝이 어디일지 모르니까 어려움이 있어요. 주경철 교수님한테 그래서 제가 궁금한 게, 역사학자들은 좀 시간적으로 큰 스케일로 보잖아요. 그런데 지금 코로나 바이러스가 끝나지도 않았고, 우리가 전형적인 케이스도 아니지만 교수님의 느낌으로 봤을 때, 이게 역사적으로 어느 정도 스케일의 사건일지. 지금 우리의 반응이 과민반응일지. 또한 역사적인 시각에서 앞으로 남을 만한 포스트코로나의 변화가 어떤 것일까. 물론 우리가 아직 진행 중에 있긴 하지만 그런 생각, 추측은 해볼 수 있잖아요.

주경철 글쎄, 유사한 사례를 보면서 느낌만으로 말한다면 상당히 큰 규모의 충격이고요. 사실 스페인 독감 많이 이야기하지만, 그 경우에 단기적인 피해는 컸지만 초장기적으로 어떤 변화를 가져오거나 영향을 주거나 하는 건 적은 편이었거든요? 따지자면 이번 건은 스페인 독감보다는 콜레라와 유사하지 않나 싶어요. 사회 깊숙이 굉장히 큰 충격을 줘서 사회를 변화시키고 앞으로 100년 정도 영향을 미칠 어떤 결과를 가져오지 않을까 생각합니다.

김대식 교수님 생각으로는 역사적인 스케일로 봐도, 유의미한 변화가 있을 거라는 거군요?

주경철 그렇죠. 지금 생각에는 그렇게 예상하지만, 물론 틀릴 수도 있어요. 어디까지나 추측이니까요. 콜레라 비슷하다고 했는데, 콜레라가 사실 굉장히 큰 사건이었거든요? 여러 가지 의미에서 정말로 글로벌한 세계 최초의 팬데믹이었어요. 흑사병 같은 경우는 육상 경로를 통해서 전파되었지만, 콜레라는 철도와 증기선을 타고 옮겨져서 수년 만에 전 세계를 석권했거든요. 그게 아무것도 아닌 것 같지만, 상수도하고 하수도가 도시에 쫙 깔린 것과도 연관이 있는 게 바로 콜레라예요. 그다음, 위생 관념. 국가가 어떤 병에 대한 정책을 준비해야 한다는 사실. 그게 단순히 병에 대한 정책 정도가 아니라, 국가가 무엇을 해야 하는가에 대한 변화를 크게 가져왔어요. 이번 코로나 사태도 그런 차원에서 굉장히 영향이 큰 사건으로 남지 않을까 싶어요. 단순히 생물학적인 의미에서 그치는 게 아니라, 아까 교수님이 이야기한 것처럼 미중 간의 갈등이든 세계화에 대한 반응이든, 이런 큰 문제들이 걸려 있는 상황에서 장기적이고도 심대한 타격을 가하기 때문에, 역사의 흐름을 바꿀 정도의 큰 효과를 가져올 거라고 봐요.

김대식 제 생각에도 사실 이 코로나 사태가 1980년대나 1990년

대나 2000년대 초에 나타났다면, 이 정도로 역사적으로 큰 여파는 없지 않았을까 해요. 그런데 이게 나쁜 의미로 '완벽한' 타이밍이 되어버린 거죠. 이미 얘기한 것처럼 미중 관계나 반세계화 등 여러 문제가 곪을 대로 곪아 있는 상황에서 그걸 탁 터뜨려버린 것이니까요.

함준호 타이밍도 그렇지만 충격의 강도 자체도 만약 경제학적인 측면에서만 본다면 아마 대공황 이후의 가장 큰 충격이라고 볼 수 있을 거예요.

김대식 2008년 금융위기보다는 절대적으로 크죠.

김동재 그건 의심의 여지가 없어요. 아까 제가 과민반응 얘기를 했는데, "이런 것까지?" "나중에 뭘 어떻게 하려고?" "남아 있는 게 있나?" 하는 생각이 들어요. 우리가 생각하는 것보다 더 갔는데, 여기에는 정치적인 원인이 좀 들어 있지 않나 싶고요. 그런데 이렇게 위기가 올 때, 리더들은 본능적으로 이걸 기회라고 보거든요. 그래서 자기의 어젠다를 밀어요.

위기는 기회다
민주주의의 지평이 변화하고, 데이터가 새로운 가치가 된다

김대식 그런 면에서 봤을 때, 지금 정치적으로 가장 큰 수혜를 받은 건 포퓰리즘 진영과 큰 정부 진영이지 않을까 싶어요.

김동재 아까 발표하셨던 데에서도 정치적 변수가 결합될 때 굉장히 피장이 커지게 되잖아요? 그래서 사실 이번에 그 부분에 대한 영향은 굉장히 오래갈 것 같아요. 정치와 결합해가지고 나오는 경우.

김대식 제가 읽은 어느 기사에서는, 사람들이 정부가 얼마나 큰 역할을 할 수 있는지 실감을 이번에 하게 되었다고 하더라고요. 빌 게이츠 같은 사람이 이번에 기부하겠다고 나서는 게 10억 달러인데, 미 정부와 연준이 투입한 예산은 10조 달러이거든요. 움직일 수 있는 규모라는 게 상상을 초월하는 거예요. 세계에서 제일가는 부자도 비교조차 할 수 없을 정도로. 사실 10억 달러도 어마어마한 규모인데 말이죠.

장덕진 그렇죠. 정치적인 파급효과는 상당히 재미있을 것 같은 게, 한국판 뉴딜을 한다고 그러잖아요? 그러면 사실은 정치적으로 지금 굉장히 중요한 어젠다가 '법사위원장 누가 가져가느냐?'가 아니에요. 미국은 뉴딜 이후에 뉴딜 연합new deal coalition이라는 게 생겼잖아요. 그래서 유권자들의 줄서기가 완전히 달라지고, 민주당이 그걸로 30년을 집권했죠. 미국만 아니라 우리도 이제 그런 일이 벌어질 수 있는데, 그러면 이게 민주당에게 일방적으로 유리한 거고요. 이해찬이 얘기한 것처럼 민주당 집권 20년의 시대가 열리는가? 꼭 그렇지는 않은 것 같아요. 큰 정부는 진보의 어젠다인데, 지금 해결해야 하는 어젠다는 생존의 문제잖아요? 생존은 보수의 어젠다예요. 보수가 잘하는 종목이죠. 그래서 선수와 의제가 서로 잘 안 맞아요.

김대식 그리고 최근에 보면 보수 진영이 큰 정부 프레임을 가져

뇌과학으로 포스트코로나 미래를 보다

가려는 것 같더라고요?

장덕진 네, 저는 특히 "진보정당보다 더 진취적인 정당이 되겠다"라는 게 좋더군요. 사람들이 이제 진보라는 단어에 질리기도 했으니, 그런 것들도 괜찮았죠.

함준호 저는 우리 경제나 사회 시스템이 이걸 견뎌낼 만큼의 회복 탄력성이 있나 하는 게 걱정이에요. 사회 내부적으로도 결속력이 급격히 약화되는 것 같고요.

김대식 그건 또 우리나라의 특수한 문제이고요. 제가 봤을 때 실제로 상황이 그런지는 모르지만 각 국가와 리더들이 판단하기에, "각자 살아남아야겠다" 하는 생각이 점점 커지는 것 같아요. 그리고 그 단위는 '나라'가 되겠죠. 지역이 아니라 국가. 내부적인 문제, 코로나 문제 해결에도 가장 앞장서는 게 국가이고, 생존 단위가 국가라는 거죠. 유럽도 지금 '유럽 살아남기' 하는 게 아니라, '프랑스 살아남기', '독일 살아남기' 하는 거잖아요. 우리가 기존에 생각했던 것과 다르게 국가의 중요성이 점점 더 커지지 않을까 싶어요. 우리가 얘기하면서도 세계화가 진행되면서 국가라는 체제에 대한 의존도가 줄어들 거라는 예상이 있었잖아요.

장덕진 큰 정부가 돌아오긴 하는 게, 아까는 그 정치적 파급 효과에 대해서 우리가 이야기했지만, 산업적인 기반으로도 좀 생각해볼 필요가 있어요. 케인스의 큰 정부는 제조업의 황금기golden age와 겹쳤어요. 그러니까 정부가 돈을 막 쓰더라도 자고 일어나면 중산층이 늘어나 있고, 세수도 걷히고 그랬죠. 그런데 지금은 제조업이 줄어드는 와중에 코로나까지 터져버렸고, 이제 생산도 자동화가 이루어질 것이고, 그러면 중산층이 빠른 속도로 줄어들게 되잖아요? 그런 와중에 큰 정부가 등장해서 예산을 몇십 조씩 막 쓴다고 하면, "이 새로운 큰 정부의 산업적인 기반은 무엇이냐?" 저는 이게 굉장히 중요한 질문이라고 봐요.

이번 코로나 보면서 인상적이었던 것 중 하나가, 우리가 가지고 있던 '프라이버시에 대한 심리적 경계선'이 무너졌어요. 그 전까지는 빅브라더니 어쩌고 했는데, 유럽에서도 이제 드론을 띄우잖아요? 우한에서 드론 띄웠을 때 반인권적이라고 난리 났던 게 무색하게, 파리에서도 드론을 띄웠단 말이에요. 최근에 저희 서울대학교 사회과학대학 사회발전연구소에서 한 조사에서, "감염 위험을 줄이기 위해서 내 개인정보를 내놓거나 인권을 어느 정도 희생할 용의가 있다"라는 문항이 있었어요. 그런데 여기에 대한 응답의 60%가 '찬성'이었어요. 인권 좀 제약받더라도, 안전한 쪽을 택한다는 거예요. 개인 데이터 사용의 심리적인 경계선이 무너진 거죠. 그럼 이게 큰 정부의 산업기반과 밀접하게 관련될 것 같아요. 아까 김대식 교수님 발표 중에 '알고리즘 중심의 현실' 이야기가 나왔잖아요. 여태까지는 그게 그냥 영화에나 나오는 얘기이고, 끔찍한 상상이고 그런 평이었는데, 이제는 우리가 암암리에 그리로 가기로 합의한 게 아닌가 하는 생각이 들어요. 그러면 차라리 앞장서서 가야 하지 않나, 그러지 않으면 망하는 게 아닌가 하는 생각마저 듭니다.

뇌과학으로 포스트코로나 미래를 보다

김대식 저는 사실 알고리즘 중심 자체는 중립적이라고 생각해요. 가령 중국은 이미 사회적 신용 시스템들이 다 있고, 알고리즘이 나의 권한을 결정하는 쪽으로 이미 가고 있잖아요. 얼마 전 《뉴 사이언티스트New Sscientist》에 나왔는데, 지금 중국의 큰 계획 중 하나가 중국 국민 모두의 유전자 DB를 만들겠다는 거예요. 정보의 집중이 어마어마해지는데, 문제는 이 정보라는 것이 그냥 정보를 모아두는 것만으로는 큰 효과가 없거든요. 그런데 정보를 수집하는 건 예측하기 위해서이거든요. 데이터 마이닝을 하고, 아까 소개했었던 것처럼 예측이 가능해진다면 얘기가 달라지죠. 특히 세상이 불확실해지고, 사람들이 다 두려움을 가지고 있을 때, 예측 가능성이라고 하는 것은 권력이 되거든요. 사실 이 세상의 가장 강력한 힘 중 하나가 미래 예측이에요. 그 새로운 권력이 지금 급부상하고 있는 거고, 이론적으로 다 알고 있었는데 기술적으로 불가능했던 거죠. 그런데 최근에 기술적으로도 가능해지면서 사람들이 거부감을 가졌죠. 그런데 기술은 더 발전했고, 코로나 바이러스 겪으면서 심리적 저항선은 더 내려갔고. 그런 이제 기술도 있고. 그러니까 이제는 누가 이걸 제어하느냐의 문제예요. 지금으로 봤을 때 미국 같은 경우에는 큰 테크 기업들 위주가 될 것 같고, 중국은 국가. 우리나라는 모르겠어요. 기업도 있지만 국가도 뛰어들려고 하고.

장덕진 민주주의의 지평이 달라진다고 생각하는데, 가령 중국이 전 국민 DNA를 가지고 DB를 만든다는 건 기존 민주주의의 가치로 보면 말도 안 되는 일이잖아요? 유럽을 위시한 전 세계가 비난을 하겠죠. 근데 다음번에 또 이런 감염병이 발생해서 막 사람이 몇십만 명씩 죽어가는 상황에서 치료제를 개발하는 데 중국이 가진 13억의 DB가 엄청나게 도움이 된다면, 그때는 다 중국보고 도와달라고 할 수밖에 없을 거예요. 그래서 민주주의 기준 자체가 달라지지 않을까 생각해요. 어차피 그 데이터를 써야 살아남을 수 있다면 이 데이터를 어떻게 민주적으로 사용하는가 기준을 가지고 있는지 없는지. 이렇게 민주주의의 지평이 재편될 것 같다는 생각이 들어요.

함준호 결국 큰 정부의 산업적인 기반이 뭐냐 할 때, 재정 자원을 어떻게 동원하느냐가 문제인 거죠. 결국에는 데이터가 되겠고, 데이터가 창출하는 가치를 어떤 형태를 통해서든 가져다가 정부가 향유하려고 하겠죠. 거대 테크 기업에 대해서 엄청난 세금을 부과하든, 아니면 직접 데이터를 가지고 상업화하든. 정보가 이 시대의 새로운 자원이라고 말씀하셨잖아요? 이 새로운 자원에 대한 정보의 어떤 경제적인 차원에서의 권리, 이걸 결코 놓치려고 하지 않겠죠. 큰 정부가 된다고 그러면. 그리고 그것이 정부의 지출을 지탱할 수 있는 활로가 될 거예요.

김대식 데이터도, 지난 10년 동안의 가장 큰 논쟁 중 하나가 바로 데이터 주권data ownership이거든요. 누가 이 데이터의 주인인가를 두고 어마어마한 싸움을 벌였어요. 그런데 지금 다 무의미해졌어요. 이미 다 뜯고 다 했기 때문에요. 제가 봤을 때 이제는 데

뇌과학으로 포스트코로나 미래를 보다

이터 주권의 문제는 끝난 것 같아요. 그럼 차라리 포기할 건 빨리 포기하고 다음의 문제로 넘어가야 해요. 그다음은 예측 가능성의 문제이거든요. 데이터는 어떻게 보면 원유예요. 그러니까 가공을 해야 하죠. 가공하고 나면 그 결과물이 나오는 거고. 이때 결과물이 바로 예측 가능성이 되겠죠. 데이터 자체만을 두고 싸우는 건 무의미한 것 같아요. 이제는 그냥 댐이 무너졌어요, 코로나 덕분에. 그럼 예측가능성을 누가 제어하느냐, 정부만 하냐? 기업이 하냐? 아니면 나도 거기에 뭔가가 있나? 포기할 건 빨리 포기하고 새로운 싸움터로 옮겨 가야죠.

주경철 역사에 관성이라는 게 있는 것 같아요. 중국이라고 하는 곳은 늘 제국적 차원에서의 집중, 이런 프레임을 유지해왔잖아요. 자본이든 뭐든 간에 그 위에 황제가 있고. 이제 정보 문제에서도 권력지향적power-oriented인 방식으로 접근해서 이용하고 통제하려고 하는 성향이 강해요. 그런데 이게 "세계적으로 보편적인 흐름이 될까" 하면 다른 국가 다른 지역에서 그럴 것 같지는 않거든요. 국가가 독점하지 못하게 기업들이 달려들 것 같고, 그것에 대한 의회 내지는 거기 준하는 통제가 있고, 그런 단위들 간의 경쟁이 벌어지고. 어느 게 더 효율적이고 자신들이 지향하는 가치에 맞느냐를 두고 경쟁하는 방식으로 진행되지 않을까 싶어요.

함준호 최근 금융 부문에서는 마이 데이터 사업이라는 무척 흥미로운 이슈가 있어요. 가령 제가 은행과 거래했다고 하면 그 데이터를 여태까지 은행이 가지고 있었잖아요? 그리고 은행이 데이터에 대한 소유권을 갖고 있다고 생각했어요. 그걸 가공해서 부도를 예측한다든가, 신용도에 반영한다든가 하는 식으로 활용을 했고요. 그런데 소비자 입장에서 보면 이건 자기 데이터이거든요. 그럼 내가 갖고, 여기 은행 저기 은행 내 데이터 다 끌어모아서 다른 전문가에게 맡겨요. 그렇게 데이터를 모아서 보니까 신용 평가도 더 잘하고 새로운 부가가치가 창출되고. 그걸 나를 위해서 쓰는 거죠. 하지만 기존 은행들은 반대하는 입장이죠. 그러면 이제 정부가 나서서 관련 규제를 새로 만들어야 하는데, 여기서 정부의 통제가 개입하는 거죠. 여태까지의 흐름은 어쨌든, 정부가 새로운 기업, 새로운 서비스를 허용해서 시장에 새로운 산업이 나타날 수 있게 해주는 게 바람직한 방향이라고 논의가 모아지고는 있어요.

장덕진 프레이밍이 어떻게 되느냐에 따라서 굉장히 다르겠죠. 그게 안 될 수도 있고요.

함준호 결국 데이터를 기반으로 다양한 새로운 서비스를 창출한다는 게 정부보다는 민간에서 훨씬 더 잘할 수밖에 없지 않나요? 그렇다면 민간에게 관련 사업을 창의적으로 수행하도록 하고 여기에 세금을 부과하는 방향으로 가지 않을까요.

김대식 최근에 드는 생각이, 어쨌든 데이터가 새로운 가치가 되고, AI는 그걸 도와주는 도구가 될 거고. 결국 데이터가 새로운 화폐, 새로운 가치가 된다면 중앙은행의 개념도 좀 바뀌어야 하지 않을까요? 이제 데이터 거래소 같은 것도 생겨야 하지 않을

뇌과학으로 포스트코로나 미래를 보다

까 싶고, 연준처럼 데이터의 볼륨을 조절하는, 중앙은행이 돈의 흐름을 조절하는 것처럼 사회 데이터의 흐름을 조절하는 역할도 필요하지 않을까 싶어요. 사실 중앙은행 개념이 생기기 전에는 기업 또는 은행들이 멋대로 화폐 만들고, 자기들끼리 거래를 했잖아요? 미국 같은 경우도 서부 시대에는 화폐가 수백 종 있었다고 하더라고요. 처음에는 그렇게 시작했고, 그러다가 문제가 있으니까 연준 같은 것도 생기고 했는데, 데이터도 그렇게 되지 않을까요? 말하자면 지금은 서부 시대인 것 같고요. 데이터가 정말 미래의 화폐가 되려면, 거시적으로 이 흐름을 조절하는 거래소나 제도가 필요하지 않을까 싶은 거지요.

중국은 제국의 지위를 되찾을 수 있을까?
변화하는 세계의 구도와 패권 경쟁

주경철 우리가 지금 이런 걸 이야기한다는 게 정말 글로벌한 현상 같아요. 우리는 지금 4차 산업혁명을 눈앞에 두고 있지만, 1차 산업혁명의 성과가 글로벌하게 퍼지지 않았거든요. 폴 콜리어^{Paul} Collier의 『빈곤의 경제학^{The Bottom Billion}』이라는 책이 있는데, 세계의 하위 10억 명은 하루에 1달러 이하의 돈으로 산다는 거예요. 지금 가치로는 이제 2달러쯤 되겠죠. 수돗물도 없고, 그야말로 1차 산업혁명 이전의 상태에 머물러 있는 거예요. 그 인구가 10억이었는데, 최근 통계에서 보면 7억 정도로 줄긴 했어요.

아까 우리가 불평등 이야기를 했는데, 글로벌한 경제 양극화가 여전하고 어떻게 보면 더 심화되고요. 그런데 우리가 지금 논의하는 미래가, 일부에게 더 집중되고 나머지는 아예 꿈도 못 꾸지 않을까. 파키스탄이나 아프리카 이런 데까지 이런 변화가 흘러 들어갈 것 같지가 않아요. 적어도 단기간에는 불가능하겠죠. 그런 걸 보면, 여기에 앞서가는 국가, 앞서가는 기업과 여기에 참여하지 못하는 지역, 국가들의 차이, 그리고 한 사회 내에서도 이 흐름을 잘 타는 집단과 타지 못하는 집단의 차이가 더 심화되지 않을까 하는 생각이 들어요.

김대식 선도 국가들 다음에 좇아오는 후발 주자 국가들, 당연히 그 꼬리가 더 길어질 거라고 생각을 해요. 그런데 이 두 그룹이 같은 역할은 아니잖아요. 결국 의제 설정은 선도 국가들이 하죠. 그리고 선도 국가들이 후발 국가들의 어젠다를 촉진하거나 그네들의 운명을 바꿀 수는 있지만, 거꾸로는 불가능하잖아요. 파키스탄이 미국의 운명을 좌우할 수는 없는 거잖아요. 그래서 이런 관점에서 보면 맞는 것 같아요. 앞에 있던 국가들은 더 앞으로 나아가고, 뒤에 있던 국가들도 앞으로 가긴 가지만 꼬리가 뒤로 더 늘어지는 거죠.

주경철 이런 변화 과정에서 순위가 바뀌곤 하잖아요. 한때는 아랍이 세계에서 제일 발전한 지역이었는데, 이제는 뒤처진 것처럼 말이죠. 그다음에 유럽, 그다음에 미국이나 일본. 이런 과정을 거쳤는데, 유럽이 이제 뒤처지게 되는 게 아닌가 하는 생각이 들어요. 유연성이 좀 떨어지고요. 그게 꼭 불행한 건가 하면

뇌과학으로 포스트코로나 미래를 보다

그건 별개의 문제이겠지만, 우리나라는 이런 거에 굉장히 빠르잖아요? 적극적이고. 이게 시대의 대세라면 여기에 지금 빠르게 대처하려고 하는 국가와 그렇지 않은 국가 사이에 차이가 생기고, 이 차이로 인해 결과적으로 전 세계의 지형도 한 번 바뀌지 않을까 싶어요.

김대식 그 지형의 변화를 미국과 유럽, 서구의 백인들이 가장 걱정하기 때문에 포퓰리즘 진영이 힘을 얻고 있는 것 같아요. 갑자기 중국 사람들이 지금 세상을 지배하는 것 같다느니, 그런 게 있잖아요. 본인들이 만든 세상의 헤게모니를 잃기 싫은 거죠. 지금 이 세상의 피라미드 정상에 위치한 게 백인 남성들인데, 백인 사회 안에서도 여성들이 미투 운동을 벌이니까 어마어마한 반작용 counter reaction이 있었잖아요. 지금 지위를 안 뺏기려고. 그런데 지금은 백인 사회 안에서만이 아니고, 그 아래에서부터 뒤바뀔 수 있는 상황이니까 누구보다도 이 이슈에 민감하게 반응하지 않을까 해요. 당연히 지금 지위를 빼앗기기 싫겠죠?

주경철 만약에 또 다른 글로벌한 시나리오를 생각해본다면, 사실 근대 이전에는 중국이 서구 국가들보다 훨씬 부유하고 강력했잖아요? 근대 유럽의 역사라는 게, 사실 하나의 문명을 이루되 국민국가들로 나뉘어 있었고, 이들 간의 치열한 경쟁을 통해서 유럽이 굉장히 앞서가게 되었죠. 그에 비해서 중국은 제국 질서를 유지하면서 점점 뒤처졌고요. 그러다가 결국 19세기 이후에 파워 밸런스가 뒤집어진 것인데, 만약에 앞으로 정보의 대규모 집중화 여부가 핵심 문제라고 한다면, 중국이 다시 앞서나갈지도 몰라요.

김대식 단적으로 지금 코로나 바이러스에 대응하는 걸 보면, 방법론적인 걸 떠나서 결과론적으로 보면 중국이 더 잘하고 있어요. 우리보다도 훨씬 더 잘하고 있죠.

김동재 중국은 2차 감염 폭발 같은 것도 이미 막아냈다는 얘기도 있고요.

김대식 완전히 성공신화가 만들어지고 있는 것이죠.

주경철 그런데 서구 입장에서는 이걸 받아들이기가 싫을 거 아니에요? 싫든 좋든 중국 제국의 복귀라는 시나리오도 한번 생각해 봐야죠. 명나라에서 청나라 초기까지만 해도 중국이 세계 제일이었다가 19세기 이후 그 지위를 놓친 건데, 이제 200년이 지나서 다시 원래의 패권 제국 지위를 되찾을지도 모른다는 거예요.

김동재 다른 가능성을 생각해볼 여지가 있겠네요. 재미있는 게, 이것도 약간 가속화 쪽인데, 전 세계적으로 성장하는 시장은 아시아 쪽이거든요. 그래서 예컨대 맥킨지 같은 데는 글로벌 책임자가 되려면 이제는 아시아 경험이 필수인 것 같아요. 맥킨지는 나름대로 다음의 큰 기회가 아시아 지역에서 온다고 보고, 몇 년째 이렇게 하고 있거든요. 그런데 지금 코로나 사태에서 아시아, 특히 동북아시아 이쪽이 코로나 잘 컨트롤하면서 간다? 거기다가 정보 같은, 새로운 가치 차원의 경쟁력이 있다면 굉장히 유망한 시장이 될 수 있어요. 그런 것들도 상당히 흥미로워요.

김대식 50년 후에 어떤 역사책이 쓰일지 궁금해요. 우리 건강하게 살아남아봅시다. 지금 일단 앞으로 5년, 10년 동안 벌어질 일들이 50년 후에 해석이 되고, 더 많은 인사이트가 나오겠죠. 우리에게는 보이지 않고, 볼 수도 없겠지만요.

주경철 저는 그런 느낌도 들어요. 우리 사회가 지난 시대에 굉장히 빠르게 성장을 하면서 사실은 얻는 게 많아서 고통은 덜 받았어요. 말하기로는 사회에 갈등이 많고 어쩌고 했지만, 그렇다고 하더라도 지난 30~40년 동안 이 사회를 살았던 사람들은 역사적으로 보면 비교적 온화하게 산 축에 드는 것 같아요.

제가 역사가이니까 하는 말이지만, 지난 역사를 살펴보면 거의 대부분의 시기는 다 죽을 맛이었어요. 죽지 못해 겨우겨우 사는 거예요. 그런데 우리는 전쟁 없었지, 경제 성장했지. 성장통은 있었지만 그래도 잘 지내왔어요. 우리 경험이 그렇다 보니 세계는 그냥 이렇게 평탄하게 가겠거니 생각을 하는데, 실제로는 대부분의 사회는 무척이나 고통스럽게 살아갑니다. 고통스러운 삶이 인간 역사의 평균이 아닌가 싶어요.

김대식 교수님이 더 잘 아시겠지만, 역사적으로 보면 우리가 경험한 안정적이고 자유로웠던 시절은 정말 아주 찰나의, 예외적인 시대였다고 생각해요. 운이 너무 좋았어요. 바깥에는 더 큰 변동 fluctuation이 있고. 그런데 문제는 우리가 삶을 여러 번 살아보고 평균을 낼 수 있는 것도 아니니까 이게 당연하다고 생각하는 거죠. 그런데 사실 역사적으로 보면 우리가 살아온 시대가 비정상적인

abnormal한 시대인 거죠. 우리 이외의 세대는 적어도 한 번씩 전쟁을 경험하면서 살아왔고, 재앙도 있었어요.

함준호 지금도 사실 새로운 형태의 전쟁, 재앙이죠. 그리고 이 전쟁의 여파를 우리나라는 아직 못 느끼고 있지만, 아무리 생각해도 늦어도 이번 가을부터는 점점 통계 지표로 보이기 시작할 거예요.

주경철 이럴 때 흔히 하는 이야기가 프랑스 혁명 사례죠. 프랑스 혁명에 대해, 갈수록 못살게 되어서 사람들이 고통 끝에 결국 들고 일어난 건가? 그렇게 생각하기 쉽지만, 전혀 아니거든요. 사회가 성장하다가 한풀 꺾일 때가 제일 위험하고 사람들이 불만이 많아요. 우리가 불만이 많은 것도 못살아서 그런 게 아니에요. 여태 잘나갔기 때문에 이렇게 계속 잘나갈 거라고 생각했는데 이게 탁 꺾이는 거예요. 그러니까 굉장히 고통스럽고, 갈등이 커지는 거예요. 지금이 바로 그럴 때인 거죠.

장덕진 원래 대부분의 혁명은 성장할 때 일어나죠. 사회학적으로 그렇게 생각해요.

주경철 정확히 말하면 성장이 꺾일 때인 거죠.

김대식 모르겠어요. 저는 좀 비관적으로 예측을 하는데, 요새 많이 보고 있는 건 4세기, 5세기 때 로마가 망할 때 이 사람들이 무슨 행동을 했나 하는 거예요. 보니까 두 세 그룹으로 나뉘더라고요. 아무것도 안 하던 사람들은 그냥 그 커다란 역사의 흐름에 깔려 죽었고, 두 번째 이 망해가는 또는 내리막길을 굴러떨어지는 큰 바위를 막으려고 나갔던 사람들은 더 빨리 죽었고요. 그나마 살아남은 사람들은 절벽에서 굴러떨어지는 바위는 막을 수 없으니까, "살짝 옆에 가 있다가 나중에 바위가 완전히 바닥까지 떨어지면 이거를 다시 올릴 때 내가 도와주자" 했던 사람들. 이 사람들이 시골에 가서 수도원 만들고, 도서관 만들고 했던 거고요. 사실은 역사가 한 번 가속도가 붙기 시작해서 한 방향으로 가면 개인의 힘으론 못 막잖아요. 그땐 차라리 좀 옆에 서 있는 게 살짝 좋지 않을까 하는 생각이 들어요.

교수님들 모두 바쁘신데 그동안 공부모임에 참석해주셔서 너무나 감사했습니다. 21세기의 진정한 첫 해인 2020년. 미래를 정확히 예측하는 건 물론 불가능하지만, 앞으로 가속화될 기존 트렌드들, 반복성이 있는 인류역사, 그리고 변치 않는 인간의 본성을 기반으로 조금이나마 앞으로 우리 모두 경험하게 될 미래를 상상해봤습니다. 궁금하기도 하고, 동시에 걱정도 되는 21세기. 앞으로 우리는 어떤 세상에서 살게 될까요? 몇 년 후, 오늘날 우리의 미래가 이미 과거가 된 이후, 다시 한 번 이 책을 읽으며 우리가 얼마나 어리석었는지, 아니면 놀라올 정도로 정확한 예측을 했는지 논의해봤으면 합니다. 감사합니다.

후기

변화를 얘기하는 것과 실제 변화하는 것은 본질적으로 다르다. 코로나 시대는 우리가 구호로만 외치던 변화를 실제 행동으로 옮길 수밖에 없는 상황을 던져주고 있다는 의미에서 오히려 기회일 수 있다. 어차피 피하지 못하는 상황이라면 익숙함과 편안함을 과감하게 떠나서 새로운 일상을 적극적으로 맞이하는 편이 낫다. 혁신의 봇물이 터지길 기대해 본다.

김동재(연세대학교 국제학대학원)

코로나19 이후 새롭게 등장한 일상 중에서 과거에 아예 존재하지 않았던 것은 거의 없다. 코로나19는 우리가 오랫동안 실행하지 않았던 변화와 혁신을 실제 행동으로 옮길 수밖에 없게 만들었다. 역사학, 중국학, 금융학, 경영학, 뇌과학 그리고 사회학의 연구자들이 실질적인 융합을 할 수 있게 된 것도 코로나19의 힘인지도 모르겠다. 이번 사태로 인해, 우리는 여러 가지 의미에서 과거로 돌아갈 수 없는 선을 넘었다. 융합연구도 그럴 것이다.

장덕진(서울대학교 사회학과)

인류 역사는 감염병의 역사이기도 하다. 역사상 대격변의 이면에는 늘 병균이 존재했다. 현재 세계를 휩쓸고 있는 새로운 감염병 또한 세계사의 흐름을 굴절시킬 가능성이 크다. 인간은 거대한 재앙 앞에 맥없이 무너질 것인가, 아니면 이 위기를 이겨내고 오히려 더 큰 진보를 이룰 것인가? 우리는 역사에 대한 통찰을 통해 지혜로운 대비책을 생각해볼 수 있다.

주경철(서울대학교 서양사학과)

지금은 어수선하고 혼란스럽지만 이 시대를 관통하는 본질적인 흐름은 이번 코로나 사태를 계기로 더욱 가속화될 것이다. 경제 부문에서는 4차 산업혁명에 따른 생산양식의 변화와 이에 따른 산업과 기업의 구조조정 그리고 노동·자본·정보·기술 등 생산요소 보유자 간 부의 재편이 그것이다. 이 과정에서 필연적으로 나타날 갈등과 충격을 잘 극복해가려면 정부의 포용적 리더십이 긴요하다. 시장과의 대립이 아닌 보완적 협력을 통해 우리 경제의 복원력과 유연성을 높이고, 사회 구성원 간 신뢰를 회복하는 것이 무엇보다 절실한 시점이다.

함준호(연세대학교 국제학대학원)

초가속

새로운 시대가 대한민국에 던지는 질문들
ⓒ김대식·김동재·장덕진·주경철·함준호, 2020 Printed in Seoul, Korea

초판 1쇄 펴낸날 2020년 12월 8일
초판 3쇄 펴낸날 2020년 12월 29일

지은이	김대식·김동재·장덕진·주경철·함준호
펴낸이	한성봉
편집	하명성·신종우·최창문·이동현·김학제·신소윤·조연주
콘텐츠제작	안상준
디자인	전혜진·김현중
마케팅	박신용·오주형·강은혜·박민지
경영지원	국지연·강지선
펴낸곳	도서출판 동아시아
등록	1998년 3월 5일 제1998-000243호
주소	서울시 중구 퇴계로30길 15-8 [필동1가 26] 2층
페이스북	www.facebook.com/dongasiabooks
전자우편	dongasiabook@naver.com
블로그	blog.naver.com/dongasiabook
인스타그램	www.instargram.com/dongasiabook
전화	02) 757-9724, 5
팩스	02) 757-9726

ISBN 978-89-6262-356-7 03300

이 도서의 국립중앙도서관 출판예정도서목록(CIP)은 서지정보유통지원시스템
홈페이지(http://seoji.nl.go.kr)와 국가자료종합목록 구축시스템(http://kolis-net.nl.go.kr)에서
이용하실 수 있습니다. (CIP제어번호 : CIP2020049569)

※ 잘못된 책은 구입하신 서점에서 바꿔드립니다.

만든 사람들
편집	최창문
크로스교열	안상준
디자인	김현중
본문조판	안성진